LA CELESTINA

LA CELESTINA

Fernando de Rojas

Edición preparada por
Gerardo Gonzalo

LA CELESTINA
— *Fernando de Rojas* —

Edición preparada por
Gerardo Gonzalo

MADRID • BUENOS AIRES • CARACAS • GUATEMALA • LISBOA • MÉXICO
NUEVA YORK • PANAMÁ • SAN JUAN • SANTAFÉ DE BOGOTÁ • SANTIAGO • SÃO PAULO
AUCKLAND • HAMBURGO • LONDRES • MILÁN • MONTREAL • NUEVA DELHI
PARÍS • SAN FRANCISCO • SIDNEY • SINGAPUR • ST. LOUIS • TOKIO • TORONTO

LA CELESTINA

DERECHOS RESERVADOS © 1996, respecto a la primera edición en español, por McGRAW-HILL/INTERAMERICANA DE ESPAÑA, S. A. U.
Edificio Valrealty, 1.ª planta
Basauri, 17
28023 Aravaca (Madrid)

ISBN: 84-481-0626-1
Depósito legal: M. 989-1999

Editor: José M. Gómez-Luque
Coordinador literario: Javier Azpeitia
Diseño de interiores y cubierta: Estudio F. Piñuela
Compuesto en: MonoComp, S. A.
Impreso en: COBRA, S. L.

IMPRESO EN ESPAÑA - PRINTED IN SPAIN

SUMARIO

LA CELESTINA EN SU TIEMPO

CUANDO *La Celestina* aparece por primera vez en 1499, se despide un siglo que para la Península había sido especialmente azaroso. Reyes débiles, nobles belicosos, plagas, epidemias y crisis económicas hicieron de aquélla una centuria conflictiva. Afortunadamente para los contemporáneos de Fernando de Rojas, el final del siglo se presentó relativamente más tranquilo. El año en que sale a la luz *La Celestina,* hacía ya 30 que Fernando, heredero del reino de Aragón, se había casado con Isabel de Castilla, pretendiente al trono de su tierra. Isabel sólo pudo ser reina después de tres años de guerra civil (1474-76), pero desde entonces los llamados Reyes Católicos consiguieron un progresivo clima de estabilidad y unificación política, con una creciente autoridad sobre los nobles, que tantas disputas habían mantenido con sus antecesores.

Pero la tranquilidad de la monarquía no era general. En ese 1499 en que aparece la obra de Rojas, hacía 19 años que se había creado la Inquisición y tan sólo siete del célebre 1492, cuando desaparecía el último reino musulmán de la Península y se expulsaba a todos aquellos judíos que no habían abjurado de su fe para hacerse cristianos. En el mismo año de la aparición de *La Celestina* se produce una serie de revueltas entre los moriscos de Granada. Fernando de Rojas escribe en medio de grandes cambios y no es difícil encontrar en su obra la tensión de aquellos tiempos complicados.

Esa atmósfera de lucha queda clara desde el prólogo de la obra: «todas las cosas se crían a manera de contienda o batalla», dice Rojas citando a Petrarca. La Edad Media había ofrecido, basada en unas rígidas creencias religiosas, una sólida unidad que ahora se deshacía. Si el siglo XV ha sido conflictivo, el que empieza cuando aparece la obra de Rojas es el del desarrollo del capitalismo, las disensiones con Roma entre los cristianos, el descubrimiento de las tierras de América, la aparición de las primeras concepciones astronómicas que, contrariando la visión aceptada por la Iglesia, ponían al Sol en el centro del universo. Se tiene la sensación de que está cambiando la economía, la moral, los usos sociales, la visión del mundo. Y en ese ambiente donde nada es seguro se mueven los personajes de *La Celestina*.

En la obra son evidentes ciertos aspectos de la nueva mentalidad renacentista que va abriéndose paso en la España del 1500. Por ejemplo, es notorio el afán por enriquecerse que tienen todos los personajes: los tiempos en que cada uno debía resignarse con lo que había decidido darle el cielo se han olvidado. Cuando la protagonista, Celestina, en el primer acto, intenta convencer al criado Pármeno para que se alíe con ella, contra su amo Calisto y en su propio beneficio, el sirviente le expone sus reparos morales: «Riqueza deseo; pero quien torpemente sube a lo alto, más aína [pronto] cae que subió. No querría bienes mal ganados». A lo que Celestina responde: «Yo sí. A tuerto o derecho, nuestra casa hasta el techo». Pues bien, Pármeno será finalmente convencido y se unirá a quienes buscan el dinero de cualquier manera para cambiar de estado.

Porque ésa es la cuestión: que se puede cambiar de estado. En este libro es evidente que los valores de dinamismo social del Renacimiento se han impuesto al estatismo medieval. Estamos ya en un mundo que, para una mentalidad tradicional como era probablemente la de Fernando de Rojas, estaba desordenado por la competencia económica que introduce el comienzo del capitalismo. Y en ese mundo de competencia, cada día valen menos los méritos nobiliarios o, simplemente, de clase; ahora lo que vale es el dinero y a conseguirlo se entregan los personajes celestinescos con pasión.

Ese afán de enriquecimiento hay que entenderlo en el contexto de una sociedad que ya no guerrea, que no tiene una reconquista pendiente, lo que deja a la nobleza sin el motivo que justificaba su preeminencia social. En la Edad Media, los clérigos oraban, los campesinos trabajaban, y la nobleza aseguraba la defensa frente a un enemigo vecino. Pero ahora la nobleza no tiene ya rival con quien batirse, la nueva monarquía de los Reyes Católicos se ha impuesto sobre sus veleidades, y hay una burguesía que muestra su pujanza. Una pujanza que se logra con dinero.

En este ambiente, son patentes también las relaciones puramente mercantiles entre Calisto y sus criados, para quienes ya no queda nada de la relación casi familiar, con compromisos mutuos de fidelidad y defensa, que vinculaba en otros tiempos a amos y criados. Y no es menos evidente el rencor que produce entre los criados la desigualdad. La nobleza, el saberse predeterminado por el cielo como parte de un estamento, había sido el criterio de la estratificación social en la Edad Media. Pues bien, esa justificación ahora desaparece. Pero el dinero como elemento que establecía la distinción social nunca se aceptó con la misma benevolencia que la nobleza. De ahí el rencor de quienes se sienten iguales, aunque pobres. Iguales hasta en sus mismas pasiones amorosas, puramente carnales, pues a pesar de su ropaje idealizador, no es distinta la relación de Calisto con Melibea de la que mantienen Sempronio y Elicia, o Pármeno y Areúsa.

Esa importancia social del dinero, que ha estudiado en profundidad José Antonio Maravall, de quien te ofrecemos unas líneas en el Apéndice, es la que hace que los personajes ricos que encontramos en la obra vivan ociosamente, dedicados al lujo y la ostentación. Por eso tienen tantos criados. Sempronio y Pármeno, y al final de la obra Tristán y Sosia, son esos criados domésticos, vestidos elegantemente, que no tenían otra ocupación que acompañar a su señor. Era un signo de ostentación que mostraba a la sociedad la capacidad económica de quien disponía de tantos sirvientes. No es ajeno tampoco a ese sentido del lujo el uso del lenguaje culto y las alusiones librescas de los protagonistas. La manifestación de la vida ociosa afecta hasta a la manera de expresarse y se le pega hasta a los criados. Es la motivación social de un asunto que tiene otras dimensiones puramente literarias que estudiaremos más adelante.

Unido a este afán por el enriquecimiento, no falta tampoco el testimonio de lo que se ha llamado el «descubrimiento del individuo». Los personajes de Rojas no parecen ya amparados por estamentos, gremios o familias, como siempre lo estaban las personas en la Edad Media. Todos viven para sí mismos, independientes de cualquier grupo. Y no sólo las personas de gran solvencia económica, que pudieran permitirse el lujo de no depender de nadie. También los criados. Es especialmente relevante en este aspecto el personaje de la prostituta Areúsa y su alegato contra «estas señoras que agora se usan» y la vida de quienes las sirven, en el acto IX. Es Areúsa un personaje marginal socialmente, pero libre. No servir, ése es su lema. Y es una buena muestra del nuevo concepto renacentista de libertad que mueve a los individuos, sin excluir a las mujeres.

Porque otro aspecto sorprendente de esta obra es la autonomía de sus personajes femeninos. No es sólo Areúsa. Libre es, por supuesto, Celestina, como lo es su criada Elicia. La libertad también mueve a Melibea, en este caso de manera trágica, hasta el suicidio. Es verdaderamente raro encontrar una mujer del estilo de Melibea en la literatura de tiempos de *La Celestina*. Su papel protagonista, independiente, no mero objeto del amor de un hombre, su determinación para regir su vida y su muerte convierten a Melibea en un personaje de una enorme grandeza literaria.

Pero la historia no son sólo acontecimientos políticos o militares, grandes avances científicos o bruscos cambios morales. Producto de los comienzos capitalistas es el auge de las ciudades en toda Europa. *La Celestina* es la primera gran obra urbana de la literatura española. Rojas escribe en un momento de expansión demográfica de Castilla, que se produce sobre todo por el crecimiento de las ciudades dedicadas al comercio, como Burgos. La obra transcurre en una ciudad castellana, aunque no se dice cuál, y los datos que se aportan parecen propuestos para poder identificarla con todas y con ninguna. Allí se mueven burgueses más o menos adinerados, como Pleberio o Calisto, sus criados Sempronio, Pármeno y Lucrecia, y personajes marginales como prostitutas —una vieja, Celestina, otras en activo, como Elicia o Areúsa— y rufianes como Centurio. Ese es el marco urbano complejo y bullidor en el que se desarrolla esta historia de amor —y sexo y muerte y muchas otras cosas— en la que se retrata toda una época.

ESCRIBIR
EN EL QUINIENTOS

FERNANDO de Rojas escribió —que sepamos— sólo esta obra y lo hizo —eso lo tenemos todavía menos claro— cuando era un joven estudiante en Salamanca. En la universidad de aquella ciudad castellana, Rojas leía obras en latín, entre las que no faltaban comedias de Plauto y Terencio, y otras de autores cultos castellanos de mucho éxito en su tiempo, que quisieron hacer del castellano una lengua literaria de un rango equivalente al latín.

Con el latín ocurría que, por una parte, tenía el prestigio de ser la gran lengua de cultura, acrecentado por el uso renovado y riguroso que de él hacían los representantes de la nueva gran corriente intelectual europea, el Humanismo. Sin embargo, el latín iba dejando paso a una literatura culta en lenguas romances que en Castilla fructificó en los cancioneros, en las obras de Juan de Mena y en algunas del Marqués de Santillana.

La poesía común entre los nobles de la época, que empezaban a acostumbrarse a vivir sin guerras y se entretenían haciendo versos cortesanos, era la que se reunía en volúmenes de autoría colectiva que son los cancioneros (el más famoso es probablemente el *Cancionero de Baena*). Pero la literatura más apreciada era la del llamado *arte mayor castellano,* un intento de dar al romance de Castilla el fuste de que carecía, según pensaban los autores cultos del momento. Para ello, estos autores se impusieron la tarea de latinizar el lenguaje literario con hipérbatos (la colocación del verbo al final de la frase, como en latín), cultismos (palabras tomadas directamente del latín, sin apenas alteraciones) y una continua utilización de alambicados recursos métricos y retóricos, junto con alusiones culturales, con los que se pretendía dotar al castellano de dignidad intelectual. El resultado, para nosotros, lectores del siglo XX, está lejos de ser estimulante. Cuando en *La Celestina* encuentres un lenguaje artificioso y citas mitológicas y culturales, hasta el punto de hacerte estomagante la lectura, es que a los personajes o al propio autor (en los preliminares) les ha dado por imitar el estilo de Juan de Mena.

No es, desde luego, la única literatura del siglo XV, en la que se da también toda una gran corriente de literatura popular. Es el siglo en que aparecen las primeras muestras escritas de lírica popular y muy especialmente el romancero, el gran patrimonio poético de literatura épico-lírica de la tradición castellana. Más importancia tiene, para el estudio de *La Celestina*, la prosa coloquial de Alfonso Martínez de Toledo en el *Corbacho*, un largo, y divertido si se sabe leer, texto doctrinal en que se insta a los hombres a no enamorarse y a aborrecer a las mujeres. Se trata de la misma misoginia que aparece no pocas veces en las páginas de *La Celestina*.

En prosa, comenzaba a darse un género que, andando el tiempo, sería el que se impusiera a los demás: la novela. En concreto, va a aparecer ahora el *Amadís de Gaula*, la primera gran obra de un género que tendrá una enorme difusión durante todo el siglo XVI, la novela de caballerías. Pero el género novelesco que más debe ocuparnos aquí es el de la denominada *novela sentimental*, que con el mismo ambiente cortesano de los poemas cancioneriles implanta unos modos que aparecerán parodiados en la obra que vamos a leer. Porque *La Celestina*, como más tarde el *Quijote*, es una obra paródica. En concreto, Rojas critica y se burla de las novelas sentimentales y de la moda que generaba entre la juventud de su tiempo: el *amor cortés*.

Las novelas sentimentales son un un grupo de narraciones que aparecen en España en el siglo XV y tienen un gran éxito en toda Europa. La primera, *Siervo libre de amor* (fíjate bien en el título), la escribe Jorge Rodríguez de Padrón hacia 1440. Pero el gran éxito de esta serie es el de *Cárcel de amor*, de Diego de San Pedro, novela que tiene una tremenda difusión a partir de su publicación en 1492 (25 ediciones en España, 20 en el extranjero). La novela sentimental que se extiende por Europa es una moda de origen español, hasta el punto de que en Francia para prestigiar una novela amorosa se presentaba como traducida del castellano. En estas obras, y siguiendo una serie de tópicos amatorios, aparecen personajes muy nobles, muy cultos y muy sentidos que hablan en monólogos casi eternos y que unas veces mueren, otras simplemente penan de amor. Luego hablaremos más de esta moda.

Éste era el ambiente literario en que apareció *La Celestina*. Curiosamente, conservamos los datos de la herencia de la biblioteca de Fernando de Rojas y sabemos que leía los libros doctrinales y de entretenimiento que eran comunes a los hombres cultos de su tiempo. Y, sin embargo, no debía de tener en gran aprecio la labor literaria. Porque, pese al gran éxito que obtuvo, no quiso escribir más de una obra. Y cuando pone un prólogo a *La Celestina,* pretende convencernos de que la escribió sólo en 15 días, sin que aquel período entorpeciera sus habituales ocupaciones como abogado. ¿Es que consideraba la literatura como un capricho juvenil? ¿Acaso la publicación de esta obra le trajo algún tipo de problemas que le desanimó a seguir su carrera literaria? ¿O es que verdaderamente consideraba que era una tarea poco seria para un abogado? Es otro dato inexplicado del enigmático personaje de la historia literaria española que es Fernando de Rojas.

FERNANDO DE ROJAS, UN ENIGMA EN LA LITERATURA ESPAÑOLA

DE Fernando de Rojas sabemos un puñado de datos sobre cuya importancia no hay acuerdo. Son informaciones que, además, no hemos conocido, en su mayoría, hasta este siglo.

Rojas nació en la Puebla de Montalbán (Toledo) alrededor de 1475 (no lo sabemos con exactitud y no hay acuerdo unánime sobre una fecha aproximada), era de familia de judíos convertidos al cristianismo, fue Bachiller, o sea, cursó estudios elevados (nueve o diez años) en la Universidad de Salamanca, se casó y pasó su vida de adulto como abogado en Talavera de la Reina, donde llegó a ser alcalde mayor por breve tiempo. Tenemos más datos de sus parientes, y más concretamente de algunos miembros de la familia de su mujer, también de origen converso pero con problemas, que cuando son procesados por la Inquisición citan a Rojas para darse aires de respetabilidad familiar. Rojas, miembro de una cofradía, fue enterrado con ciertos fastos religiosos en un convento talaverano.

Aparte de conocer su descendencia y la herencia que dejó (bastante estimable y entre la que se encontraba lo que era una buena biblioteca para la época), esto es todo lo que sabemos de Rojas. A partir de aquí vienen las preguntas. ¿Cómo pudo pasar tan desapercibido el autor de una obra tan exitosa, sin duda la más célebre de las letras españolas en toda Europa durante el siglo XVI? ¿Qué importancia tuvo en su vida el hecho de pertenecer a una familia de judíos conversos? ¿Hasta qué punto influye en la obra el origen social de su autor? ¿Es *La Celestina*, como algunos han expresado, la manifestación literaria de un resentido? Volveremos a estos asuntos más adelante.

LA CELESTINA, UNA OBRA DE MUCHAS CARAS

Las ediciones

De 1499 a 1634, *La Celestina* fue publicada 109 veces en castellano (es posible que haya alguna otra edición desconocida), 24 en francés, 19 en italiano, cinco en flamenco, cuatro en inglés, dos en alemán y una en latín. Ninguna otra obra europea, ni en castellano ni en ninguna otra lengua, tuvo un éxito semejante en su tiempo. Y, sin embargo, todavía hoy no tenemos una edición cuyo texto haya sido unánimemente aceptado. Verás por qué.

Esta obra apareció por primera vez, con el título de *Comedia de Calisto y Melibea* en Burgos en 1499 (quizá hubiera alguna edición anterior, pero hoy por hoy no la conocemos). Tenía 16 actos y al único ejemplar que conservamos le falta la primera hoja. Luego aparecieron, con el mismo número de actos, versiones similares, pero no iguales, el año 1500 en Toledo y el 1501 en Sevilla. Hasta aquí, el primer grupo de ediciones en 16 actos de la *Comedia*.

Posteriormente, aparece en Zaragoza en 1507, con el título de *Tragicomedia de Calisto y Melibea,* una nueva versión, ampliada a 21 actos. La ampliación se debe sobre todo a cinco nuevos actos, añadidos entre el 14 y el 19 antiguos. Hay, además, supresiones, correcciones e interpolaciones sobre el texto de las anteriores. Curiosamente, ésta de Zaragoza no era la primera edición de la *Tragicomedia* (o sea, de la versión en 21 actos), porque ya había aparecido una el año anterior en Roma, pero en italiano. Para mayor complicación, la versión de Zaragoza está llena de errores de imprenta, y a la hora de editar el texto hoy es frecuente acudir a la buena edición aparecida en Valencia en 1514.

Sólo queremos añadir un dato más para que te puedas dar cuenta del lío en que andamos metidos con el texto de *La Celestina*. Hasta hace unos años, teníamos otras ediciones de la versión en 21 actos fechadas en 1502, pero hace poco se ha descubierto que eran falsas: su fecha real de aparición fue muy posterior.

En resumen, entre tantas ediciones tan diferentes, hoy todavía no tenemos un texto de *La Celestina* unánimemente aceptado y todavía esperamos encontrar una edición, probablemente hecha en Sevilla en 1502, que pudo haber sido la que sirvió de base para la traducción italiana de 1506 y para el resto de ediciones de la *Tragicomedia* (y, también, para los falsificadores de las supuestas ediciones de 1502, que debían considerarla la edición más prestigiosa). Claro que la búsqueda de esta edición tiene sentido siempre y cuando se crea más valiosa la *Tragicomedia* que la *Comedia*, pues hasta en eso hay disputa.

Por cierto, hemos hablado de la obra sin referirnos al título con que la conocemos en la actualidad. Porque *La Celestina* no se llama *La Celestina*. Éste es el título con que se la conoce desde muy temprano (así la llamaba ya el humanista Juan Luis Vives en 1523), cuando los lectores del siglo XVI vieron en el personaje de la vieja alcahueta el centro de la obra. Hoy se suele editar con el título de *La Celestina, Tragicomedia de Calisto y Melibea*.

El autor

Si la peripecia del texto de *La Celestina* es compleja y escurridiza, no lo es menos la figura de quien la escribió. Habrás observado que *La Celestina* es una obra muy conocida, casi como el *Quijote*, pero no así su autor. Y es que el propio Fernando de Rojas, voluntaria o involuntariamente, dio escasas facilidades para hacerse célebre.

Las primeras ediciones de *La Celestina* se presentan, al menos aparentemente, sin nombre de autor. Sólo aparentemente, porque en unos versos acrósticos (esos en los que se da un mensaje leyendo en vertical la primera letra de cada verso) que aparecen antes del comienzo de la obra, se puede leer: «El bachiller Fernando de Rojas acabó la comedia de Calisto y Melibea y fue nascido en la Puebla de Montalbán». Por si acaso alguien no se daba cuenta de los acrósticos, el corrector de la obra, Alonso de Proaza, en otro poema que aparece al final advierte al lector del mensaje encerrado en los versos del comienzo.

Pero además, acompañando a los acrósticos hay una carta del autor a un amigo en la que dice que él lo único que ha hecho ha sido continuar el comienzo de la obra, que aparecía en unos papeles que encontró en Salamanca (por eso decía en el mensaje «Rojas acabó...»). Dice también que no conoce al autor de estos papeles y sugiere los nombres de Juan de Mena, el hombre de letras más celebrado de aquel tiempo, y de Rodrigo Cota, otro poeta de la época. Y para que no se confunda ese comienzo con el resto de la obra, decide reunirlo en el primer acto, que es, efectivamente, desproporcionadamente largo si se compara con los otros 16 de la primera versión de la *Comedia*.

¿Será verdad lo que dice Rojas? A muchos críticos este anonimato luego desmentido por los acrósticos, la atribución a otro autor del comienzo de la obra y las excusas de abogado por haber escrito este libro de entretenimiento les han parecido increíbles. ¿Miente Rojas por algún motivo? ¿Disimula? La crítica ha ido adoptando muy distintas opciones sin que hoy haya un acuerdo.

Durante muchos años, se pensaba que la historia de los dos autores era un simple recurso de humildad por parte del autor, un joven abogado que aparecía por primera y única vez en el mundo literario y que atribuía el plan original de su obra a autores más conocidos y de mayor autoridad. Se insistía entonces en la unidad de toda la obra, que no parecía tener fractura alguna en ningún punto.

En los últimos años se ha estudiado, algunas veces con procedimientos computacionales, el tipo de lenguaje y las citas y alusiones culturales del primer acto y del resto de la obra, y parece que, efectivamente, ese primer acto (y, probablemente, la primera escena del segundo) puede ser de una mano distinta al resto. Pero tampoco hay conclusiones definitivas al respecto, aunque hoy la opinión mayoritaria es la de que son dos los autores de *La Celestina*.

Para que no faltara una mayor complicación, algo a lo que te debes ir acostumbrando al estudiar esta obra, uno de los últimos editores de este texto, Miguel Marciales, cree que no sólo es distinto el autor del primero y del resto de los actos de la *Comedia,* sino que los cinco nuevos actos y el resto de añadidos de la *Tragicomedia* deben atribuirse a otro autor distinto a Rojas. Serían tres, entonces, los autores.

Quién es el creador de *La Celestina* es otro asunto del que tampoco te vamos a poder dar una respuesta segura. Sí podemos, sin embargo, adoptar una postura razonable, aunque provisional, mientras no encontremos otra más satisfactoria. Sean uno, dos o tres los autores, no es posible negar que el cuerpo central de la obra es de Fernando de Rojas, como así se reconocía ya desde la puesta en circulación de *La Celestina* y durante todo el siglo XVI. Sin embargo, su papel como autor ha estado siempre desdibujado, nunca a la misma altura de su obra, quizá en buena parte por su propia culpa.

El género

Una vez llegado a este punto, y dado que hay ediciones que se titulan *Comedia* y otras *Tragicomedia*, hay que preguntarse: ¿*La Celestina* es teatro? ¿O es una novela? ¿Qué clase de obra es? En principio, y sin que tampoco en este asunto puedas contar con la opinión unánime de los expertos, parece que esta obra es teatro. Teatro de tiempos en que no había teatros. Teatro para leer.

Rojas, ya lo hemos dicho antes, había sido estudiante en la Universidad de Salamanca, en cuyas aulas se leían las comedias de Plauto y Terencio, dos autores romanos que se editaban con cierta frecuencia, sobre todo para usos académicos. De las obras de Terencio procede la mayor parte de los nombres de los personajes de *La Celestina,* y en los acrósticos el propio autor califica a su obra como «terenciana». Es curioso, además, cómo criados y amos se tutean, pues el latín de las obras que tenía Rojas como modelo no tiene tratamientos de cortesía (esa confianza, desde luego, no se producía en la ceremoniosa sociedad castellana de entonces).

Pero además, a imitación de estos autores antiguos, los italianos del siglo anterior habían comenzado a crear una serie de obras teatrales que se engloban bajo la denominación de *comedia humanística.* Son las obras de universitarios que imitaban las comedias antiguas pero con argumentos contemporáneos, sobre todo de enredos amorosos, con escenas obscenas, en ambiente urbano y en su propia lengua, el italiano.

Por ser teatro para leer, no te debe extrañar de *La Celestina* su larga extensión, que impide su representación teatral sin ser previamente adaptada (si ves anunciada alguna vez su puesta en escena, no lo dudes, es alguna adaptación reducida). De la comedia humanística toma esta obra el tratamiento del tiempo, como verás en algunas escenas en que parece que las distintas acciones no están coordinadas entre sí: no hace falta, al fin y al cabo no iban a ser llevadas a escena. Y también es extraño, por este motivo, el tratamiento del espacio, con la superposición en un mismo acto de escenas alejadas unas de otras, como en un guión cinematográfico.

Todas estas cuestiones las veremos en detalle en las claves de lectura que acompañan a la obra. También te señalaremos una estrofa del poema en que el corrector Alonso de Proaza nos indica cómo se transmitía esta pieza teatral: una persona la leía en voz alta actuando y dando a entender el correcto sentido del texto con distintas inflexiones de la voz, mientras un pequeño grupo escuchaba.

El amor cortés

Al hablar de las corrientes literarias en el siglo XV, recordábamos la moda de la novela sentimental, un género narrativo que continuaba, como la poesía de cancionero, una tradición literaria con una serie de tópicos que habían recorrido los últimos siglos de la Edad Media. Estamos hablando de lo que se llamaba el *amor cortés*.

El *amor cortés* era una convención amorosa de origen literario por la que los galanes se enamoraban de sus damas siguiendo una serie de actitudes, cuyo origen se encuentra en un grupo de poetas de Provenza (sur de Francia) del siglo XII. En concreto, estos poetas actúan en el amor como los distintos estamentos sociales de la Edad Media, se rigen por el feudalismo: el amor es un servicio a una dama, de la que el poeta se declara un vasallo.

En teoría, este amor era secreto y el amante no podía esperar tener relaciones sexuales con su amada. La dama, además, era a menudo casada, con lo que quedaba claro que se la amaba independientemente del dinero que tuviera ella o su familia, al fin y al cabo, el interés principal en los matrimonios nobles de aquellos tiempos. El amor cortés se extendió en la Baja Edad Media por toda Europa. Claro que a veces la realidad no resultaba tan refinada. Así ocurrió con el mítico poeta gallego Macías, que fue asesinado por el marido de su amada cuando supo que le hacía versos.

En tiempos de *La Celestina*, el amor era para los jóvenes ricos una especie de deporte, una ocupación excitante y sin duda peligrosa (ya verás las precauciones de Calisto y sus criados cada vez que van al huerto de Melibea). Pero para los tradicionalistas de aquellos tiempos, el amor era algo que perturbaba el buen orden social, pues no consideraban otra relación amorosa honrada más que la del matrimonio, concertado, por supuesto, entre las familias de los novios.

Una actitud semejante parece la de Rojas. Muestra una pareja de amantes con todos los usos de la moda amorosa de la época: un lenguaje refinado, unos modales cortesanos, canciones, versos, en fin, un amor exquisitamente enloquecido. Y, sin embargo, viene a decirnos Rojas, en el fondo estos amantes no siguen más que una pasión carnal, su amor no es más que lujuria, lo que les conduce al desastre.

La magia

Uno de los asuntos que probablemente te sorprenda al leer esta obra es la labor de Celestina como portadora de poderes mágicos. La protagonista invoca al diablo a menudo y hasta hace un conjuro para que el demonio la favorezca en sus manejos. Te parecerá extraño, pero la creencia en la magia era entonces, si no total, sí muy general. La importancia que tiene en esta obra es asunto sobre el que los críticos tampoco se ponen de acuerdo.

Cuando aparece esta obra, la cultura occidental se encuentra en el momento de los primeros balbuceos de la ciencia moderna. Se derrumban las creencias medievales pero no ha aparecido todavía la ciencia tal y como la entendemos hoy. En los comienzos del Renacimiento, antes de que aparezca la mentalidad científica propiamente dicha, se cree que la naturaleza está poblada por fuerzas ocultas, de cualidades secretas sobre las que se puede actuar por medio de ciertos objetos, como hoy puede hacer el científico en el laboratorio, pero de una forma mágica, sobrenatural.

Esa magia la manejan brujas y hechiceras, que aunque puedan resultarte parecidas no son lo mismo. Las brujas mantenían aquelarres, tradicionalmente los sábados, en los que se entregaban a orgías sexuales con el demonio, con el que, supuestamente, a veces llevaban a cabo viajes extraordinarios. La brujería era considerada herética, y miles de condenadas por estas prácticas, sobre todo ancianas, fueron quemadas a lo largo de los siglos XV, XVI y XVII en toda Europa.

La hechicería era otra cosa. La hechicera era una especialista en manejar ciertos recursos para conseguir propósitos sobre los que el demonio podía tener algún poder. La hechicera no era seguidora del diablo. Sólo tenía la capacidad, la técnica necesaria para conseguir sus favores a través de ciertos objetos.

Pues bien, Celestina no es bruja, sino hechicera. Ahora bien, y aquí viene la materia en la que los expertos no se ponen de acuerdo, ¿son inevitables sus conjuros para que la trama se lleve a cabo? Cuando Pármeno hace recuento en el primer acto de todos los artilugios y enjuagues hechiceriles de Celestina, ¿qué significa que diga al final que «todo era burla y mentira»? ¿Creían los lectores del siglo XVI en las invocaciones al demonio que hace Celestina en repetidas ocasiones? Y para ser más precisos, ¿hechiza a Melibea cuando consigue que se enamore de Calisto? El crítico Peter E. Russel, que es el mayor defensor de la importancia de la magia, cree que Celestina usa la *philocaptio*, el arte de captar la voluntad, descrito en los manuales de hechicería de aquellos tiempos. Otros críticos no creen que esos conjuros sean necesarios para el desarrollo de la obra: la acción se explica perfectamente sin ellos. De tu propia lectura, la última palabra la tienes tú.

El sentido

Como habrás observado ya en las páginas que llevamos, nada es fácil en *La Celestina*. Y tampoco parece que fuera una obra cómoda para su autor. Al comienzo de ésta declaró sus intenciones, pero no siempre se le ha creído. Dice Rojas:

«Síguese la comedia de Calisto y Melibea, compuesta en reprehensión de los locos enamorados, que vencidos en su desordenado apetito, a sus amigas llaman y dicen ser su Dios. Asimismo hecha en aviso de los engaños de las alcahuetas y malos y lisonjeros sirvientes.»

A pesar de esta declaración inicial, la obra se interpretó desde un principio de distintas formas. Y en concreto, había gente, como Fray Antonio de Guevara, para quien *La Celestina* era un «libro que es afrenta hasta el nombrarlo, y que debería mandarse por justicia que no se imprimiese, ni menos que se vendiese, porque su doctrina incita la sensualidad a pecar y relaja el espíritu a bienvivir». A otros, más moderados, aunque la obra les gustaba no dejaba de presentarles reparos morales. «Obra para mí divina, si encubriera más lo humano», decía Cervantes.

La obra se encontró este tipo de objeciones desde un primer momento, y por eso, en ediciones posteriores a la primera, Rojas añade una estrofa a los versos del comienzo en la que insiste en su propósito didáctico. Y para defenderse de posibles acusaciones, inserta en nuevas reimpresiones el Prólogo, en el que se justifica con las palabras de Petrarca: «Sin lid y ofensión ninguna cosa engendró la natura, madre de todo». Algo parecido, viene a decir Rojas, ha ocurrido con su obra, que tampoco se ha librado de batallas. «No quiero maravillarme si esta presente obra ha sido instrumento de lid o contienda a sus lectores para ponerlos en diferencias.» Al igual que a esos lectores del siglo XVI, para los que *La Celestina* fue «instrumento de lid y contienda», a la crítica de este siglo tampoco le ha sido posible ponerse de acuerdo sobre cuál es el sentido final de la obra. Aquí veremos las interpretaciones más notables.

En principio, habría que creer al propio autor. Según dice él mismo, escribió la obra como una fábula contra los «locos enamorados». Rojas sería un conservador preocupado por los malos efectos que provocaban las novelas sentimentales —como ya hemos visto—, los padres ingenuos como Pleberio y los criados infieles y aprovechados. El final trágico de la obra sería una manera de mostrar a los lectores las funestas consecuencias de un comportamiento como el de los personajes.

Sin embargo, el hecho de que esta obra, escrita por un joven de origen converso, saliera a la luz siete años después de la expulsión de los judíos de España ha resultado sospechoso para muchos críticos. Américo Castro y sobre todo su discípulo Stephen Gilman han visto en *La Celestina* la visión desengañada y resentida de un judío marginado en una España que no le permitía seguir la fe de sus mayores. Estos autores se formulan preguntas como la de que por qué Calisto, «a quien natura dotó de los mejores bienes», tenía que acudir a Celestina para ganarse a Melibea. ¿Por qué no se casan? ¿Es que alguno de los dos es converso?

A partir de ahí, el trabajo de estos críticos consistió en rastrear detalles que nos permitieran deducir el judaísmo de la familia de alguno de los dos amantes. Pero lo cierto es que no parece que haya datos claros que nos permitan pensar que es cristiano nuevo alguno de los protagonistas y, lo que es más importante, la obra no necesita de una interpretación semejante para que tenga sentido. Calisto no se casa con Melibea porque no está pensando precisamente en casarse cuando va a por ella. O simplemente, lo que Rojas quiso poner en su obra fue precisamente uno de esos casos de supuesto amor cortés que siempre se daban fuera del matrimonio.

Otra posibilidad, no incompatible con la visión anterior, es la de quienes han visto en la postura vital de Rojas la de un irónico descreído, en cuanto que ve la vida humana y el mundo como un caos sin orden ni concierto. El autor estaría detrás del discurso desengañado que muestra Pleberio cuando se lamenta al final de la obra.

Quienes interpretan así la obra se fijan especialmente en las continuas alusiones a la Fortuna. El hombre medieval creía en una ordenación del universo que ahora empieza a resquebrajarse. En estos tiempos cambiantes, violentos y conflictivos el mundo aparece como un desconcierto. La gente ve la vida como una desordenada sucesión de los acontecimientos humanos y naturales sin finalidad alguna. Es uno de los temas más tratados durante los siglos XV y XVI. Pues bien, la obra de Rojas sería una de las más ilustres y tempranas visiones del desengaño que aquejó a tantos hombres en los comienzos de la Edad Moderna.

El problema se produce sobre todo porque ésta es una obra dramática en la que no interviene un narrador, y no sabemos si tomar como muestras del pensamiento de Rojas algunas expresiones irreverentes, críticas o desengañadas de sus personajes. Pero no es fácil saber cuándo esas palabras son la expresión personal del autor.

Hemos visto al principio de este apartado algunos testimonios de la época poco favorables a la moralidad de *La Celestina*, pero pocos lectores podían ser tan estrictos como los censores de la Inquisición, que si bien no era demasiado rigurosa cuando apareció la obra, sí que lo fue durante algunos periodos de su extensa difusión. Cuando durante algunos momentos del siglo XVI la persecución era más puntillosa, hasta el punto de que en algunas obras se cortaban palabras sueltas, de *La Celestina* no se suprimió nada. Sus groserías, obscenidades, blasfemias e irreverencias no eran entendidas como afirmaciones del autor sino de los personajes, que ejemplificaban la situación en la que se encontraba la sociedad, una situación que, según entendían los censores, era sometida a crítica.

Sin embargo, muchos años después, en 1632, la Inquisición expurgó la obra en unas sesenta líneas, y posteriormente, en 1790, se prohibió su publicación. No se volvería a editar hasta 1832. Parece como si los contemporáneos de Rojas hubieran entendido bien el propósito moral de la obra y, sin embargo, a medida que pasaba el tiempo, esas intenciones quedaran diluidas entre las expresiones que podían resultar más críticas.

Pero quizá lo que ocurra es que se haya confundido el problema del sentido, la significación de la obra, con el pensamiento del autor. Efectivamente, el autor pudo escribir la obra con una finalidad, pero los lectores podemos entender, legítimamente, otra cosa. Es muy posible que Rojas fuera un conservador al que molestara la pérdida de valores morales tradicionales en la Edad Media. O no, quizá Rojas era uno de esos judíos forzados a profesar una religión que no era la suya, de lo que se derivaba una visión ácida del mundo. Pero para expresar sus intenciones se valió de una obra que es el vivo retrato de unas pasiones y conflictos que nosotros, lectores del siglo XX, interpretamos a nuestro modo. Y puede que haya llegado el momento de interpretar la obra sin tener en cuenta la voluntad de su autor, dejando claro que una obra literaria es independiente hasta de quien le da vida.

Recordaremos por último en este punto unas palabras de la crítica argentina María Rosa Lida de Malkiel, autora de una obra fundamental en los estudios celestinescos: «Todos los estudiosos estaban de acuerdo en señalar que se encontraban ante una obra maestra y estaban en desacuerdo en prácticamente todo lo demás».

El estilo

La manera de hablar de algunos personajes en ciertos momentos va a ser, seguro, lo que más difícil te resulte de la lectura de *La Celestina*. La dificultad te vendrá por doble vía. Por una parte, te costará entender el verdaderamente enrevesado lenguaje de los protagonistas cuando se las dan de cultos imitando a los poetas del momento. Pero, por otro lado, es posible que tampoco te sea fácil captar el lenguaje popular, con muchas palabras, frases hechas y refranes hoy perdidos o, que si todavía hoy no han desaparecido, pueden resultarte desconocidos. Es doble, pues, la complicación a la hora de entender un lenguaje que combina lo culto y lo popular en una curiosa mezcolanza. En todos estos casos, debes hacer uso de las notas a pie de página.

De la tendencia culta no es difícil encontrar hipérbatos y cultismos, los dos recursos habituales para darle un tono latino al castellano. De la tendencia popular lo más característico es la verbosidad (la tendencia de los personajes a no parar de hablar), con muchas perífrasis y refranes.

Las sentencias, ya sean refranes populares o máximas cultas, se utilizan constantemente. Muchas veces se ha criticado ese uso empalagoso de sentencias, alusiones mitológicas y culteces, sobre todo cuando se ponen en boca de personajes que no parece pudieran tener la formación necesaria para haberlas aprendido. Se trata, simplemente, de una convención literaria (cada época tiene las suyas), como es una convención artística hoy ir al cine para creerse por un par de horas lo que les pasa a unas figuras proyectadas en una pantalla. Los lectores de la época toleraban que ese lenguaje cultísimo pudiera ser puesto en boca de criados, o hasta de prostitutas y rufianes. El escritor podía o bien ser fiel a la lengua de sus personajes cultos o poner en boca de ciertas personas unas palabras inverosímiles pero que resultaran un modelo de lenguaje para los lectores.

La sentenciosidad del estilo llega a la utilización de falsos refranes, sentencias de Petrarca que se usan al modo popular como si fueran refranes. Un caso curioso es el uso cínico de algunas sentencias que se utilizan manipulando su sentido para justificar cualquier disparate.

Otro rasgo estilístico es el uso de imágenes (metáforas, símbolos, alegorías), que pueden ser las habituales de la poesía amatoria (recuerda esto cuando Calisto describa a su amada Melibea) u otras relacionadas con el mundo de la religión, la sociedad, la naturaleza, la medicina o la guerra.

Hasta *La Celestina*, no es fácil encontrar obras dialogadas y lo más frecuente es encontrar piezas que eran poco más que una sucesión de monólogos. No es algo que se abandone completamente en esta obra, pero igual encontramos largas réplicas a la manera de las novelas sentimentales (te ofrecemos un monólogo de *Cárcel de amor* en el Apéndice) como réplicas breves de manera más natural.

Los monólogos, que aparecen a lo largo de toda la obra, sirven para desvelar conflictos interiores, las dudas, los temores, los deseos que retratan minuciosamente a los personajes. En ellos abundan las sentencias, los apóstrofes e interrogaciones, con largas frases, antítesis y paralelismos.

El género celestinesco

La Celestina tuvo tanto éxito que disfrutó de una buena corte de seguidores. Pronto aparecieron ediciones en verso de pasajes o de la obra entera, como romances protagonizados por personajes celestinescos. Pero hubo además otras comedias, de valor mucho menor, como la *Segunda Comedia de Celestina* (1534), de Feliciano de Silva, que se las apaña para mantener viva a la alcahueta y que continúen sus andanzas (tienes un fragmento de esta obra, precisamente el de la reaparición de Celestina, en el Apéndice). A esta serie pertenece también la *Tercera parte de la Tragicomedia de Celestina*, editada de forma anónima en Medina del Campo en 1836. En general, estas obras suelen detenerse con delectación en los aspectos más escabrosos, lo que les valió continuos conflictos con la Inquisición.

Todavía más irreverente es *La lozana andaluza*, de Francisco Delicado, editada en Venecia en 1528. Se trata de una obra cercana ya al género picaresco que aborda el mundo de la prostitución. No ya cercana, sino plenamente picaresca es *La hija de Celestina*, una novela de Salas Barbadillo, ya en el siglo XVII, cuya protagonista es una prostituta hija de otra prostituta llamada Celestina en recuerdo del personaje principal de nuestra obra.

PARA LEER MÁS

Libros de crítica

GILMAN, Stephen: *La España de Fernando de Rojas,* Taurus, Madrid, 1978.

Se trata de la obra clásica que interpreta *La Celestina* como el fruto literario del miembro de una familia de conversos, que ve con amargura la sociedad en la que no le es permitido vivir siguiendo sus propias convicciones.

MARAVALL, José Antonio: *El mundo social de «La Celestina»,* Gredos, Madrid, 1973.

Breve pero gran estudio de la imbricación histórica de la obra de Fernando de Rojas en la sociedad de su tiempo. Sus capítulos sobre el individualismo, la libertad o sobre las relaciones entre criados y amos son memorables.

RUSSELL, Peter E.: *Introducción a «La Celestina»,* Castalia, Madrid, 1991.

Este mismo autor tiene otras obras sobre Rojas, pero puede serte muy útil este estudio introductorio previo a la edición de *La Celestina.* Si un día quieres consultar una edición universitaria de esta obra, ésta es, por ahora, la más recomendable.

Precedentes

RUIZ, Juan, Arcipreste de Hita: *Libro de Buen Amor.*

Hay muchas ediciones, puedes leer cualquiera que esté en lenguaje modernizado, aunque pierdas buena parte del sabor de la obra. Es uno de los precedentes de *La Celestina* porque presenta por primera vez en la literatura española el personaje de una vieja alcahueta, y también por el uso literario del lenguaje popular.

Martínez de Toledo, Alfonso: *Arcipreste de Talavera o Corbacho,* Cátedra, Madrid, 1987.

Libro doctrinal, es uno de los clásicos de la literatura misógina (contra las mujeres). Si lo sabes leer con el distanciamiento adecuado, puede divertirte, sobre todo los apartados sobre la maldad del amor y de las mujeres. Es especialmente sabroso su uso del lenguaje coloquial, que te recordará no pocas veces al de Celestina.

Seguidores

Delicado, Francisco: *La lozana andaluza,* Cátedra, Madrid, 1985.

Cuenta las andanzas de una prostituta española en Roma. Se trata de una novela en la que se desarrollan los aspectos más obscenos que ya habían aparecido en la obra de Rojas.

Historia

Elliot, J. H.: *La España imperial,* Vicens Vives, Barcelona, 1986.

Si te ha interesado el período histórico en el que transcurre *La Celestina,* puedes leer los primeros capítulos de esta amenísima obra, ejemplo de manuales de historia, cuando habla de la época de los Reyes Católicos.

NUESTRA EDICIÓN

COMO ya hemos señalado anteriormente, a estas alturas no existe todavía una edición de *La Celestina* aceptada de forma unánime. La diversidad de variantes que presentan las primeras ediciones (de la *Comedia* y de la *Tragicomedia*) ha inducido a una gran disparidad de criterios al editar este texto en nuestros tiempos.

La edición que presentamos toma como base la de Peter E. Russell para la editorial Castalia, de 1991. El texto, por supuesto, está íntegro. Se moderniza, eso sí, la ortografía, siguiendo los criterios de la edición de Dorothy S. Severin para Alianza Editorial, de 1969. Hemos consultado otras ediciones, como la de la propia Severin con notas en colaboración con Maite Cabello para Cátedra (1992) y la monumental y todavía no suficientemente evaluada de Miguel Marciales en la Universidad de Illinois (1985). A todas estas ediciones debemos reconocer nuestra deuda. Para la elección de variantes, hemos añadido a los criterios puramente críticos una consideración pedagógica, esto es, ante variantes que no alteraban el sentido del texto hemos optado por la que permitía una lectura más sencilla.

Lisboa, Ed. Luis Rodrigues, 1540. Portada.

ANTES DE EMPEZAR

Vas a comenzar a leer un texto antiguo, que tiene las dificultades propias del castellano de hace 500 años. Hemos modernizado la ortografía, pero hemos dejado las palabras y la sintaxis tal cual, con todos sus arcaísmos, sin los cuales esta obra no sería la misma. Para enfrentarse a esos términos arcaicos, unas veces tendrás el apoyo de las notas, pero otras necesitarás un poco de imaginación. No mucha: si encuentras, por ejemplo, «agora», se trata de la palabra «ahora», si ves «frecha», es «flecha». Nos parecía que esas pequeñas diferencias no debían detener tu lectura con notas a pie de página.

En el caso de las palabras explicadas en nota, ten en cuenta que solo te las aclaramos la primera vez que aparecen (por eso hay tantas notas al principio), aunque te advertimos si es un término que vas a encontrar más veces. De todas formas, si olvidas alguna de estas palabras comunes, puedes encontrarla al final, en el Glosario. Y si alguna palabra no aparece en nota y no la conoces, no lo dudes, está en el Diccionario de la Real Academia (DRAE).

Otra cosa que puede despistarte en las primeras páginas es el uso de los apartes. Son expresiones que lanzan los personajes para sí mismos o para otro personaje pero con la intención de que no se enteren los demás. Van señalados en el texto entre paréntesis.

Verás también muchas veces en las notas la explicación de refranes que aparecen en el texto. Y, todavía con más frecuencia, encontrarás en las notas la versión íntegra de refranes que en el texto aparecen a medias o vagamente aludidos. Explica-

mos sólo aquellos (son muchos) que hoy han desaparecido o apenas se usan.

Por último, para facilitarte la consulta de fragmentos del libro, hemos numerado entre corchetes las escenas de cada acto. También encontrarás, previas a cada acto, claves de lectura que te llamarán la atención sobre ciertos aspectos que no debes pasar por alto. No se te vaya a olvidar que tanto la división en escenas como las guías son nuestras, no de Fernando de Rojas.

Libro de Calixto y Melibea y de la puta vieja Celestina,
Ed. Jacobo Cromberger, «1502» [en realidad, hacia 1518].

LA CELESTINA, TRAGICOMEDIA DE CALISTO Y MELIBEA

*T*ODOS *los elementos previos al desarrollo de una obra se suelen llamar preliminares. En* La Celestina *hay, antes del primer acto, cinco textos, que fueron apareciendo en distintas ediciones (aunque aquí los reunimos todos). No tienen ninguna brillantez, pero son muy valiosos para desentrañar algunos problemas que plantea esta obra:*

a) Título, seguido de una parrafada larguísima en la que desde un primer momento se declara el carácter moral de la obra («Tragicomedia de Calisto y Melibea nuevamente revista...»; en las primeras ediciones pone «Comedia» en vez de «Tragicomedia»).

b) «El autor a un su amigo». Es una carta a un amigo enamorado al que, si es verdad que este amigo era real y no un simple recurso para presentar el libro, Rojas le debía muchos favores. Dice Rojas en esta carta que encontró «estos papeles», cuyo autor era probablemente un escritor célebre como Juan de Mena o Rodrigo Cota, papeles en los que aparecía el arranque de la obra y que él ha acumulado en el primer auto (hasta aquí hemos hablado de «acto», pero a partir de ahora usaremos el arcaísmo «auto», que es el que aparece en el texto). También justifica Rojas su anonimato diciendo que, ya que el autor primero no quiso dar su nombre, él tampoco lo hará, pues es abogado y le pueden criticar por entretenerse con estas cosas, cuando de hecho sólo ha tardado 15 días en terminar el libro.

c) Versos acrósticos. Uniendo la letra inicial de cada verso se puede leer: «EL BACHILLER FERNANDO DE ROJAS ACABÓ LA COMEDIA DE CALYSTO Y MELIVEA Y FUE NASCYDO EN LA PVEVLA DE MONTALVÁN». Fíjate bien: dice «acabó», no «escribió».

   d)   Prólogo. Añadido en la Tragicomedia *(Zaragoza, 1507), comienza con una cita de Petrarca en la que
viene a decir que sin lucha nada crea la naturaleza.
Algo así, dice Rojas, ha pasado con su obra, que ha sido
polémica desde que aparecieron las primeras ediciones.
Ha decidido, además, cambiar el título de «comedia»
por el de «tragicomedia». Se queja también de los argumentos que el editor puso previos a cada acto, algo que
podría haber sido «cosa bien excusada».*

   *e)   «Síguese», con otra insistencia sobre la intención
moral de la obra.*

   *f)   Argumento de la obra entera. Como el «síguese»
anterior, aparece por primera vez en la* Comedia *del
1500 (recuerda que a la edición de 1499 le faltaba la
primera hoja).*

* * *

TRAGICOMEDIA DE CALISTO Y MELIBEA

*N*UEVAMENTE revista y enmendada con adición
de los argumentos de cada auto[1] en principio. La
cual contiene demás de su agradable y dulce estilo muchas sentencias filosofales y avisos muy necesarios
para mancebos, mostrándoles los engaños que están en-
cerrados en sirvientes y alcahuetas.

---

[1] *auto:* acto.

EL AUTOR A UN SU AMIGO

Suelen los que de sus tierras ausentes se hallan, considerar de qué cosa aquel lugar donde parten mayor inopia[2] o falta padezca, para con la tal servir a los conterráneos, de quien en algún tiempo beneficio recibido tienen; y viendo que legítima obligación a investigar lo semejante me compelía para pagar las muchas mercedes de vuestra libre liberalidad recibidas, asaz[3] veces retraído en mi cámara, acostado sobre mi propia mano, echando mis sentidos por ventores[4] y mi juicio a volar, me venía a la memoria, no sólo la necesidad que nuestra común patria tiene de la presente obra, por la muchedumbre de galanes y enamorados mancebos que posee, pero aun en particular vuestra misma persona, cuya juventud de amor ser presa se me representa haber visto y de él cruelmente lastimada, a causa de le faltar defensivas armas para resistir sus fuegos, las cuales hallé esculpidas en estos papeles; no fabricadas en las grandes herrerías de Milán, mas en los claros ingenios de doctos varones castellanos formadas. Y como mirase su primor, su sotil artificio, su fuerte y claro metal, su modo y manera de labor, su estilo elegante, jamás en nuestra castellana lengua visto ni oído, leílo tres o cuatro veces; y tantas cuantas más lo leía, tanta más necesidad me ponía de releerlo y tanto más me agradaba, y en su proceso nuevas sentencias sentía. Vi, no sólo ser dulce en su principal historia o ficción toda junta; pero aun de algunas sus particularidades salían deleitables fontecicas de filosofía, de otros agradables donaires, de otros avisos y consejos contra lisonjeros y malos sirvientes y falsas mujeres hechiceras. Vi que no

---

[2] *inopia:* escasez.
[3] *asaz:* bastante, es palabra de uso muy frecuente.
[4] *ventores:* perros de caza.

tenía su firma del autor, el cual, según algunos dicen, fue
Juan de Mena, y según otros, Rodrigo Cota; pero quienquiera que fuese, es digno de recordable memoria por la
sotil invención, por la gran copia[5] de sentencias entrejeridas[6], que so color[7] de donaires tiene. Gran filósofo era.
Y pues él con temor de detractores y nocibles lenguas,
más aparejadas a reprehender que a saber inventar, quiso
celar y encubrir su nombre, no me culpéis si en el fin
bajo que lo pongo no expresare el mío. Mayormente
que, siendo jurista yo, aunque obra discreta, es ajena de
mi facultad y quien lo supiese diría que no por recreación de mi principal estudio, del cual yo más me precio,
como es la verdad, lo hiciese; antes distraído de los derechos, en esta nueva labor me entremetiese. Pero aunque
no acierten, sería pago de mi osadía. Asimismo pensarían
que no quince días de unas vacaciones, mientra mis socios[8] en sus tierras, en acabarlo me detuviese, como es lo
cierto; pero aun más tiempo y menos acepto. Para desculpa de lo cual todo, no sólo a vos, pero a cuantos lo
leyeren, ofrezco los siguientes metros. Y porque conoz-
cáis dónde comienzan mis mal doladas[9] razones, acordé
que todo lo del antiguo autor fuese sin división en un
auto o cena[10] incluso, hasta el segundo auto, donde dice:
«Hermanos míos», etc. Vale[11].

---

[5] *copia:* abundancia.
[6] *entrejeridas:* insertadas.
[7] *so color:* bajo el pretexto.
[8] *mis socios:* mis compañeros de negocio.
[9] *mal doladas:* mal labradas.
[10] *cena:* escena, cada una de las partes en que se divide cada acto.
[11] *Vale:* adiós, palabra latina de despedida; aparece muchas veces en
los preliminares de los libros (como en el prólogo del *Quijote*).

EL AUTOR, EXCUSÁNDOSE DE SU YERRO[12] EN ESTA OBRA QUE ESCRIBIÓ, CONTRA SÍ ARGUYE Y COMPARA

El silencio escuda y suele encubrir
La falta de ingenio y las torpes lenguas;
Blasón[13] que es contrario, publica sus menguas[14]
A quien mucho habla sin mucho sentir.
Como la hormiga[15] que deja de ir,
Holgando por tierra, con la provisión:
Jactóse con alas de su perdición:
Lleváronla en alto, no sabe dónde ir.

PROSIGUE

El aire gozando ajeno y extraño,
Rapiña es ya hecha de aves que vuelan
Fuertes más que ella, por cebo la llevan:
En las nuevas alas estaba su daño.
Razón es que aplique a mi pluma este engaño,
No disimulando[16] con los que arguyen,
Así, que a mí mismo mis alas destruyen,
Nublosas y flacas, nacidas de ogaño[17].

---

[12] *yerro*: error.

[13] *Blasón*: presunción; literalmente, un blasón es un escudo nobiliario, pero de ahí derivó la palabra «blasonar», que quiere decir «vanagloriarse, jactarse».

[14] *menguas*: faltas; ahora puedes deducir el sentido de la frase: «a quien mucho habla, la presunción hace públicas sus faltas».

[15] A partir de aquí, y durante varias estrofas, Rojas pone el ejemplo de la hormiga, a la que, por presumir, le salen alas, y lo único que consigue es que la cacen en el aire.

[16] *no disimulando*: sin fingir no entender.

[17] *ogaño*: este año, últimamente.

PROSIGUE

Donde ésta gozar pensaba volando,
O yo aquí escribiendo cobrar más honor,
Delo uno y delo otro nació disfavor;
Ella[18] es comida y a mí están cortando
Reproches, revistas y tachas. Callando
Obstara[19], y los daños de envidia y murmuros.
Y, así navegando, los puertos seguros
Atrás quedan todos ya cuanto más ando.

PROSIGUE

Si bien discernáis mi limpio motivo,
A cuál se endereza de aquestos extremos,
Con cuál participa, quién rige sus remos,
Amor ya apacible o Desamor esquivo
Buscad bien el fin de aquesto que escribo,
O del principio leed su argumento:
Leeldo y veréis que, aunque dulce cuento,
Amantes, que os muestra salir de cativo.

COMPARACIÓN

Como el doliente que píldora amarga[20]
O huye o recela o no puede tragar,
Métenla dentro de dulce manjar,
Engáñase el gusto, la salud se alarga:
De esta manera mi pluma se embarga[21],
Imponiendo dichos lascivos, rientes,
Atrae los oídos de penadas gentes;
De grado escarmientan y arrojan su carga.

---

[18] *ella:* se refiere a la hormiga de la que hablaba antes.
[19] *Obstara:* hubiera impedido.
[20] Pone ahora el ejemplo de la pastilla endulzada para tragarla mejor.
[21] *se embarga:* se detiene.

VUELVE A SU PROPÓSITO

Este mi deseo cargado de antojos,
Compuse tal fin que el principio desata:
Acordó de dorar con oro de lata
Lo más fino oro que vio con sus ojos
Y encima de rosas sembrar mil abrojos.
Suplico, pues, suplan discretos mi falta.
Teman groseros y en obra tan alta
O vean y callen o no den enojos.

PROSIGUE DANDO RAZONES POR QUÉ SE MOVIÓ A ACABAR ESTA OBRA

Yo vi en Salamanca la obra presente:
Movíme a acabarla por estas razones:
Es la primera, que estoy en vacaciones,
La otra inventarla persona prudente;
Y es la final, ver ya la más gente
Vuelta y mezclada en vicios de amor.
Estos amantes les pornán[22] temor
A fiar de alcahueta ni de mal sirviente.

Y así que esta obra, a mi flaco entender
Fue tanto breve, cuanto muy sotil.
Vi que portaba sentencias dos mil
En forro de gracias, labor de placer.
No hizo Dédalo[23] en su oficio y saber
Alguna más prima entretalladura,
Si fin diera en esta su propia escritura
Cota o Mena con su gran saber.

---

[22] pornán: pondrán.
[23] *Dédalo:* célebre escultor de la mitología griega.

Jamás yo no vi sino en terenciana[24]
Después que me acuerdo, ni nadie la vido,
Obra de estilo tan alto y subido
En lengua común vulgar castellana.
No tiene sentencia de donde no mana
Loable a su autor y eterna memoria,
Al cual Jesucristo reciba en su gloria
Por su pasión santa, que a todos nos sana.

AMONESTA A LOS QUE AMAN QUE SIRVAN A DIOS Y DEJEN LAS VANAS COGITACIONES[25] Y VICIOS DE AMOR

Vosotros que amáis, tomad este ejemplo
Este fino arnés con que os defendáis;
Volved ya las riendas, porque no os perdáis;
Load siempre a Dios visitando su templo.
Andad sobre aviso; no seáis de ejemplo
De muertos y vivos y propios culpados:
Estando en el mundo yacéis sepultados.
Muy gran dolor siento cuando esto contemplo.

Olvidemos los vicios que así nos prendieron,
No confiemos en vana esperanza;
Temamos Aquel que espinas y lanzas,
Azotes y clavos su sangre vertieron;
La su santa faz herida escupieron;
Vinagre con hiel fue su potación[26];
A cada santo lado consintió su ladrón:
Nos lleve, le ruego, con los que creyeron.

---

[24] *terenciana:* de Terencio, autor teatral de la Roma clásica; se refiere a las comedias de este autor en las que se inspira *La Celestina*.
[25] *cogitaciones:* pensamientos.
[26] *potación:* bebida.

FIN

O damas, matronas, mancebos, casados,
Notad bien la vida que aquéstos hicieron,
Tened por espejo su fin cuál hobieron:
A otro que amores dad vuestros cuidados.
Limpiad ya los ojos, los ciegos errados,
Virtudes sembrando con casto vivir,
A todo correr debéis de huir,
No os lance Cupido sus tiros dorados.

[PRÓLOGO]

Todas las cosas ser criadas a manera de contienda o batalla, dice aquel gran sabio Heráclito[27] en este modo: «Omnia secundum litem fiunt». Sentencia a mi ver digna de perpetua y recordable memoria; y como sea cierto que toda palabra del hombre sciente[28] está preñada, de ésta se puede decir que de muy hinchada y llena quiere reventar, echando de sí tan crecidos ramos y hojas, que del menor pimpollo se sacaría harto fruto entre personas discretas. Pero como mi pobre saber no baste a más de roer sus secas cortezas de los dichos de aquellos que por claror de sus ingenios merecieron ser aprobados, con lo poco que de allí alcanzare, satisfaré al propósito de este breve prólogo. Hallé esta sentencia corroborada por aquel gran orador y poeta laureado, Francisco Petrarca, diciendo: «Sine lite atque offensione nihil genuit natura parens». «Sin lid y ofensión ninguna cosa engendró la natura, madre de todo.» Dice más adelante: «Sic est enim, et

---

[27] *Heráclito:* filósofo griego del siglo VI a.C.
[28] *sciente:* sabio.

sic propemodum universa testantur: rapido stellae ob-
viant firmamento; contraria invicem elementa confli-
gunt; terrae tremunt; maria fluctuant; aer quatitur; cre-
pant flammae; bellum immortale venti gerunt; tempora
temporibus concertant; secum singula, nobiscum omnia.» Que quiere decir: «En verdad así es, y así todas las
cosas de esto dan testimonio: las estrellas se encuentran en
el arrebatado firmamento del cielo, los adversos elementos unos con otros rompen pelea, tremen[29] las tierras,
ondean los mares, el aire se sacude, suenan las llamas, los
vientos entre sí traen perpetua guerra, los tiempos con
tiempos contienden y litigan entre sí, uno a uno y todos
contra nosotros.» El verano vemos que nos aqueja con
calor demasiado, el invierno con frío y aspereza: así que
esto nos parece revolución temporal, esto con que nos
sostenemos, esto con que nos criamos y vivimos, si comienza a ensoberbecerse más de lo acostumbrado, no es
sino guerra. Y cuánto se ha de temer, manifiéstase por
los grandes terremotos y torbellinos, por los naufragios e
incendios, así celestiales como terrenales, por la fuerza de
los aguaduchos[30], por aquel bramar de truenos, por aquel
temeroso ímpetu de rayos, aquellos cursos y recursos de
las nubes, de cuyos abiertos movimientos, para saber la
secreta causa de que proceden, no es menor la disensión
de los filósofos en las escuelas, que de las ondas en la mar.

Pues entre los animales ningún género carece de guerra: peces, fieras, aves, serpientes, de lo cual todo, una
especie a otra persigue. El león al lobo, el lobo la cabra,
el perro la liebre y, si no pareciese conseja de tras el
fuego[31], yo llegaría más al cabo esta cuenta. El elefante,

---

[29] *tremen:* tiemblan.
[30] *aguaduchos:* aguaceros.
[31] *conseja de tras el fuego:* cuento popular; estos cuentos tenían fama

animal tan poderoso y fuerte, se espanta y huye de la vista de un suzuelo[32] ratón, y aun de sólo oírle toma gran temor. Entre las serpientes el vajarisco[33] crió la natura tan ponzoñoso y conquistador de todas las otras, que con su silbo las asombra y con su venida las ahuyenta y desparce, con su vista las mata. La víbora, reptilia o serpiente enconada, al tiempo del concebir, por la boca de la hembra metida la cabeza del macho y ella con el gran dulzor apriétale tanto que le mata y, quedando preñada, el primer hijo rompe las ijares de la madre, por do todos salen y ella muerta queda y él casi como vengador de la paterna muerte. ¿Qué mayor lid, qué mayor conquista ni guerra que engendrar en su cuerpo quien coma sus entrañas?

Pues no menos disensiones naturales creemos haber en los pescados; pues es cosa cierta gozar la mar de tantas formas de peces, cuantas la tierra y el aire cría de aves y animalias y muchas más. Aristóteles y Plinio cuentan maravillas de un pequeño pece llamado Echeneis, cuánto sea apta su propiedad para diversos géneros de lides. Especialmente tiene una, que si llega a una nao o carraca[34], la detiene, que no se puede menear, aunque vaya muy recio por las aguas; de lo cual hace Lucano mención, diciendo: «Non puppim retinens, Euro tendente rudentes, in mediis Echeneis aquis.» «No falta allí el pece dicho Echeneis, que detiene las fustas[35] cuando el viento Euro extiende las cuerdas en medio de la mar.» ¡O natural

de ser interminables; en esta época el Marqués de Santillana escribió un libro titulado *Refranes que dicen las viejas tras el fuego.*

[32] *suzuelo:* sucio (despectivo).
[33] *vajarisco:* basilisco, animal fantástico que mataba con la mirada.
[34] *carraca:* antigua nave de transporte.
[35] *fustas:* barcos ligeros.

contienda, digna de admiración: poder más un pequeño pece que un gran navío con toda fuerza de los vientos!

Pues si discurrimos por las aves y por sus menudas enemistades, bien afirmaremos ser todas las cosas criadas a manera de contienda. Las más viven de rapina, como halcones y águilas y gavilanes. Hasta los groseros milanos insultan[36] dentro en nuestras moradas los domésticos pollos y debajo las alas de sus madres los vienen a cazar. De una ave llamada rocho, que nace en el índico mar de Oriente, se dice ser de grandeza jamás oída y que lleva sobre su pico hasta las nubes, no sólo un hombre o diez, pero un navío cargado de todas sus jarcias y gente. Y como los míseros navegantes estén así suspensos en el aire, con el meneo de su vuelo caen y reciben crueles muertes.

¿Pues qué diremos entre los hombres a quien todo lo sobredicho es sujeto? ¿Quién explanará sus guerras, sus enemistades, sus envidias, sus aceleramientos y movimientos y descontentamientos? ¿Aquel mudar de trajes, aquel derribar y renovar edificios, y otros muchos afectos diversos y variedades que de esta nuestra flaca humanidad nos provienen?

Y pues es antigua querella y visitada de largos tiempos, no quiero maravillarme si esta presente obra ha sido instrumento de lid o contienda a sus lectores para ponerlos en diferencias, dando cada uno sentencia sobre ella a sabor de su voluntad. Unos decían que era prolija, otros breve, otros agradable, otros escura; de manera que cortarla a medida de tantas y tan diferentes condiciones a solo Dios pertenece. Mayormente pues ella con todas las otras cosas que al mundo son, van debajo de la bandera

---

[36] *insultan:* dan un salto sobre.

de esta notable sentencia: «que aun la misma vida de los hombres, si bien lo miramos, desde la primera edad hasta que blanquean las canas, es batalla.» Los niños con los juegos, los mozos con las letras, los mancebos con los deleites, los viejos con mil especies de enfermedades pelean, y estos papeles con todas las edades. La primera lo borra y rompe, la segunda no los sabe bien leer, la tercera, que es la alegre juventud y mancebía, discorda. Unos les roen los huesos[37] que no tienen virtud, que es la historia toda junta, no aprovechándose de las particularidades, haciéndola cuento de camino; otros pican los donaires y refranes comunes, loándolos con toda atención, dejando pasar por alto lo que hace más al caso y utilidad suya. Pero aquellos para cuyo verdadero placer es todo, desechan el cuento de la historia para contar, coligen la suma[38] para su provecho, ríen lo donoso, las sentencias y dichos de filósofos guardan en su memoria para trasponer en lugares convenibles a sus actos y propósitos. Así que cuando diez personas se juntaren a oír esta comedia, en quien quepa esta diferencia de condiciones, como suele acaecer, ¿quién negará que haya contienda en cosa que de tantas maneras se entienda? Que aún los impresores han dado sus punturas[39], poniendo rúbricas o sumarios al principio de cada auto, narrando en breve lo que dentro contenía: una cosa bien excusada, según lo que los antiguos escritores usaron. Otros han litigado sobre el nombre, diciendo que no se había de llamar comedia, pues acababa en tristeza, sino que se llamase tragedia. El primer autor quiso darle denominación del principio, que

---

[37] *unos les roen los huesos:* unos sólo se interesan por la trama, el esqueleto de la obra.

[38] *coligen la suma:* tienen en cuenta todo el conjunto.

[39] *punturas:* puntadas; se refiere a los argumentos que hay antes de cada acto y que parece que a Rojas no le gustaban nada.

fue placer, y llamóla comedia. Yo viendo estas discordias, entre estos extremos partí agora por medio la porfía, y llaméla tragicomedia. Así que viendo estas conquistas, estos dísonos y varios juicios, miré a donde la mayor parte acostaba, y hallé que querían que se alargase en el proceso de su deleite de estos amantes, sobre lo cual fui muy importunado; de manera que acordé, aunque contra mi voluntad, meter segunda vez la pluma en tan extraña labor y tan ajena de mi facultad, hurtando algunos ratos a mi principal estudio, con otras horas destinadas para recreación, puesto que no han de faltar nuevos detractores a la nueva edición.

Síguese la comedia o tragicomedia de Calisto y Melibea, compuesta en reprehensión de los locos enamorados, que, vencidos en su desordenado apetito, a sus amigas llaman y dicen ser su dios. Asimismo hecha en aviso de los engaños de las alcahuetas y malos y lisonjeros sirvientes.

ARGUMENTO

*C*ALISTO fue de noble linaje, de claro ingenio, de gentil disposición, de linda crianza, dotado de muchas gracias, de estado mediano[40]. Fue preso en el amor de Melibea, mujer moza, muy generosa, de alta y serenísima sangre, sublimada[41] en próspero estado, una sola heredera a su padre Pleberio, y de su madre Alisa muy amada. Por solicitud del pungido[42] Calisto, vencido el casto propósito de ella, entreviniendo[43] Celestina, mala y astuta mujer, con dos sirvientes del vencido Calisto, engañados y por ésta tornados desleales, presa su fidelidad con anzuelo de codicia y de deleite, vinieron los amantes y los que les ministraron[44], en amargo y desastrado fin. Para comienzo de lo cual dispuso el adversa fortuna lugar oportuno, donde a la presencia de Calisto se presentó la deseada Melibea.

---

[40] *de estado mediano:* el estado es la posición social y la riqueza; Calisto, aunque rico, es de estado mediano comparado con la familia de Melibea.
[41] *sublimada:* elevada.
[42] *pungido:* punzado (por el amor).
[43] *entreviniendo:* interviniendo.
[44] *ministraron:* sirvieron.

C OMIENZA aquí el acto I que sería, si creemos a Rojas, el material que encontró sin firma de autor y a partir del cual decidió crear la obra. Es, con diferencia, el acto más extenso. En primer lugar, te sorprenderá lo enrevesado del lenguaje con que comienza. Si has leído la Introducción, sabrás que Calisto y Melibea utilizan la manera de hablar de las novelas sentimentales que estaban de moda en aquellos tiempos. Es un lenguaje culto, lleno de citas y alardes eruditos y que a veces pretende imitar al latín. Algunas frases te las aclaramos enteras en nota.

Tampoco debe sorprenderte el lenguaje popular, directo y hasta grosero que usan Celestina y los criados, quienes en otras ocasiones, sin embargo, imitan el lenguaje culto de sus amos (a veces equivocándose).

Otra cuestión que tienes que entender bien son los apartes. Son expresiones, señaladas entre paréntesis, en las que los personajes hablan para sí mismos o para comunicar algo a algún otro personaje sin que se enteren los demás. Unas veces nadie se entera del aparte, otras los otros personajes lo toman como murmuraciones, o lo entienden a medias (lo que provoca la rectificación de quien lo ha dicho). Es un juego teatral que debes saber leer.

Cuando cambian las escenas, no te extrañes de los saltos temporales o de los cambios de lugar. En La Celestina *se van sucediendo las escenas como los planos en un guión de cine, y el lector debe ir deduciendo por los personajes que intervienen y por lo que pasa cuándo y dónde transcurre la acción.*

También en este auto aparecerá la peculiar noción del tiempo que tiene la obra. Si te fijas, desde que Sempronio y Celestina llegan a la puerta de la casa de Calisto hasta que les abren, Pármeno explica a su amo quién es aquella vieja en una intervención que inevitablemente dura mucho más que lo que se tardaría en abrir a quienes han llegado. No importa, son desfases normales en este tipo de comedias, concebidas como teatro para leer y cuyas escenas no debían ser sincronizadas luego en escena.

* * *

ARGUMENTO DEL PRIMER AUTO
DE ESTA COMEDIA

E NTRANDO Calisto en una huerta en pos de un halcón suyo, halló ahí a Melibea, de cuyo amor preso, comenzóle de hablar; de la cual rigorosamente despedido, fue para su casa muy sangustiado. Habló con un criado suyo llamado Sempronio, el cual, después de muchas razones, le enderezó a una vieja llamada Celestina, en cuya casa tenía el mismo criado una enamorada llamada Elicia. La cual, viniendo Sempronio a casa de Celestina con el negocio de su amo, tenía a otro consigo, llamado Crito, al cual escondieron. Entretanto que Sempronio está negociando con Celestina, Calisto está razonando con otro criado suyo, por nombre Pármeno, el cual razonamiento dura hasta que llega Sempronio y Celestina a casa de Calisto. Pármeno fue conocido de Celestina, la cual mucho le dice de los hechos y conocimiento de su madre, induciéndole a amor y concordia de Sempronio.

PÁRMENO, CALISTO, MELIBEA, SEMPRONIO, CELESTINA, ELICIA, CRITO

[1]

CALISTO.—En esto veo, Melibea, la grandeza de Dios.

MELIBEA.—¿En qué, Calisto?

CAL.—En dar poder a natura que de tan perfecta hermosura te dotase y hacer a mí inmérito tanta merced que verte alcanzase y en tan conveniente lugar, que mi secreto dolor manifestarte pudiese. Sin duda incomparablemente es mayor tal galardón que el servicio, sacrificio, devoción y obras pías que por este lugar alcanzar yo tengo a Dios ofrecido, ni otro poder mi voluntad humana puede cumplir. ¿Quién vido[1] en esta vida cuerpo glorificado de ningún hombre, como agora el mío? Por cierto los gloriosos santos, que se deleitan en la visión divina, no gozan más que yo agora en el acatamiento tuyo. Mas ¡oh triste! que en esto diferimos: que ellos puramente se glorifican sin temor de caer de tal bienaventuranza, y yo, mixto[2], me alegro con recelo del esquivo tormento, que tu ausencia me ha de causar.

MELIB.—¿Por gran premio tienes éste, Calisto?

CAL.—Téngolo por tanto en verdad que, si Dios me diese en el cielo la silla sobre sus santos, no lo ternía[3] por tanta felicidad.

MELIB.—Pues aun más igual galardón te daré yo, si perseveras.

---

[1] *vido:* vio.

[2] *mixto:* mezclado; Calisto mezcla sentimientos espirituales y carnales.

[3] *ternía:* tendría.

CAL.—¡Oh bienaventuradas orejas mías, que indignamente tan gran palabra habéis oído!

MELIB.—Más desaventuradas de que me acabes de oír, porque la paga será tan fiera, cual la merece tu loco atrevimiento; y el intento de tus palabras, Calisto, ha sido como de ingenio de tal hombre como tú, haber de salir para se perder en la virtud de tal mujer como yo. ¡Vete, vete de ahí, torpe, que no puede mi paciencia tolerar que haya subido en corazón humano conmigo el ilícito amor comunicar su deleite![4]

CAL.—Iré como aquél contra quien solamente la adversa fortuna pone su estudio con odio cruel.

[2]

CAL.—¡Sempronio, Sempronio, Sempronio! ¿Dónde está este maldito?

SEMPRONIO.—Aquí estoy, señor, curando de estos caballos.

CAL.—Pues, ¿cómo sales de la sala?

SEMP.—Abatióse el gerifalte y vínele a enderezar en el alcándara[5].

CAL.—¡Así los diablos te ganen! Así por infortunio arrebatado perezcas o perpetuo intolerable tormento consigas, el cual en grado incomparable a la penosa y desastrada muerte que espero traspasa. ¡Anda, anda, malvado, abre la cámara y endereza la cama!

---

[4] Más claro: «mi paciencia no puede tolerar que el ilícito amor haya subido en corazón humano a comunicar conmigo su deleite». Con este tipo de frases los personajes pretenden demostrar su cultura literaria, al menos la que estaba de moda en la época.

[5] *gerifalte:* halcón; *alcándara:* percha donde se ponían las aves de cetrería.

SEMP.—Señor, luego[6] hecho es.

CAL.—Cierra la ventana y deja la tiniebla acompañar al triste y al desdichado la ceguedad. Mis pensamientos tristes no son dignos de luz. ¡Oh bienaventurada muerte aquella que deseada a los afligidos viene! ¡Oh! si viniésedes agora, *Crato y Galieno*[7], médicos, sentiríades mi mal. ¡Oh piedad celestial, inspira en el Plebérico[8] corazón por que sin esperanza de salud no envíe el espíritu perdido con el desastrado Píramo y de la desdichada Tisbe![9]

SEMP.—¿Qué cosa es?

CAL.—¡Vete de ahí! No me hables; si no, quizá ante del tiempo de mi rabiosa muerte, mis manos causarán tu arrebatado fin.

SEMP.—Iré, pues solo quieres padecer tu mal.

CAL.—¡Ve con el diablo!

[3]

SEMP.—No creo, según pienso, ir conmigo el que contigo queda. ¡Oh desventura, oh súbito mal! ¿Cuál fue tan contrario acontecimiento, que así tan presto robó el alegría de este hombre, y lo que peor es, junto con

---

[6] *luego:* ahora mismo, aparecerá esta palabra con este significado más veces.

[7] *Crato y Galieno:* es un asunto muy discutido. Galeno es un médico famoso de la Antigüedad, Crato debe de tratarse de un error de imprenta.

[8] *plebérico:* de Pleberio, padre de Melibea.

[9] Píramo y Tisbe, personajes de una obra del escritor romano Ovidio, protagonizan una de las historias amorosas más conocidas en la Antigüedad. Píramo vio la capa ensangrentada de su amada Tisbe, con la que se había citado, en las garras de un león. Creyéndola muerta, se suicidó allí mismo. Tisbe, escondida en una cueva, se mató al salir y ver el cadáver de Píramo.

ella el seso? ¿Dejarle he solo o entraré allá? Si le dejo, matarse ha; si entro allá, matarme ha. Quédese; no me curo[10]; más vale que muera aquél, a quien es enojosa la vida, que no yo, que huelgo con ella. Aunque por ál[11] no desease vivir, sino por ver a mi Elicia, me debría guardar de peligros. Pero, si se mata sin otro testigo, yo quedo obligado a dar cuenta de su vida; quiero entrar. Mas, puesto que entre, no quiere consolación ni consejo; asaz es señal mortal no querer sanar. Con todo, quiérole dejar un poco desbrave, madure; que oído he decir que es peligro abrir o apremiar las postemas duras[12], porque más se enconan. Esté un poco; dejemos llorar al que dolor tiene, que las lágrimas y sospiros mucho desenconan el corazón dolorido. Y aún, si delante me tiene, más conmigo se encenderá, que el sol más arde donde puede reverberar. La vista a quien objeto no se antepone, cansa; y cuando aquél es cerca, agúzase. Por eso, quiérome sufrir un poco; si entretanto se matare, muera; quizá con algo me quedaré que otro no lo sabe, con que mude el pelo malo[13], aunque malo es esperar salud en muerte ajena. Y quizá me engaña el diablo, y si muere matarme han e irán allá la soga y el calderón[14]. Por otra parte dicen los sabios que es grande descanso a los afligidos tener con quien pue-

---

[10] *no me curo:* no me preocupo.

[11] *por ál:* por otro lado.

[12] *postemas:* tumor, bulto infectado.

[13] *mude el pelo malo:* mejore de posición; literalmente, *el pelo malo* hace referencia al pelaje de los animales enfermos.

[14] *allá irán la soga y el calderón:* es un refrán que quiere decir que, cuando se echa a perder algo importante, se pierde también todo lo que lleva asociado. Sempronio teme que lo maten si permite que su amo muera.

dan sus cuitas llorar y que la llaga interior más empece[15]. Pues en estos extremos, en que estoy perplejo, lo más sano es entrar y sufrirle y consolarle, porque si posible es sanar sin arte ni aparejo, más ligero es guarecer[16] por arte y por cura.

CAL.—¡Sempronio!

SEMP.—¿Señor?

CAL.—Dame acá el laúd.

SEMP.—Señor, vesle aquí.

CAL.—¿Cuál dolor puede ser tal
que se iguale con mi mal?

SEMP.—Destemplado está ese laúd.

CAL.—¿Cómo templará el destemplado? ¿Cómo sentirá el armonía aquel que consigo está tan discorde; aquel en quien la voluntad a la razón no obedece; quien tiene dentro del pecho aguijones, paz, guerra, tregua, amor, enemistad, injurias, pecados, sospechas, todo a una causa? Pero tañe y canta la más triste canción que sepas.

SEMP.—Mira Nero de Tarpeia
a Roma cómo se ardía:
gritos dan niños y viejos
y él de nada se dolía.

CAL.—Mayor es mi fuego y menor la piedad de quien yo agora digo.

SEMP.—(No me engaño yo, que loco está este mi amo.)[17]

CAL.—¿Qué estás murmurando, Sempronio?

SEMP.—No digo nada.

CAL.—Di lo que dices, no temas.

---

[15] *empece:* hace daño, es palabra habitual que aparece muchas veces.

[16] *guarecer:* literalmente, «resguardarse»; aquí quiere decir «curar».

[17] Los apartes, que aparecen entre paréntesis, unas veces pasan inadvertidos a los otros personajes, y otras veces, como aquí, se entienden a medias o se toman como murmuraciones.

SEMP.—Digo que ¿cómo puede ser mayor el fuego que atormenta un vivo que el que quemó tal ciudad y tanta multitud de gente?

CAL.—¿Cómo? Yo te lo diré. Mayor es la llama que dura ochenta años que la que en un día pasa, y mayor la que mata un ánima[18] que la que quemó cien mil cuerpos. Como de la apariencia a la existencia, como de lo vivo a lo pintado, como de la sombra a lo real, tanta diferencia hay del fuego que dices al que me quema. Por cierto, si el de purgatorio es tal, más querría que mi espíritu fuese con los de los brutos animales, que por medio de aquél ir a la gloria de los santos.

SEMP.—(Algo es lo que digo; a más ha de ir este hecho; no basta loco, sino hereje.)

CAL.—¿No te digo que hables alto cuando hablares? ¿Qué dices?

SEMP.—Digo que nunca Dios quiera tal; que es especie de herejía lo que agora dijiste.

CAL.—¿Por qué?

SEMP.—Porque lo que dices contradice la cristiana religión.

CAL.—¿Qué a mí?

SEMP.—¿Tú no eres cristiano?

CAL.—¿Yo? Melibeo soy y a Melibea adoro y en Melibea creo y a Melibea amo.

SEMP.—Tú te lo dirás. Como Melibea es grande, no cabe en el corazón de mi amo, que por la boca le sale a borbollones. No es más menester; bien sé de qué pie coxqueas[19]; yo te sanaré.

CAL.—Increíble cosa prometes.

---

[18] *ánima:* alma.
[19] *coxqueas:* cojeas.

SEMP.—Antes fácil. Que el comienzo de la salud es conocer hombre la dolencia del enfermo.

CAL.—¿Cuál consejo puede regir lo que en sí no tiene orden ni consejo?

[4]

SEMP.—(¡Ha, ha, ha![20] ¿Éste es el fuego de Calisto; éstas son sus congojas? ¡Como si solamente el amor contra él asestara sus tiros! ¡Oh soberano Dios, cuán altos son tus misterios; cuánta premia[21] pusiste en el amor, que es necesaria turbación en el amante! Su límite pusiste por maravilla[22]. Parece al amante que atrás queda; todos pasan, todos rompen, pungidos y esgarrochados[23] como ligeros toros; sin freno saltan por las barreras. Mandaste al hombre por la mujer dejar el padre y la madre; agora no sólo aquello, mas a ti y a tu ley desamparan, como agora Calisto. Del cuál no me maravillo, pues los sabios, los santos, los profetas por él[24] te olvidaron.)

CAL.—¡Sempronio!

SEMP.—¿Señor?

CAL.—No me dejes.

SEMP.—(De otro temple está esta gaita.)

CAL.—¿Qué te parece de mi mal?

SEMP.—Que amas a Melibea.

CAL.—¿Y no otra cosa?

---

[20] *¡Ha, ha, ha!:* exclamaciones, que se transcribían entonces así; encontrarás otras parecidas.

[21] *premia:* fuerza.

[22] *por maravilla:* rara vez (o sea, el amor apenas tiene límites).

[23] *esgarrochados:* picados con la garrocha, la puya con la que se pican los toros.

[24] Se refiere al amor.

SEMP.—Harto mal es tener la voluntad en un solo lugar cativa.

CAL.—Poco sabes de firmeza.

SEMP.—La perseverancia en el mal no es constancia; más dureza o pertinacia la llaman en mi tierra. Vosotros los filósofos de Cupido llamalda como quisiéredes.

CAL.—Torpe cosa es mentir el que enseña a otro, pues que tú te precias de loar a tu amiga Elicia.

SEMP.—Haz tú lo que bien digo y no lo que mal hago.

CAL.—¿Qué me repruebas?

SEMP.—Que sometes la dignidad del hombre a la imperfección de la flaca mujer.

CAL.—¿Mujer? ¡Oh grosero! ¡Dios, dios!

SEMP.—¿Y así lo crees? ¿O burlas?

CAL.—¿Que burlo? Por dios la creo, por dios la confieso y no creo que hay otro soberano en el cielo; aunque entre nosotros mora.

SEMP.—(¡Ha, ha, ha! ¿Oístes qué blasfemia? ¿Vistes qué ceguedad?)

CAL.—¿De qué te ríes?

SEMP.—Ríome, que no pensaba que había peor invención de pecado que en Sodoma.

CAL.—¿Cómo?

SEMP.—Porque aquéllos procuraron abominable uso con los ángeles no conocidos y tú con el que confiesas ser dios[25].

CAL.—¡Maldito seas! Que hecho me has reír, lo que no pensé ogaño.

SEMP.—Pues ¿qué? ¿Toda tu vida habías de llorar?

CAL.—Sí.

---

[25] Según el *Génesis* (uno de los libros de la *Biblia*), los habitantes de Sodoma querían tener relaciones sexuales con dos ángeles que estaban alojados en la casa de Lot.

SEMP.—¿Por qué?

CAL.—Porque amo a aquella ante quien tan indigno me hallo, que no la espero alcanzar.

SEMP.—(¡Oh pusilánimo[26], oh hideputa! ¡Qué Nembrot[27]; qué magno Alejandre[28]; los cuales no sólo del señorío del mundo, mas del cielo se juzgaron ser dignos!)

CAL.—No te oí bien eso que dijiste. Torna, dilo, no procedas.

SEMP.—Dije que tú, que tienes más corazón que Nembrot ni Alejandre[29], desesperas de alcanzar una mujer, muchas de las cuales en grandes estados constituidas se sometieron a los pechos y resollos de viles acemileros[30] y otras a brutos animales. ¿No has leído de Pasife[31] con el toro, de Minerva con el can?[32]

CAL.—No lo creo; hablillas son.

SEMP.—Lo de tu abuela con el ximio[33], ¿hablilla fue? Testigo es el cuchillo de tu abuelo.

CAL.—¡Maldito sea este necio; y qué porradas dice!

---

[26] *pusilánimo:* pusilánime, flojo, de poco espíritu.

[27] *Nembrot:* Nemrod, fabuloso fundador del imperio de Asiria y gran cazador.

[28] *magno Alejandre:* Alejandro Magno (siglo IV a.C.), rey de Macedonia y conquistador de Persia, Babilonia y Egipto.

[29] Observa que, al aclarar a Calisto lo que decía en su aparte, Sempronio le cambia el sentido.

[30] *acemileros:* cuidadores de mulas (acémilas, palabra todavía en uso).

[31] Pasife, esposa del rey de Creta, tuvo relaciones sexuales con un toro, de las que nació el Minotauro, con cuerpo de hombre y cabeza de ese animal.

[32] Minerva, la diosa romana de la guerra, no tuvo ninguna relación con ningún perro. Se ha explicado como una confusión de can con «Vulcán», otro dios mitológico (aunque tampoco cuenta la mitología ningún romance suyo con Minerva). Podría ser un error intencionado por parte de Rojas, al poner una leyenda mitológica en boca de un criado, que la entiende mal.

[33] *ximio:* simio, mono.

SEMP.—¿Escocióte? Lee los historiales, estudia los filósofos, mira los poetas. Llenos están los libros de sus viles
y malos ejemplos y de las caídas que llevaron los que
en algo, como tú, las reputaron. Oye a Salomón do dice
que las mujeres y el vino hacen a los hombres renegar.
Conséjate con Séneca y verás en qué las tiene. Escucha
al Aristóteles, mira a Bernardo[34]. Gentiles, judíos, cristianos y moros, todos en esta concordia están. Pero lo
dicho y lo que de ellas dijere no te contezca error de
tomarlo en común[35]; que muchas hobo y hay santas y
virtuosas y notables, cuya resplandeciente corona quita el
general vituperio. Pero de estas otras, ¿quién te contaría
sus mentiras, sus tráfagos, sus cambios, su liviandad, sus
lagrimillas, sus alteraciones, sus osadías? Que todo lo
que piensan, osan sin deliberar. ¿Sus disimulaciones, su
lengua, su engaño, su olvido, su desamor, su ingratitud,
su inconstancia, su testimoniar, su negar, su revolver, su
presunción, su vanagloria, su abatimiento, su locura,
su desdén, su soberbia, su sujeción, su parlería, su golosi-
na, su lujuria y suciedad, su miedo, su atrevimiento, sus
hechicerías, sus embaimientos[36], sus escarnios, su des-
lenguamiento, su desvergüenza, su alcahuetería? Considera ¡qué sesito está debajo de aquellas grandes y delgadas tocas, qué pensamientos so aquellas gorgueras[37], so
aquel fausto, so aquellas largas y autorizantes ropas, qué
imperfección, qué albañares[38] debajo de templos pinta-

---

[34] Salomón, personaje bíblico, rey de Israel; Aristóteles, filósofo griego; Séneca, pensador romano; Bernardo Silvestre de Tours, escritor
medieval cuyas obras se confundían con las de San Bernardo. Los cuatro
tienen palabras y escritos misóginos, contra las mujeres.
[35] *no te contezca error de tomarlo en común:* no caigas en el error de
pensar que todas son así.
[36] *embaimientos:* engaños.
[37] *gorgueras:* los cuellos de los vestidos hechos de lienzo plegado.
[38] *albañares:* conductos que llevan las aguas fecales.

dos! Por ellas es dicho: arma del diablo, cabeza de pecado, destrucción de paraíso. ¿No has rezado en la festividad de San Juan, do dice: «Las mujeres y el vino hacen los hombres renegar»; do dice «Ésta es la mujer, antigua malicia que a Adán echó de los deleites de paraíso. Ésta el linaje humano metió en el infierno; a ésta menospreció Helías profeta», etc.?

CAL.—Di pues, ese Adán, ese Salomón, ese David, ese Aristóteles, ese Virgilio[39], esos que dices, ¿cómo se sometieron a ellas? ¿Soy más que ellos?

SEMP.—A los que las vencieron querría que remedases, que no a los que de ellas fueron vencidos. Huye de sus engaños. Sabes que hacen cosas que es difícil entenderlas. No tienen modo, no razón, no intención. Por rigor encomienzan el ofrecimiento que de sí quieren hacer. A los que meten por los agujeros denuestan en la calle; convidan, despiden, llaman, niegan, señalan amor, pronuncian enemiga[40], ensáñanse presto, apacíguanse luego; quieren que adevinen lo que quieren. ¡Oh, qué plaga, oh, qué enojo, oh, qué hastío es conferir con ellas más de aquel breve tiempo que aparejadas son a deleite!

CAL.—¿Ves? Mientras más me dices y más inconvenientes me pones, más la quiero. No sé qué se es.

SEMP.—No es este juicio para mozos, según veo, que no se saben a razón someter, no se saben administrar. Miserable cosa es pensar ser maestro el que nunca fue discípulo.

---

[39] David es un personaje bíblico, rey de Israel; Virgilio fue un poeta romano. A ninguno de los dos, por cierto, los había nombrado Sempronio. A Virgilio, una dama romana de la que estaba enamorado le dijo que se metiera en una cesta debajo de su ventana, que ella lo alzaría por la noche con una cuerda hasta su cámara. Lo tuvo suspendido en el aire hasta el día siguiente para escarmentarlo.

[40] *pronuncian enemiga:* declaran enemistad.

CAL.—¿Y tú qué sabes? ¿Quién te mostró esto?

SEMP.—¿Quién? Ellas, que desque se descubren, así pierden la vergüenza, que todo esto y aún más a los hombres manifiestan. Ponte pues en la medida de honra, piensa ser más digno de lo que te reputas[41]. Que cierto, peor extremo es dejarse hombre caer de su merecimiento, que ponerse en más alto lugar que debe.

CAL.—Pues, ¿quién yo para eso?

SEMP.—¿Quién? Lo primero eres hombre y de claro ingenio; y más, a quien la natura dotó de los mejores bienes que tuvo, conviene a saber: hermosura, gracia, grandeza de miembros, fuerza, ligereza; y allende de esto, fortuna medianamente partió contigo lo suyo en tal cantidad, que los bienes que tienes de dentro con los de fuera resplandecen. Porque sin los bienes de fuera, de los cuales la fortuna es señora, a ninguno acaece en esta vida ser bienaventurado; y más, a constelación[42] de todos eres amado.

CAL.—Pero no de Melibea; y en todo lo que me has gloriado, Sempronio, sin proporción ni comparación se aventaja Melibea. Miras la nobleza y antigüedad de su linaje, el grandísimo patrimonio, el excelentísimo ingenio, las resplandecientes virtudes, la altitud e incfable gracia, la soberana hermosura, de la cual te ruego me dejes hablar un poco, porque haya algún refrigerio[43]. Y lo que te dijere será de lo descubierto; que, si de lo oculto yo hablarte supiera, no nos fuera necesario altercar tan miserablemente estas razones[44].

---

[41] Sempronio anima a Calisto para que no pierda la dignidad por una mujer.

[42] *a constelación:* por destino, porque así lo han querido las estrellas.

[43] *refrigerio:* alivio.

[44] *altercar... estas razones:* cambiar, contrastar estas razones.

SEMP.—(¡Qué mentiras y qué locuras dirá agora este cativo de mi amo!)

CAL.—¿Cómo es eso?

SEMP.—Dije que digas, que muy gran placer habré de lo oír. (¡Así te medre Dios[45], como me será agradable ese sermón!)

CAL.—¿Qué?

SEMP.—Que así me medre Dios, como me será gracioso de oír.

CAL.—Pues porque hayas placer, yo lo figuraré por partes mucho por extenso.

SEMP.—(¡Duelos tenemos![46] Esto es tras lo que yo andaba. De pasarse habrá ya esta oportunidad.)

CAL.—Comienzo por los cabellos. ¿Ves tú las madejas del oro delgado, que hilan en Arabia? Más lindos son y no resplandecen menos; su longura[47] hasta el postrero asiento de sus pies; después crinados[48] y atados con la delgada cuerda, como ella se los pone, no ha más menester para convertir los hombres en piedras.

SEMP.—(¡Más en asnos!)

CAL.—¿Qué dices?

SEMP.—Dije que esos tales no serían cerdas[49] de asno.

CAL.—¡Ved qué torpe y qué comparación!

SEMP.—(¿Tú cuerdo?)

CAL.—Los ojos verdes, rasgados; las pestañas luengas; las cejas delgadas y alzadas; la nariz mediana; la boca pequeña; los dientes menudos y blancos; los labrios colorados y grosezuelos; el torno del rostro poco más luengo que redondo; el pecho alto; la redondeza y

---

[45] *Así te medre Dios:* así te mejore Dios.

[46] *¡Duelos tenemos!:* ¡Buena nos espera!

[47] *longura:* longitud.

[48] *crinados:* peinados, desenredados.

[49] *cerdas:* pelo de algunos animales que sirve para hacer cuerdas.

forma de las pequeñas tetas, ¿quién te la podría figurar? Que se despereza el hombre cuando las mira. La tez lisa, lustrosa; el cuero suyo escurece la nieve; la color mezclada, cual ella la escogió para sí.

SEMP.—(¡En sus trece está este necio!)

CAL.—Las manos pequeñas en mediana manera, de dulce carne acompañadas; los dedos luengos; las uñas en ellos largas y coloradas, que parecen rubíes entre perlas. Aquella proporción que ver yo no pude, no sin duda por el bulto de fuera juzgo incomparablemente ser mejor que la que Paris juzgó entre las tres deesas[50].

SEMP.—¿Has dicho?

CAL.—Cuan brevemente pude.

SEMP.—Puesto que sea todo eso verdad, por ser tú hombre eres más digno.

CAL.—¿En qué?

SEMP.—En que ella es imperfecta[51], por el cual defecto desea y apetece a ti y a otro menor que tú. ¿No has leído el filósofo[52], do dice: «Así como la materia apetece a la forma, así la mujer al varón»?

CAL.—Oh triste, ¿y cuándo veré yo eso entre mí y Melibea?

SEMP.—Posible es; y aún que la aborrezcas, cuanto agora la amas; podrá ser, alcanzándola y viéndola con otros ojos, libres del engaño en que agora estás.

CAL.—¿Con qué ojos?

---

[50] *Paris y las tres deesas:* En la mitología, Paris, hijo del rey de Troya, tuvo que elegir entre tres diosas (*deesas*) y, dándole una manzana, se decidió por Venus, que le ofrecía la mujer más hermosa del mundo, Helena. Minerva y Juno, las diosas rechazadas, contribuyeron a la derrota militar y posterior destrucción de Troya.

[51] Aristóteles creía que la mujer es una versión imperfecta del hombre.

[52] *el filósofo:* Aristóteles.

SEMP.—Con ojos claros.

CAL.—Y agora, ¿con qué la veo?

SEMP.—Con ojos de alinde[53], con que lo poco parece mucho y lo pequeño grande. Y porque no te desesperes, yo quiero tomar esta empresa de cumplir tu deseo.

CAL.—¡Oh, Dios te dé lo que deseas! ¡Qué glorioso me es oírte, aunque no espero que lo has de hacer!

SEMP.—Antes lo haré cierto.

CAL.—Dios te consuele; el jubón de brocado, que ayer vestí, Sempronio, vístetelo tú.

SEMP.—Prospérete Dios por éste (y por muchos más, que me darás. De la burla yo me llevo lo mejor. Con todo, si de estos aguijones me da, traérgela[54] he hasta la cama. ¡Bueno ando! Hácelo esto que me dio mi amo; que, sin merced, imposible es obrarse bien ninguna cosa.)

CAL.—No seas agora negligente.

SEMP.—No lo seas tú, que imposible es hacer siervo diligente el amo perezoso.

CAL.—¿Cómo has pensado de hacer esta piedad?

SEMP.—Yo te lo diré. Días ha grandes que conozco en fin de esta vecindad una vieja barbuda, que se dice Celestina, hechicera, astuta, sagaz en cuantas maldades hay; entiendo que pasan de cinco mil virgos[55] los que se han hecho y deshecho por su autoridad en esta ciudad. A las duras peñas promoverá y provocará a lujuria, si quiere.

CAL.—¿Podríala yo hablar?

SEMP.—Yo te la traeré hasta acá; por eso, aparéjate, séle gracioso, séle franco; estudia, mientras voy yo, a le

---

[53] *ojos de alinde:* ojos de aumento.
[54] *traérgela:* traérsela.
[55] Uno de los oficios de Celestina es éste: recomponer virginidades.

decir tu pena tan bien como ella te dará el remedio.

CAL.—¿Y tardas?

SEMP.—Ya voy; quede Dios contigo.

CAL.—Y contigo vaya. ¡Oh todopoderoso, perdurable Dios! Tú, que guías los perdidos, y los reyes orientales por el estrella precedente a Belén trujiste, y en su patria los redujiste, húmilmente te ruego que guíes a mi Sempronio, en manera que convierta mi pena y tristeza en gozo y yo indigno merezca venir en el deseado fin.

[5]

CELESTINA.—¡Albricias, albricias, Elicia! ¡Sempronio, Sempronio!

ELICIA.— ¡Ce, ce, ce![56]

CEL.—¿Por qué?

ELIC.—Porque está aquí Crito.

CEL.—¡Mételo en la camarilla de las escobas, presto dile que viene tu primo y mi familiar!

ELIC.—Crito, ¡retráete ahí, mi primo viene; perdida soy!

CRITO.—Pláceme. No te congojes.)

SEMP.—Madre[57] bendita; ¡qué deseo traigo! Gracias a Dios, que te me dejó ver.

CEL.—¡Hijo mío, rey mío, turbado me has! No te puedo hablar; torna y dame otro abrazo. ¿Y tres días pudiste estar sin vernos? ¡Elicia, Elicia; cátale aquí!

ELIC.— ¿A quién, madre?

---

[56] *¡Ce, ce, ce!*: una especie de diccionario un poco posterior lo define como «palabra con que llamamos y hacemos detener al que va delante» (Covarrubias, S., *Tesoro de la Lengua Castellana*, Madrid, 1611).

[57] *Madre*: es un tratamiento cariñoso, no quiere decir que Celestina sea su madre real. Este tipo de expresiones familiares aparecen durante toda la obra.

CEL.—A Sempronio.

ELIC.—¡Ay triste, qué saltos me da el corazón! ¿Y qué es de él?

CEL.—Vesle aquí, vesle; yo me le abrazaré; que no tú.

ELIC.—¡Ay, maldito seas, traidor! Postema y landre[58] te mate y a manos de tus enemigos mueras y por crímenes dignos de cruel muerte en poder de rigurosa justicia te veas; ¡ay, ay!

SEMP.—¡Hi, hi, hi![59] ¿Qué has, mi Elicia? ¿De qué te congojas?

ELIC.—Tres días ha que no me ves. ¡Nunca Dios te vea, nunca Dios te consuele ni visite! ¡Guay[60] de la triste que en ti tiene su esperanza y el fin de todo su bien!

SEMP.—Calla, señora mía; ¿tú piensas que la distancia del lugar es poderosa de apartar el entrañable amor, el fuego, que está en mi corazón? Do yo voy, conmigo vas, conmigo estás; no te aflijas ni me atormentes más de lo que yo he padecido. Mas di, ¿qué pasos suenan arriba?

ELIC.—¿Quién? Un mi enamorado.

SEMP.—Pues créolo.

ELIC.—¡Alahé[61], verdad es! Sube allá y verlo has.

SEMP.—Voy.

CEL.—¡Anda acá! Deja esa loca, que ella es liviana y turbada de tu ausencia, sácasla agora de seso; dirá mil locuras. Ven y hablemos; no dejemos pasar el tiempo en balde.

SEMP.—Pues, ¿quién está arriba?

CEL.—¿Quiéreslo saber?

SEMP.—Quiero.

---

[58] *landre:* tumor; todavía se usa hoy: «¡Mala landre te mate!».

[59] *¡Hi, hi, hi!*: expresión para representar la risa.

[60] *¡Guay!*: ¡ay!

[61] *Alahé:* a la fe, verdaderamente; es muy frecuente.

CEL.—Una moza, que me encomendó un fraile.

SEMP.—¿Qué fraile?

CEL.—No lo procures[62].

SEMP.—Por mi vida, madre, ¿qué fraile?

CEL.—¿Porfías? El ministro, el gordo.

SEMP.—¡Oh desaventurada y qué carga espera!

CEL.—Todo lo llevamos. Pocas mataduras[63] has tú visto en la barriga.

SEMP.—Mataduras no; mas petreras sí[64].

CEL.—¡Ay burlador!

SEMP.—Deja, si soy burlador; y muéstramela.

ELIC.—¡Ha, don malvado! ¿Verla quieres? ¡Los ojos se te salten, que no basta a ti una ni otra! ¡Anda, vela y deja a mí para siempre!

SEMP.—Calla, Dios mío; ¿y enójaste? Que ni la quiero ver a ella ni a mujer nacida. A mi madre quiero hablar y quédate a Dios.

ELIC.—¡Anda, anda; vete, desconocido y está otros tres años que no me vuelvas a ver!

SEMP.—Madre mía, bien ternás confianza y creerás que no te burlo. Toma el manto y vamos, que por el camino sabrás lo que, si aquí me tardase en decirte, impediría tu provecho y el mío.

CEL.—Vamos. Elicia, quédate a Dios; cierra la puerta. ¡Adiós, paredes![65].

---

[62] *No lo procures:* no lo pretendas.

[63] *mataduras:* heridas que se producen las caballerías en los ijares.

[64] *petreras:* otro tipo de heridas en la barriga de los animales producidas por el petral, la faja que sujeta la silla de montar. Aquí, tanto mataduras como petreras sirven para que Celestina y Sempronio bromeen sobre las heridas que pueden producirse en el acto sexual.

[65] *¡Adiós, paredes!:* era una expresión coloquial: ¡Adiós paredes, que me voy a ser santo!

[6]

SEMP.—¡Oh madre mía! Todas cosas dejadas aparte, solamente sé atenta e imagina en lo que te dijere y no derrames tu pensamiento en muchas partes, que quien junto en diversos lugares le pone, en ninguno lo tiene, sino por caso determina lo cierto. Y quiero que sepas de mí lo que no has oído y es que jamás pude, después que mi fe contigo puse, desear bien de que no te cupiese parte.

CEL.—Parta Dios, hijo, de lo suyo contigo, que no sin causa lo hará, siquiera porque has piedad de esta pecadora de vieja. Pero di, no te detengas, que la amistad que entre ti y mí se afirma, no ha menester preámbulos ni correlarios[66] ni aparejos para ganar voluntad. Abrevia y ven al hecho, que vanamente se dice por muchas palabras lo que por pocas se puede entender.

SEMP.—Así es. Calisto arde en amores de Melibea. De ti y de mí tiene necesidad. Pues juntos nos ha menester, juntos nos aprovechemos; que conocer el tiempo y usar el hombre de la oportunidad hace los hombres prósperos.

CEL.—Bien has dicho, al cabo estoy; basta para mí mecer el ojo. Digo que me alegro de estas nuevas, como los cirujanos de los descalabrados. Y como aquellos dañan en los principios las llagas y encarecen el prometimiento de la salud, así entiendo yo hacer a Calisto. Alargarle he la certenidad[67] del remedio, porque como dicen, el esperanza luenga aflige el corazón y

---

[66] *Correlarios:* corolarios, la conclusión de un argumento lógico. Celestina lo pronuncia mal.

[67] *certenidad:* certeza.

cuanto él la perdiere, tanto gela[68] promete. ¡Bien me entiendes!

SEMP.—Callemos, que a la puerta estamos y como dicen, las paredes han oídos.

CEL.—Llama.

SEMP.—Tha, tha, tha.

[7]

CAL.—¡Pármeno!

PÁRMENO.—¿Señor?

CAL.—¿No oyes, maldito sordo?

PÁRM.—¿Qué es, señor?

CAL.—A la puerta llaman; corre.

PÁRM.—¿Quién es?

SEMP.—Abre a mí y a esta dueña.

PÁRM.—Señor, Sempronio y una puta vieja alcoholada[69] daban aquellas porradas.

CAL.—Calla, calla, malvado, que es mi tía; corre, corre, abre. Siempre lo vi, que por huir hombre de un peligro, cae en otro mayor. Por encubrir yo este hecho de Pármeno, a quien amor o fidelidad o temor pusieran freno, caí en indignación de ésta, que no tiene menor poderío en mi vida que Dios.

PÁRM.—¿Por qué, señor, te matas? ¿Por qué, señor, te congojas? ¿Y tú piensas que es vituperio en las orejas de ésta el nombre que la llamé? No lo creas; que así se glorifica en le oír, como tú, cuando dicen: «Diestro caballero es Calisto». Y de más, de esto es nombrada y por tal título conocida. Si entre cient mujeres va y alguno dice: «¡Puta vieja!», sin ningún empacho luego

---

[68] *gela:* se la; es muy común.

[69] *alcoholada:* maquillada, con las pestañas y las cejas ennegrecidas con alcohol.

vuelve la cabeza y responde con alegre cara. En los convites, en las fiestas, en las bodas, en las cofradías, en los mortuorios, en todos los ayuntamientos de gentes, con ella pasan tiempo. Si pasa por los perros, aquello suena su ladrido; si está cerca las aves, otra cosa no cantan; si cerca los ganados, balando lo pregonan; si cerca las bestias, rebuznando dicen: «¡Puta vieja!»; las ranas de los charcos otra cosa no suelen mentar. Si va entre los herreros, aquello dicen sus martillos; carpinteros y armeros, herradores, caldereros, arcadores[70], todo oficio de instrumento forma en el aire su nombre. Cántanla los carpinteros, péinanla los peinadores, tejedores; labradores en las huertas, en las aradas, en las viñas, en las segadas con ella pasan el afán cotidiano. Al perder en los tableros[71], luego suenan sus loores. Todas cosas que son hacen, a do quiera que ella está, el tal nombre representan. ¡Oh, qué comedor de huevos asados era su marido![72] ¿Qué quieres más? Sino que, si una piedra topa con otra, luego suena: «¡Puta vieja!»

CAL.—Y tú, ¿cómo lo sabes y la conoces?

PÁRM.—Saberlo has. Días grandes son pasados que mi madre, mujer pobre, moraba en su vecindad, la cual rogada por esta Celestina, me dio a ella por sirviente; aunque ella no me conoce, por lo poco que la serví y por la mudanza que la edad ha hecho.

CAL.—¿De qué la servías?

PÁRM.—Señor, iba a la plaza y traíale de comer y acompañábala; suplía en aquellos menesteres que mi tierna fuerza bastaba. Pero de aquel poco tiempo que la

---

[70] *arcadores:* los que ahuecaban la lana de los colchones.

[71] *Al perder en los tableros...:* cuando pierden, los jugadores dicen «¡puta vieja!».

[72] *comedor de huevos asados:* cornudo.

serví, recogía la nueva memoria lo que la vieja no ha
podido quitar. Tiene esta buena dueña al cabo de la
ciudad, allá cerca de las tenerías[73], en la cuesta del
río, una casa apartada, medio caída, poco compuesta
y menos abastada[74]. Ella tenía seis oficios, conviene a
saber: labrandera[75], perfumera, maestra de hacer afeites y de hacer virgos, alcahueta y un poquito hechicera. Era el primer oficio cobertura de los otros, so
color del cual muchas mozas de estas sirvientes entraban en su casa a labrarse y a labrar camisas y gorgueras y otras muchas cosas; ninguna venía sin torrezno,
trigo, harina o jarro de vino y de las otras provisiones
que podían a sus amas hurtar; y aún otros hurtillos de
más cualidad allí se encubrían. Asaz era amiga de es-
tudiantes y despenseros y mozos de abades; a éstos
vendía ella aquella sangre inocente de las cuitadillas[76],
la cual ligeramente aventuraban en esfuerzo de la restitución que ella les prometía. Subió su hecho a más:
que por medio de aquellas comunicaba con las más
encerradas, hasta traer a ejecución su propósito, y
aquestas en tiempo honesto[77], como estaciones, pro-
cesiones de noche, misas del gallo, misas del alba y
otras secretas devociones. Muchas encubiertas vi entrar en su casa; tras ellas hombres descalzos[78], contri-
tos y rebozados, desatacados[79], que entraban allí a

---

[73] *tenerías:* el barrio donde se curtían las pieles; era un barrio despre-
ciado por su mal olor.
[74] *abastada:* abastecida.
[75] *labrandera:* costurera.
[76] *cuitadillas:* diminutivo de «cuitada», desgraciada; es de uso frecuente.
[77] *en tiempo honesto:* en ocasiones honestas.
[78] *hombres descalzos:* alusión a los frailes descalzos.
[79] *desatacados:* desabrochados.

llorar sus pecados. ¡Qué tráfagos, si piensas, traía! Hacíase física[80] de niños, tomaba estambre de unas casas, dábalo a hilar en otras, por achaque de entrar en todas. Las unas: «¡Madre acá!»; las otras «¡Madre acullá!»; «¡Cata la vieja!»; «¡Ya viene el ama!»; de todas muy conocida. Con todos estos afanes, nunca pasaba sin misa ni vísperas ni dejaba monesterios de frailes ni de monjas; esto porque allí hacía ella sus aleluyas[81] y conciertos. Y en su casa hacía perfumes, falsaba estoraques, menjuí, ánimes, ámbar, algalia, polvillos, almizcles, mosquetes[82]. Tenía una cámara llena de alambiques, de redomillas, de barrilejos de barro, de vidrio, de arambre[83], de estaño, hechos de mil facciones; hacía solimán, afeite cocido, argentadas, bujelladas, cerillas, llanillas, unturillas, lustres, lucentores, clarimientes, albalinos, y otras aguas de rostro, de rasuras de gamones, de cortezas de espantalobos, de taraguncia, de hieles, de agraz, de mosto, destilados y azucarados.[84] Adelgazaba los cueros con zumos de

---

[80] *física:* médica.

[81] *aleluyas:* alegrías; es término religioso, pero popularmente era sinónimo de «juerga».

[82] Celestina falseaba *(falsaba)* productos para hacer perfumes: *estoraques* y *menjuí* (dos bálsamos), *ánimes* y *ámbar* (dos resinas), *algalia* (una sustancia que se saca de una bolsa cercana al ano de ciertos gatos), *almizcles* (otra sustancia olorosa que se saca del vientre de un animal, el almizclero), *mosquetes* (de la mosqueta, cierto tipo de rosal).

[83] *arambre:* alambre.

[84] Todos son cosméticos para la cara *(aguas de rostro):* el *solimán* (para quitar las manchas de la piel), el *afeite cocido* (los afeites son cosméticos), las a*rgentadas* (otra pócima para hacer lucir la piel), las *bullejadas,* las *cerillas* (de cera), *llanillas* (para allanar las asperezas de la cara), las *unturillas* (unturas, productos que se untan), *lustres* (para dar lustre), *lucentores, clarimientes* y *albalinos* (para aclarar el color de la cara), las *rasuras de gamones* (el gamón es una planta), *cortezas de espantalobos* y *taraguncia* (para limpiar la piel) y las *hieles* (bilis).

limones, con turbino, con tuétano de corzo y de garza, y otras confacciones[85]. Sacaba aguas para oler, de rosas, de azahar, de jazmín, de trébol, de madreselva; y clavellinas, mosquetadas y almizcladas, polvorizadas, con vino; hacía lejías para enrubiar, de sarmientos, de carrasca, de centeno, de marrubios, con salitre, con alumbre y millifolia y otras diversas cosas. Y los untos y mantecas, que tenía, es hastío de decir: de vaca, de oso, de caballos y de camellos, de culebra y de conejo, de ballena, de garza y de alcaraván[86] y de gamo y de gato montés y de tejón, de arda[87], de erizo, de nutria. Aparejos para baños, esto es una maravilla, de las hierbas y raíces que tenía en el techo de su casa colgadas: manzanilla y romero, malvaviscos, culantrillo, coronillas, flor de saúco y de mostaza, espliego y laurel blanco, tortarosa y gramonilla, flor salvaje e higueruela, pico de oro y hoja tinta[88]. Los aceites que sacaba para el rostro no es cosa de creer: de estoraque y de jazmín, de limón, de pepitas, de violetas, de menjuí, de alfócigos, de piñones, de granillo, de azofeifas, de neguilla[89], de altramuces, de arvejas y de carillas y de hierba pajarera; y un poquillo de bálsamo tenía ella en una redomilla, que guardaba para aquel rascuño que tiene por las narices[90]. Esto de los virgos, unos hacía de vejiga y otros curaba de punto[91]. Tenía en

---

[85] *confacciones:* confecciones.

[86] *alcaraván:* ave zancuda.

[87] *arda:* ardilla.

[88] *pico de oro y hoja tinta:* no se sabe qué plantas son éstas.

[89] *neguilla:* también llamado ajenuz, quitaba las pecas.

[90] *aquel rascuño que tenía por las narices:* Celestina tenía la marca de un corte en la cara. Unas veces se alude a él como un simple rasguño y otras como un «Dios os salve», la marca de un navajazo.

[91] *de punto:* cosiéndolos.

un tabladillo, en una cajuela pintada, unas agujas delgadas de pellejeros e hilos de seda encerados, y colgadas allí raíces de hojaplasma y fuste sanguino[92], cebolla albarrana y cepacaballo; hacía con esto maravillas: que, cuando vino por aquí el embajador francés, tres veces vendió por virgen una criada que tenía.

CAL.—¡Así pudiera ciento!

PÁRM.—¡Sí, santo Dios! y remediaba por caridad muchas huérfanas y erradas que se encomendaban a ella; y en otro apartado tenía para remediar amores y para se querer bien. Tenía huesos de corazón de ciervo, lengua de víbora, cabezas de codornices, sesos de asno, tela de caballo, mantillo de niño[93], haba morisca, guija marina[94], soga de ahorcado, flor de yedra, espina de erizo, pie de tejón, granos de helecho, la piedra del nido del águila, y otras mil cosas. Venían a ella muchos hombres y mujeres y a unos demandaba el pan do mordían; a otros, de su ropa; a otros, de sus cabellos; a otros, pintaba en la palma letras con azafrán; a otros, con bermellón; a otros, daba unos corazones de cera, llenos de agujas quebradas y otras cosas en barro y en plomo hechas, muy espantables al ver[95]. Pintaba figuras, decía palabras en tierra. ¿Quién te podrá decir lo que esta vieja hacía? Y todo era burla y mentira.

CAL.—Bien está, Pármeno; déjalo para más oportunidad; asaz soy de ti avisado; téngotelo en gracia; no nos

---

[92] *hojaplasma y fuste sanguino:* no sabemos qué plantas son.

[93] *mantillo de niño:* membrana que a veces cubre la cabeza del niño recién nacido.

[94] *guija marina:* piedra imán.

[95] Aquí termina el repertorio de ungüentos y artefactos de Celestina. Salvo los señalados expresamente como desconocidos, los términos que no hemos aclarado puedes encontrarlos en el Diccionario de la Real Academia Española (y muchos de los que hemos explicado, también).

detengamos, que la necesidad desecha la tardanza. Oye, aquélla viene rogada, espera más que debe; vamos, no se indigne. Yo temo y el temor reduce la memoria y a la providencia despierta. ¡Sus! Vamos, proveamos; pero ruégote, Pármeno, la envidia de Sempronio, que en esto me sirve y complace; no ponga impedimento en el remedio de mi vida, que si para él hobo jubón, para ti no faltará sayo; ni pienses que tengo en menos tu consejo y aviso que su trabajo y obra, como lo espiritual sepa yo que precede a lo corporal y que, puesto que las bestias corporalmente trabajen más que los hombres, por eso son pensadas[96] y curadas, pero no amigas de ellos. En la tal diferencia serás conmigo en respeto de Sempronio, y so secreto sello, pospuesto el dominio[97], por tal amigo a ti me concedo.

PÁRM.—Quéjome, señor Calisto, de la dubda de mi fidelidad y servicio, por los prometimientos y amonestaciones tuyas. ¿Cuándo me viste, señor, envidiar o por ningún interés ni resabio tu provecho estorcer?

CAL.—No te escandalices, que sin duda tus costumbres y gentil crianza en mis ojos ante todos los que me sirven están. Mas como en caso tan arduo, do todo mi bien y vida pende, es necesario proveer, proveo a los contecimientos; como quiera que creo que tus buenas costumbres sobre buen natural florecen, como el buen natural sea principio del artificio[98]. Y no más; sino vamos a ver la salud.

---

[96] *pensadas:* alimentadas con pienso.
[97] *so secreto sello, pospuesto el dominio:* bajo pacto secreto y sin el dominio que tiene el amo sobre sus criados (o sea, como iguales).
[98] *artificio:* algo hecho con arte, con perfección (dice Calisto que Sempronio tiene un buen natural que le hace perfecto).

[8]

CEL.—(Pasos oigo; acá descienden. Haz, Sempronio, que no lo oyes. Escucha y déjame hablar lo que a ti y a mí me conviene.

SEMP.—Habla.)

CEL.—No me congoje ni me importunes, que sobrecargar el cuidado es aguijar al animal congojoso. Así sientes la pena de tu amo Calisto, que parece que tú eres él y él tú que los tormentos son en un mismo sujeto. Pues cree que yo no vine acá por dejar este pleito indeciso o morir en la demanda.

CAL.—Pármeno, detente. ¡Ce! Escucha qué hablan éstos; veamos en qué vivimos. ¡Oh notable mujer; oh bienes mundanos, indignos de ser poseídos de tan alto corazón; o fiel y verdadero Sempronio! ¿Has visto, mi Pármeno? ¿Oíste? ¿Tengo razón? ¿Qué me dices, rincón de mi secreto y consejo y alma mía?

PÁRM.—Protestando mi inocencia en la primera sospecha y cumpliendo con la fidelidad, porque te me concediste, hablaré. Óyeme y el afecto no te ensorde ni la esperanza del deleite te ciegue. Témplate y no te apresures: que muchos con codicia de dar en el fiel, yerran el blanco. Aunque soy mozo, cosas he visto asaz y el seso y la vista de las muchas cosas demuestran la experiencia. De verte o de oírte descender por la escalera, parlan lo que estos fingidamente han dicho, en cuyas falsas palabras pones el fin de tu deseo.

SEMP.—(Celestina, ruinmente suena lo que Pármeno dice.

CEL.—Calla, que para la mi santiguada[99], do vino el asno verná el albarda[100]. Déjame tú a Pármeno, que

---

[99] *para la mi santiguada:* por mi fe.
[100] *do vino el asno vendrá el albarda:* refrán; en este caso su sentido es que, una vez convencido Calisto, cederá su criado Pármeno.

yo te le haré uno de nos, y de lo que hubiéremos, démosle parte: que los bienes, si no son comunicados, no son bienes. Ganemos todos, partamos todos, holguemos todos. Yo te le traeré manso y benigno a picar el pan en el puño y seremos dos a dos y, como dicen, tres al mohíno[101].

[9]

CAL.—¡Sempronio!
SEMP.—¿Señor?
CAL.—¿Qué haces, llave de mi vida? Abre. ¡Oh Pármeno, ya la veo, sano soy, vivo soy! ¡Miras qué reverenda persona, qué acatamiento! Por la mayor parte, por la filosomía[102] es conocida la virtud interior ¡Oh vejez virtuosa! ¡Oh virtud envejecida! ¡Oh gloriosa esperanza de mi deseado fin! ¡Oh fin de mi deleitosa esperanza! ¡Oh salud de mi pasión, reparo de mi tormento, regeneración mía, vivificación de mi vida, resurrección de mi muerte! Deseo llegar a ti, codicio besar esas manos llenas de remedio. La indignidad de mi persona lo embarga. Dende aquí adoro la tierra que huellas y en reverencia tuya la beso.
CEL.—(Sempronio, ¡de aquéllas vivo yo![103] ¡Los huesos que yo roí, piensa este necio de tu amo de darme a comer! Pues ál[104] le sueño. Al freír lo verá[105]. Dile

---

[101] *tres al mohíno:* tres contra uno (el mohíno era la víctima contra la que se conjuraban dos o más individuos en una partida de cartas).

[102] *filosomía:* fisonomía, el rostro.

[103] *¡de aquéllas vivo yo!:* giro conversacional: «¡como si de esas palabras pudiera vivir yo!».

[104] *ál:* otra cosa, es palabra de uso muy frecuente.

[105] *al freír:* primera parte de un refrán: «Al freír será el reír» (significa: ya se verá en qué queda esto).

que cierre la boca y comience abrir la bolsa: que de las obras dudo, cuanto más de las palabras. Jo que te estriego, asna coja[106]. Más habías de madrugar.)

PÁRM.—(¡Guay de orejas, que tal oyen! Perdido es quien tras perdido anda. ¡Oh Calisto desaventurado, abatido, ciego! ¡Y en tierra está adorando a la más antigua y puta tierra que fregaron sus espaldas en todos los burdeles! Deshecho es, vencido es, caído es: no es capaz de ninguna redención ni consejo ni esfuerzo.)

CAL.—¿Qué decía la madre? Paréceme que pensaba que le ofrecía palabras por excusar galardón.

SEMP.—Así lo sentí.

CAL.—Pues ven conmigo: trae las llaves, que yo sanaré su duda.

SEMP.—Bien harás, y luego vamos. Que no se debe dejar crecer la hierba entre los panes[107] ni la sospecha en los corazones de los amigos; sino limpiarla luego con el escardilla[108] de las buenas obras.

CAL.—Astuto hablas. Vamos y no tardemos.

[10]

CEL.—Pláceme, Pármeno, que habemos habido oportunidad para que conozcas el amor mío contigo y la parte que en mí inmérito tienes. Y digo inmérito, por lo que te he oído decir, de que no hago caso. Porque virtud nos amonesta sufrir las tentaciones y no dar mal por mal; y especial, cuando somos tentados por mozos y no bien instrutos[109] en lo mundano, en que

---

[106] *Jo que te estriego, asna coja*: refrán para rechazar algo, en este caso los halagos de Calisto.

[107] *los panes*: el trigo.

[108] *el escardilla*: azada pequeña.

[109] *instrutos*: instruidos.

con necia lealtad pierdan a sí y a sus amos, como
agora tú a Calisto. Bien te oí y no pienses que el oír
con los otros exteriores sesos[110] mi vejez haya perdido. Que no sólo lo que veo, oigo y conozco; mas aún
lo intrínseco con los intelectuales ojos penetro. Has
de saber, Pármeno, que Calisto anda de amor quejoso. Y no lo juzgues por eso por flaco, que el amor
impervio[111] todas las cosas vence. Y sabe, si no sabes,
que dos conclusiones son verdaderas. La primera, que
es forzoso el hombre amar a la mujer y la mujer al
hombre. La segunda, que el que verdaderamente ama
es necesario que se turbe con la dulzura del soberano
deleite, que por el hacedor de las cosas fue puesto,
porque el linaje de los hombres se perpetuase, sin lo
cual perecería. Y no sólo en la humana especie; mas
en los peces, en las bestias, en las aves, en las reptilias;
y en lo vegetativo algunas plantas han este respecto, si
sin interposición de otra cosa en poca distancia de
tierra están puestas, en que hay determinación de her-
bolarios y agricultores, ser machos y hembras. ¿Qué
dirás a esto, Pármeno? ¡Neciuelo; loquito, angelico,
perlica, simplecico! ¿Lobitos en tal gestico?[112] Llégate
acá, putico, que no sabes nada del mundo ni de sus
deleites. ¡Mas rabia mala me mate, si te llego a mí,
aunque vieja! Que la voz tienes ronca, las barbas te
apuntan. Mal sosegadilla debes tener la punta de la
barriga.

PÁRM.—¡Cómo cola de alacrán!

CEL.—Y aún peor: que la otra muerde sin hinchar y la
tuya hincha por nueve meses.

---

[110] *sesos:* sentidos.
[111] *impervio:* impenetrable, irresistible.
[112] *lobitos:* pucheros, Pármeno está haciendo gestos de disgusto.

PÁRM.—¡Hi, hi, hi!

CEL.—¿Ríeste, landrecilla, hijo?

PÁRM.—Calla, madre, no me culpes ni me tengas, aunque mozo, por insipiente[113]. Amo a Calisto, porque le debo fidelidad, por crianza, por beneficios, por ser de él honrado y bien tratado, que es la mayor cadena que el amor del servidor al servicio del señor prende, cuanto lo contrario aparta. Véole perdido y no hay cosa peor que ir tras deseo sin esperanza de buen fin; y especial, pensando remediar su hecho tan árduo y difícil con vanos consejos y necias razones de aquel bruto Sempronio, que es pensar sacar aradores a pala de azadón[114]. No lo puedo sufrir. ¡Dígolo y lloro!

CEL.—Pármeno, ¿tú no ves que es necedad o simpleza llorar por lo que con llorar no se puede remediar?

PÁRM.—Por eso lloro. Que, si con llorar fuese posible traer a mi amo el remedio, tan grande sería el placer de la tal esperanza, que de gozo no podría llorar; pero así, perdida ya toda la esperanza, pierdo el alegría y lloro.

CEL.—Lloraras sin provecho por lo que llorando estorbar no podrás ni sanarlo presumas. ¿A otros no ha acontecido esto, Pármeno?

PÁRM.—Sí; pero a mi amo no le quería doliente.

CEL.—No lo es; mas aunque fuese doliente, podría sanar.

PÁRM.—No curo de lo que dices, porque en los bienes mejor es el acto que la potencia y en los males mejor la potencia que el acto. Así que mejor es ser sano que poderlo ser. Y mejor es poder ser doliente que ser

---

[113] *insipiente:* ignorante.

[114] *sacar aradores a pala de azadón:* refrán; los aradores son los pequeños organismos que causan la sarna; el significado es que no se pueden utilizar medios desmesurados para un fin (como la expresión actual «matar moscas a cañonazos»).

enfermo por acto y, por tanto, es mejor tener la potencia en el mal que el acto[115].

CEL.—¡Oh malvado! ¡Como que no se te entiende! ¿Tú no sientes su enfermedad? ¿Qué has dicho hasta agora? ¿De qué te quejas? Pues burla o di por verdad lo falso y cree lo que quisieres: que él es enfermo por acto y el poder ser sano es en mano de esta flaca vieja.

PÁRM.—¡Mas, de esta flaca puta vieja!

CEL.—¡Putos días vivas, bellaquillo! ¿Y cómo te atreves...?

PÁRM.—¡Como te conozco!

CEL.—¿Quién eres tú?

PÁRM.—¿Quién? Pármeno, hijo de Alberto tu compadre, que estuve contigo un mes que te me dio mi madre, cuando morabas[116] a la cuesta del río, cerca de las tenerías.

CEL.—¡Jesú, Jesú, Jesú! ¿Y tú eres Pármeno, hijo de la Claudina?

PÁRM.—¡Alahé, yo!

CEL.—¡Pues fuego malo te queme, que tan puta vieja era tu madre como yo! ¿Por qué me persigues, Pármeno? ¡Él es, él es, por los santos de Dios! Allégate a mí, ven acá, que mil azotes y puñadas te di en este mundo y otros tantos besos. ¿Acuérdaste cuando dormías a mis pies, loquito?

PÁRM.—Sí, en buena fe. Y algunas veces, aunque era niño, me subías a la cabecera y me apretabas contigo y porque olías a vieja, me huía de ti.

---

[115] Pármeno usa el lenguaje de la filosofía escolástica medieval para decir que, si se trata del bien, mejor es tenerlo de hecho que como posibilidad y en el caso del mal, al revés.

[116] *morabas:* ese pasado contradice la afirmación anterior de Pármeno, cuando aseguraba que Celestina todavía vive en esa casa; es algo que no queda claro en la obra.

CEL.—¡Mala landre te mate! ¡Y cómo lo dice el desvergonzado! Dejadas burlas y pasatiempos, oye agora, mi hijo, y escucha. Que, aunque a un fin soy llamada, a otro soy venida y maguera[117] que contigo me haya hecho de nuevas, tú eres la causa. Hijo, bien sabes cómo tu madre, que Dios haya, te me dio viviendo tu padre. El cual, como de mí te fuiste, con otra ansia no murió, sino con la incertidumbre de tu vida y persona. Por la cual ausencia algunos años de su vejez sufrió angustiosa y cuidadosa vida. Y al tiempo que de ella pasó, envió por mí y en su secreto te me encargó y me dijo sin otro testigo, sino aquel que es testigo de todas las obras y pensamientos y los corazones y entrañas escudriña, al cual puso entre él y mí, que te buscase y llegase y abrigase y, cuando de cumplida edad fueses, tal que en tu vivir supieses tener manera y forma, te descubriese adónde dejó encerrada tal copia de oro y plata, que basta más que la renta de tu amo Calisto. Y porque gelo prometí y, con mi promesa, llevó descanso, y la fe es de guardar, más que a los vivos, a los muertos, que no pueden hacer por sí, en pesquisa y seguimiento tuyo yo he gastado asaz tiempo y cuantías, hasta agora, que ha placido a aquel, que todos los cuidados tiene y remedia las justas peticiones y las piadosas obras endereza, que te hallase aquí, donde solos ha tres días que sé que moras. Sin duda dolor he sentido, porque has por tantas partes vagado y peregrinado, que ni has habido provecho ni ganado deudo ni amistad. Que, como Séneca dice, los peregrinos tienen muchas posadas y pocas amistades, porque en breve tiempo con ninguno no pueden firmar amistad. Y el que está en muchos cabos, no está

---

[117] *maguera:* aunque.

en ninguno. Ni puede aprovechar el manjar a los cuerpos que en comiendo se lanza, ni hay cosa que más la sanidad impida que la diversidad y mudanza y variación de los manjares. Y nunca la llaga viene a cicatrizar, en la cual muchas melecinas[118] se tientan. Ni convalece la planta que muchas veces es traspuesta, y no hay cosa tan provechosa que en llegando aproveche. Por tanto, mi hijo, deja los ímpetus de la juventud y tórnate con la doctrina de tus mayores a la razón. Reposa en alguna parte. ¿Y dónde mejor, que en mi voluntad, en mi ánimo, en mi consejo, a quien tus padres te remetieron? Y yo, así como verdadera madre tuya, te digo, so las maldiciones que tus padres te pusieron si me fueses inobediente, que por el presente sufras y sirvas a éste tu amo que procuraste, hasta en ello haber otro consejo mío. Pero no con necia lealtad, proponiendo firmeza sobre lo movible, como son estos señores de este tiempo. Y tú gana amigos, que es cosa durable. Ten con ellos constancia. No vivas en flores[119]. Deja los vanos prometimientos de los señores, los cuales desechan la substancia de sus sirvientes con huecos y vanos prometimientos. Como la sanguijuela saca la sangre, desagradecen, injurian, olvidan servicios, niegan galardón. ¡Guay de quien en palacio envejece! Como se escribe de la probática piscina[120], que de ciento que entraban, sanaba uno. Estos señores de este tiempo más aman a sí, que a los suyos. Y no yerran. Los suyos igualmente lo deben

---

[118] *melecinas:* medicinas.
[119] *No vivas en flores:* no vivas de cosas sin sustancia (las flores entendidas como lo contrario de frutos).
[120] *la probática piscina:* leyenda bíblica, era un estanque al que bajaba un ángel y en el que el enfermo que entraba después de esa bajada salía sano. Ocurría muy raras veces.

hacer. Perdidas son las mercedes, las magnificencias, los actos nobles. Cada uno de éstos cautiva y mezquinamente procura su interés con los suyos. Pues aquéllos no deben menos hacer, como sean en facultades menores, sino vivir a su ley. Dígolo, hijo Pármeno, porque éste tu amo, como dicen, me parece rompenecios[121]: de todos se quiere servir sin merced. Mira bien, créeme. En su casa cobra amigos, que es el mayor precio mundano. Que con él no pienses tener amistad, como por la diferencia de los estados o condiciones pocas veces contezca. Caso es ofrecido, como sabes, en que todos medremos y tú por el presente te remedies. Que lo ál, que te he dicho, guardado te está a su tiempo. Y mucho te aprovecharás siendo amigo de Sempronio.

PÁRM.—Celestina, todo tremo en oírte. No sé qué haga, perplejo estoy. Por una parte téngote por madre; por otra a Calisto por amo. Riqueza deseo; pero quien torpemente sube a lo alto, más aína[122] cae que subió. No querría bienes mal ganados.

CEL.—Yo sí. A tuerto o a derecho, nuestra casa hasta el techo.

PÁRM.—Pues yo con ellos no viviría contento y tengo por honesta cosa la pobreza alegre. Y aún más te digo, que no los que poco tienen son pobres; mas los que mucho desean. Y por esto, aunque más digas, no te creo en esta parte. Querría pasar la vida sin envidia, los yermos y aspereza sin temor, el sueño sin sobresalto, las injurias con respuesta, las fuerzas sin denuesto, las premias con resistencia.

CEL.—¡Oh hijo! Bien dicen que la prudencia no puede ser sino en los viejos; y tú mucho mozo eres.

---

[121] *rompenecios:* persona que se aprovecha de los demás.
[122] *aína:* pronto; es muy frecuente.

PÁRM.—Mucho segura es la mansa pobreza.

CEL.—Mas di, como Marón[123], que la fortuna ayuda a los osados. Y demás de esto, ¿quién es, que tenga bienes en la república, que escoja vivir sin amigos? Pues, loado Dios, bienes tienes. ¿Y no sabes que has menester amigos para los conservar? Y no pienses que tu privanza con este señor te hace seguro; que cuanto mayor es la fortuna, tanto es menos segura. Y por tanto, en los infortunios el remedio es a los amigos. ¿Y a dónde puedes ganar mejor este deudo, que donde las tres maneras de amistad concurren, conviene a saber, por bien y provecho y deleite? Por bien: mira la voluntad de Sempronio conforme a la tuya y la gran similitud que tú y él en la virtud tenéis. Por provecho: en la mano está, si sois concordes. Por deleite: semejable es, como seáis en edad dispuestos para todo linaje de placer, en que más los mozos que los viejos se juntan, así como para jugar, para vestir, para burlar, para comer y beber, para negociar amores, juntos de compañía. ¡Oh, si quisieses, Pármeno, qué vida gozaríamos! Sempronio ama a Elicia, prima de Areúsa.

PÁRM.—¿De Areúsa?

CEL.—De Areúsa.

PÁRM.—¿De Areúsa, hija de Eliso?

CEL.—De Areúsa, hija de Eliso.

PÁRM.—¿Cierto?

CEL.—Cierto.

PÁRM.—Maravillosa cosa es.

CEL.—¿Pero bien te parece?

PÁRM.—No cosa mejor.

CEL.—Pues tu buena dicha quiere, aquí está quien te la dará.

---

[123] *Marón:* Virgilio Marón, poeta romano.

PÁRM.—Mi fe, madre, no creo a nadie.

CEL.—Extremo es creer a todos y yerro no creer a ninguno.

PÁRM.—Digo que te creo; pero no me atrevo. Déjame.

CEL.—¡Oh mezquino! De enfermo corazón es no poder sufrir el bien. Da Dios habas a quien no tiene quijadas[124]. ¡Oh simple! ¡Dirás que adonde hay mayor entendimiento hay menor fortuna y donde más discreción allí es menor la fortuna! Dichas son.

PÁRM.—¡Oh Celestina! Oído he a mis mayores que un ejemplo de lujuria o avaricia mucho mal hace, y que con aquellos debe hombre conversar, que le hagan mejor, y aquellos dejar, a quien él mejores piensa hacer. Y Sempronio, en su ejemplo, no me hará mejor ni yo a él sanaré su vicio. Y puesto que yo a lo que dices me incline, sólo yo querría saberlo: porque a lo menos por el ejemplo fuese oculto el pecado. Y si hombre vencido del deleite va contra la virtud, no se atreva a la honestad[125].

CEL.—Sin prudencia hablas, que de ninguna cosa es alegre posesión sin compañía. No te retrayas ni amargues, que la natura huye lo triste y apetece lo delectable. El deleite es con los amigos en las cosas sensuales y especial en recontar las cosas de amores y comunicarlas: «Esto hice, esto otro me dijo, tal donaire pasamos, de tal manera la tomé, así la besé, así me mordió, así la abracé, así se allegó. ¡Oh, qué habla! ¡Oh, qué gracia! ¡Oh, qué juegos! ¡Oh, qué besos! Vamos allá, volvamos acá, ande la música, pintemos los mo-

---

[124] *Da Dios habas a quien no tiene quijadas:* refrán; las quijadas son las mandíbulas y las habas son muy duras. Hoy decimos que «Dios da pañuelo a quien no tiene narices».

[125] *Y puesto que... a la honestad:* Pármeno le propone a Celestina que, si se lía con Areúsa, no se lo diga a nadie, para que no sea mal ejemplo su pecado.

tes[126], cantemos canciones, invenciones, justemos;
¿qué cimera sacaremos o qué letra?[127] Ya va a la misa,
mañana saldrá, rondemos su calle, mira su carta, vamos de noche, tenme el escala, aguarda a la puerta.
¿Cómo te fue? Cata el cornudo; sola la deja. Dale otra
vuelta, tornemos allá.» Y para esto, Pármeno, ¿hay
deleite sin compañía? ¡Alahé, alahé! La que las sabe las
tañe[128]. Este es el deleite; que lo ál, mejor lo hacen
los asnos en el prado.

PÁRM.—No querría, madre, me convidases a consejo
con amonestación de deleite, como hicieron los que,
careciendo de razonable fundamento, opinando hicieron sectas envueltas en dulce veneno para captar y
tomar las voluntades de los flacos y con polvos de
sabroso afecto cegaron los ojos de la razón.

CEL.—¿Qué es razón, loco? ¿Qué es afecto, asnillo? La
discreción, que no tienes, lo determina, y de la discreción mayor es la prudencia, y la prudencia no puede
ser sin experimento, y la experiencia no puede ser más
que en los viejos, y los ancianos somos llamados padres, y los buenos padres bien aconsejan a sus hijos y
especial yo a ti, cuya vida y honra más que la mía
deseo. ¿Y cuándo me pagarás tú esto? Nunca, pues a
los padres y a los maestros no puede ser hecho servicio igualmente.

---

[126] *pintemos los motes:* el mote era, en las justas y torneos caballeres-
cos, alguna frase ingeniosa —no más de un par de versos— acompañada
de algún dibujo que encerraba cierto secreto sobre los sentimientos del
caballero que lo llevaba grabado en la ropa o en las armas.

[127] *¿qué cimera sacaremos o qué letra?:* la letra se refiere a los motes de
la nota anterior; la cimera es la parte superior del morrión (casco de la
armadura), que solía adornarse con plumas.

[128] *La que las sabe las tañe:* comienzo de un refrán: «El que las sabe
las tañe, que los otros revuélvenlas (las campanas)», que quiere decir que
sólo algunos saben aprovechar las circunstancias.

PÁRM.—Todo me recelo, madre, de recibir dudoso consejo.

CEL.—¿No quieres? Pues decirte he lo que dice el sabio; al varón que con dura cerviz al que le castiga menosprecia, arrebatado quebrantamiento le verná y sanidad ninguna le conseguirá. Y así, Pármeno, me despido de ti y de este negocio.

PÁRM.—(Ensañada está mi madre; duda tengo en su consejo. Yerro es no creer y culpa creerlo todo. Más humano es confiar, mayormente en ésta que interese promete, a do provecho no puede allende de amor conseguir. Oído he que debe hombre a sus mayores creer. Ésta, ¿qué me aconseja? Paz con Sempronio. La paz no se debe negar; que bienaventurados son los pacíficos, que hijos de Dios serán llamados. Amor no se debe rehuir. Caridad a los hermanos, interese pocos le apartan. Pues quiérola complacer y oír.) Madre, no se debe ensañar el maestro de la ignorancia del discípulo. Si no raras veces por la ciencia, que es de su natural comunicable y en pocos lugares se podría infundir[129]. Por eso perdóname, háblame, que no sólo quiero oírte y creerte; mas en singular merced recibir tu consejo. Y no me lo agradezcas, pues el loor y las gracias de la acción, más al dante, que no al recibiente se deben dar. Por eso, manda, que a tu mandado mi consentimiento se humilla.

CEL.—De los hombres es errar, y bestial es la porfía. Por ende gózome, Pármeno, que hayas limpiado las turbias telas de tus ojos y respondido al reconocimiento, discreción e ingenio sotil de tu padre, cuya persona, agora representada en mi memoria, enternece los ojos piado-

---

[129] *si no raras veces... infundir:* pasaje confuso; el sentido es que no se podría comunicar la ciencia, aunque es en sí misma enseñable.

sos, por do tan abundantes lágrimas ves derramar. Algunas veces duros propósitos, como tú, defendía; pero luego tornaba a lo cierto. En Dios y en mi ánima, que en ver agora lo que has porfiado y como a la verdad eres reducido, no parece sino que vivo le tengo delante. ¡Oh, qué persona! ¡Oh, qué hartura! ¡Oh, qué cara tan venerable! Pero callemos, que se acerca Calisto y tu nuevo amigo Sempronio, con quien tu conformidad para más oportunidad dejo. Que dos en un corazón viviendo son más poderosos de hacer y de entender.

[11]

CAL.—Duda traigo, madre, según mis infortunios, de hallarte viva. Pero más es maravilla, según el deseo, de cómo llego vivo. Recibe la dádiva pobre de aquel que con ella la vida te ofrece.

CEL.—Como en el oro muy fino labrado por la mano del sotil artífice la obra sobrepuja a la materia, así se aventaja a tu magnífico dar la gracia y forma de tu dulce liberalidad. Y sin duda la presta dádiva su efecto ha doblado, porque la que tarda, el prometimiento muestra negar y arrepentirse del don prometido.

PÁRM.—(¿Qué le dio, Sempronio?

SEMP.—Cient monedas de oro.

PÁRM.—¡Hi, hi, hi!

SEMP.—¿Habló contigo la madre?

PÁRM.—Calla, que sí

SEMP.—¿Pues cómo estamos?

PÁRM.—Como quisieres; aunque estoy espantado.

SEMP.—Pues calla, que yo te haré espantar dos tantos[130].

---

[130] *dos tanto:* dos veces.

PÁRM.—¡Oh Dios! No hay pestilencia más eficaz, que el enemigo de casa para empecer.)

CAL.—Ve agora, madre, y consuela tu casa, y después ven y consuela la mía, y luego.

CEL.—Quede Dios contigo.

CAL.—Y Él te me guarde.

AUTO II

A QUÍ *empieza, siempre que le hagamos caso a Rojas, el texto que él mismo escribió. Observa la distinta actitud de los dos criados. El cinismo de Sempronio te resultará bien patente desde su primera intervención al hablar de cuánto es mejor dar que tener, a la espera como está de llevarse una parte de lo que dé Calisto. Fíjate en cómo le cuesta a Pármeno dejar de ser fiel a su amo, como había prometido a Celestina. No pierdas de vista la evolución psicológica de este criado, sus dudas y los argumentos que Celestina y Sempronio van a ir dándole para convencerlo.*

* * *

ARGUMENTO DEL SEGUNDO AUTO

P ARTIDA Celestina de Calisto para su casa, queda Calisto hablando con Sempronio, criado suyo; al cual como quien en alguna esperanza puesto está, todo aguijar le parece tardanza. Envía de sí a Sempronio a solicitar a Celestina para el concebido negocio; quedan entretanto Calisto y Pármeno juntos razonando.

CALISTO, PÁRMENO, SEMPRONIO

[1]

CAL.—Hermanos míos, cient monedas di a la madre; ¿hice bien?

SEMP.—¡Ay si hiciste bien! Allende de remediar tu vida, ganaste muy gran honra. ¿Y para qué es la fortuna favorable y próspera sino para servir a la honra, que es el mayor de los mundanos bienes? Que esto es premio y galardón de la virtud; y por eso la damos a Dios, porque no tenemos mayor cosa que le dar; la mayor parte de la cual consiste en la liberalidad y franqueza. A ésta los duros tesoros comunicables la escurecen y pierden, y la magnificencia y liberalidad la ganan y subliman. ¿Qué aprovecha tener lo que se niega aprovechar? Sin duda te digo que es mejor el uso de las riquezas que la posesión de ellas. ¡Oh, qué glorioso es el dar! ¡Oh, qué miserable es el recibir! Cuanto es mejor el acto que la posesión, tanto es más noble el dante que el recibiente. Entre los elementos, el fuego, por ser más activo, es más noble y en las esperas[1] puesto en más noble lugar. Y dicen algunos que la nobleza es una alabanza que proviene de los merecimientos y antigüedad de los padres; yo digo que la ajena luz nunca te hará claro si la propia no tienes. Y por tanto no te estimes en la claridad de tu padre, que tan magnífico fue, sino en la tuya; y así se gana la honra, que es el mayor bien de los que son fuera de hombre. De lo cual no el malo, mas el bueno, como tú, es digno que tenga perfecta virtud. Y aun más te digo que la virtud perfecta no pone que sea hecho con digno honor. Por ende goza de haber sido así magnífico y liberal; y de mi consejo tórnate a la cámara y reposa, pues que tu negocio en tales manos está depositado. De donde ten por cierto, pues el comienzo

---

[1] *esperas*: esferas; según la astronomía antigua, el universo estaba formado por esferas que se iban incluyendo unas a otras según su tamaño y en las que se distribuían los cuatro elementos (agua, fuego, tierra y aire).

llevo bueno, el fin será muy mejor. Y vamos luego, porque sobre este negocio quiero hablar contigo más largo.

[2]

CAL.—Sempronio, no me parece buen consejo quedar yo acompañado, y que vaya sola aquélla que busca el remedio de mi mal; mejor será que vayas con ella y la aquejes[2]; pues sabes que de su diligencia pende mi salud, de su tardanza mi pena, de su olvido mi desesperanza. Sabido eres, fiel te siento, por buen criado te tengo; haz de manera, que en sólo verte ella a ti, juzgue la pena que a mí queda y fuego que me atormenta; cuyo ardor me causó no poder mostrarle la tercia parte de esta mi secreta enfermedad, según tiene mi lengua y sentido ocupados y consumidos. Tú, como hombre libre de tal pasión, hablarla has a rienda suelta.

SEMP.—Señor, querría ir por cumplir tu mandado; querría quedar por aliviar tu cuidado; tu temor me aqueja, tu soledad me detiene. Quiero tomar consejo con la obediencia, que es ir y dar priesa a la vieja. ¿Mas cómo iré? Que en viéndote solo, dices desvaríos de hombre sin seso, sospirando, gimiendo, maltrovando, holgando con lo escuro, deseando soledad, buscando nuevos modos de pensativo tormento, donde si perseveras, o de muerto o loco no podrás escapar; si siempre no te acompaña quien te allegue placeres, diga donaires, tanga[3] canciones alegres, cante romances,

---

[2] *aquejes:* aguijes, estimules; en este caso, que Sempronio acompañe a Celestina haciéndole grato el paseo.

[3] *tanga:* taña.

cuente historias, pinte motes, finja cuentos, juegue a naipes, arme mates[4]; finalmente, que sepa buscar todo género de dulce pasatiempo para no dejar trasponer tu pensamiento en aquellos crueles desvíos que recibiste de aquella señora en el primer trance de tus amores.

CAL.—¿Cómo, simple? ¿No sabes que alivia la pena llorar la causa? ¿Cuánto es dulce a los tristes quejar su pasión? ¿Cuánto descanso traen consigo los quebrantados sospiros? ¿Cuánto relievan y disminuyen los lagrimosos gemidos el dolor? Cuantos escribieron consuelos no dicen otra cosa.

SEMP.—Lee más adelante; vuelve la hoja; hallarás que dicen que fiar en lo temporal y buscar materia de tristeza que es igual género de locura. Y aquel Macías[5], ídolo de los amantes, del olvido, porque no se olvidaba, se quejaba. En el contemplar está la pena de amor; en el olvidar el descanso; huye de tirar coces al aguijón[6], finge alegría y consuelo, y serlo ha; que muchas veces la opinión trae las cosas donde quiere, no para que mude la verdad, pero para moderar nuestro sentido y regir nuestro juicio.

CAL.—Sempronio amigo, pues tanto sientes mi soledad, llama a Pármeno y quedará conmigo, y de aquí adelante sé como sueles leal, que en el servicio del criado está el galardón del señor.

---

[4] *arme mates:* juegue al ajedrez.

[5] *Macías:* uno de los mitos del amor cortés y de los románticos de todos los tiempos; era un trovador gallego del siglo XV, de vida legendaria, enamorado de una mujer casada, a la que componía sus versos, y cuyo marido le asesinó.

[6] *tirar coces al aguijón:* incitar, estimular.

[3]

PÁRM.—Aquí estoy, señor.

CAL.—Yo no, pues no te veía. No te partas de ella, Sempronio, ni me olvides a mí, y ve con Dios. Tú, Pármeno, ¿qué te parece de lo que hoy ha pasado? Mi pena es grande, Melibea alta, Celestina sabia y buena maestra de estos negocios; no podemos errar. Tú me la has aprobado con toda tu enemistad; yo te creo; que tanta es la fuerza de la verdad, que las lenguas de los enemigos trae a sí. Así que, pues ella es tal, más quiero dar a ésta cien monedas que a otra cinco.

PÁRM.—(¿Ya las lloras? Duelos tenemos; en casa se habrán de ayunar estas franquezas.)[7]

CAL.—Pues pido tu parecer, séme agradable, Pármeno; no abajes la cabeza al responder. Mas como la envidia es triste, la tristeza sin lengua, puede más contigo su voluntad que mi temor. ¿Qué dijiste, enojoso?

PÁRM.—Digo, señor, que irían mejor empleadas tus franquezas en presentes y servicios a Melibea, que no dar dineros a aquella que yo me conozco; y lo peor es, hacerte su cativo.

CAL.—¿Cómo, loco, su cativo?

PÁRM.—Porque a quien dices el secreto, das tu libertad.

CAL.—Algo dice el necio; pero quiero que sepas que cuando hay mucha distancia del que ruega al rogado, o por gravedad de obediencia, o por señorío de estado o esquividad de género[8], como entre esta mi señora y mí, es necesario intercesor o medianero que suba de mano en mano mi mensaje hasta los oídos de

---

[7] Pármeno teme que en casa de Calisto tengan que ahorrar el dinero dado a Celestina.

[8] *esquividad de género:* algún tipo de desagrado (en este caso, es Melibea quien es esquiva).

aquella a quien yo segunda vez hablar tengo por imposible; y pues que así es, dime si lo hecho apruebas.

PÁRM.—(¡Apruébelo el diablo!)

CAL.—¿Qué dices?

PÁRM.—Digo, señor, que nunca yerro vino desacompañado, y que un inconveniente es causa y puerta de muchos.

CAL.—El dicho yo le apruebo; el propósito no entiendo.

PÁRM.—Señor, porque perderse el otro día el neblí[9] fue causa de tu entrada en la huerta de Melibea a le buscar; la entrada causa de la ver y hablar; la habla engendró amor; el amor parió tu pena; la pena causará perder tu cuerpo y el alma y hacienda; y lo que más de ello siento es venir a manos de aquella trotaconventos, después de tres veces emplumada[10].

CAL.—¡Así, Pármeno, di más de eso, que me agrada! Pues mejor me parece, cuanto más la desalabas; cumpla conmigo y emplúmenla cuarta; desentido[11] eres; sin pena hablas; no te duele donde a mí, Pármeno.

PÁRM.—Señor, más quiero que airado me reprehendas, porque te doy enojo, que arrepentido me condenes, porque no te di consejo, pues perdiste el nombre de libre cuando cautivaste tu voluntad.

CAL.—¡Palos querrá este bellaco! Di, mal criado, ¿por qué dices mal de lo que yo adoro? Y tú, ¿qué sabes de honra? Dime, ¿qué es amor? ¿En qué consiste buena crianza, que te me vendes por discreto? ¿No sabes que el primer escalón de locura es creerse ser sciente? Si tu sintieses mi dolor, con otra agua rociarías aquella ardiente llaga que la cruel frecha de Cupido me ha

---

[9] *neblí:* es una clase de halcón.
[10] *emplumada:* era el castigo de las alcahuetas: se las rociaba con miel y se les pegaban plumas.
[11] *desentido:* necio.

causado. Cuanto remedio Sempronio acarrea con sus pies, tanto apartas tú con tu lengua, con tus vanas palabras; fingiéndote fiel, eres un terrón de lisonja, bote de malicias, el mismo mesón y aposentamiento de la envidia, que por disfamar la vieja a tuerto o a derecho, pones en mis amores desconfianza, sabiendo que esta mi pena y fluctuoso[12] dolor no se rige por razón, no quiere avisos, carece de consejo; y si alguno se le diere, tal que no aparte ni desgozne lo que sin las entrañas no podrá despegarse. Sempronio temió su ida y tu quedada; yo quíselo todo, y así me padezco su ausencia y tu presencia; valiera más solo, que mal acompañado.

PÁRM.—Señor, flaca es la fidelidad que temor de pena la convierte en lisonja, mayormente con señor a quien dolor o afición priva y tiene ajeno de su natural juicio; quitarse ha el velo de la ceguedad; pasarán estos momentáneos fuegos; conocerás mis agras[13] palabras ser mejores para matar este fuerte cáncer, que las blandas de Sempronio que lo ceban, atizan tu fuego, avivan tu amor, encienden tu llama, añaden astillas que tenga que gastar hasta ponerte en la sepultura.

CAL.—¡Calla, calla, perdido! Estoy yo penando y tú filosofando; no te espero más. Saquen un caballo; límpienle mucho; aprieten bien la cincha porque así pasaré por casa de mi señora y mi dios.

[4]

PÁRM.—¡Mozos! ¿No hay mozo en casa? Yo me lo habré de hacer, que a peor vernemos[14] de esta vez que

---

[12] *fluctuoso:* turbulento.
[13] *agras:* agrias.
[14] *vernemos:* vendremos.

ser mozos de espuelas. ¡Andar! ¡Pase! Mal me quieren
mis comadres, etc.[15] ¿Relincháis, don caballo[16]? ¿No
basta un celoso en casa? ¿O barruntas a Melibea?

CAL.—¿Viene ese caballo? ¿Qué haces, Pármeno?

PÁRM.—Señor, vesle aquí, que no está Sosia en casa.

CAL.—Pues ten ese estribo; abre más esa puerta; y si
viniere Sempronio con aquella señora, di que esperen,
que presto será mi vuelta.

PÁRM.—Mas nunca sea; ¡allá irás con el diablo! A estos
locos decildes lo que les cumple; no os podrán ver.
Por mi ánima, que si agora le diesen una lanzada
en el calcañar, que saliesen más sesos que de la cabeza.
Pues anda, que a mi cargo, ¡que Celestina y Sempronio te espulguen! ¡Oh desdichado de mí! Por ser
leal padezco mal; otros se ganan por malos; yo me
pierdo por bueno. El mundo es tal. Quiero irme al
hilo de la gente, pues a los traidores llaman discretos,
a los fieles necios. Si yo creyera a Celestina con sus
seis docenas de años acuestas, no me maltratara Calisto. Mas esto me porná escarmiento de aquí adelante
con él. Que si dijere comamos, yo también; si quiere
derrocar la casa, aprobarlo; si quemar su hacienda,
ir por fuego. Destruya, rompa, quiebre, dañe, dé a
alcahuetas lo suyo, que mi parte me cabrá, pues dicen: a río vuelto ganancia de pescadores. ¡Nunca más
perro al molino![17]

---

[15] *Mal me quieren mis comadres:* comienzo de un refrán: ¡Mal me
quieren mis comadres porque les digo las verdades; bien me quieren mis
vecinas porque les digo las mentiras».

[16] Es una de las pocas veces que se usa el «don» en la obra: dirigido a
un caballo.

[17] *¡Nunca más perro al molino!:* refrán que alude a un perro que fue a
lamer al molino y le apalearon. Es expresión de gente escarmentada.

AUTO III

*E*N este auto puedes ver un conjuro. Es una versión un poco latinizada, con invocaciones a Plutón (el satán romano) y algunas otras citas latinas que introdujo Rojas en la Tragicomedia y que, según un criterio muy generalizado entre la crítica, muy bien podía haberse ahorrado, porque no hacen más que ralentizar la lectura. En esta época la creencia en la existencia del demonio es casi general y hay hechiceras y brujas que, supuestamente, comercian con él. Brujas y hechiceras no son lo mismo. La bruja convoca al demonio en sus aquelarres para tener con él relaciones sexuales. Otro era el caso de las hechiceras como Celestina, que sólo pretendían ganarse el favor diabólico a través de ciertos objetos, invocaciones o pócimas. Era un delito mucho menor, pues no constituía herejía, como el de las brujas, que iban a la hoguera.

* * *

ARGUMENTO DEL TERCER AUTO

*S*EMPRONIO vase a casa de Celestina, a la cual reprende por la tardanza; pónense a buscar qué manera tomen en el negocio de Calisto con Melibea. En fin sobreviene Elicia. Vase Celestina a casa de Pleberio; quedan Sempronio y Elicia en casa.

Sevilla, Ed. Jacobo Cromberger, «1502» [1518].
Celestina con su hilado.

SEMPRONIO, CELESTINA, ELICIA

[1]

SEMP.—¡Qué espacio¹ lleva la barbuda; menos sosiego
traían sus pies a la venida! A dineros pagados, brazos
quebrados². ¡Ce, señora Celestina; poco has aguijado!³

CEL.—¿A qué vienes, hijo?

SEMP.—Este nuestro enfermo no sabe qué pedir; de sus
manos no se contenta; no se le cuece el pan⁴. Teme
tu negligencia; maldice su avaricia y cortedad porque
te dio tan poco dinero.

CEL.—No es cosa más propia del que ama que la impa-
ciencia; toda tardanza les es tormento; ninguna dilación les agrada. En un momento querrían poner en
efecto sus cogitaciones; antes las querrían ver conclui-
das que empezadas. Mayormente estos novicios
amantes, que contra cualquiera señuelo⁵ vuelan sin
deliberación, sin pensar el daño que el cebo de su
deseo trae mezclado en su ejercicio y negociación para
sus personas y sirvientes.

SEMP.—¿Qué dices de sirvientes? Parece por tu razón
que nos puede venir a nosotros daño de este negocio
y quemarnos con las centellas que resultan de este
fuego de Calisto. ¡Aun al diablo daría yo sus amores!
Al primer desconcierto que vea en este negocio no
como más su pan; más vale perder lo servido, que la

---

¹ *espacio:* lentitud.
² Refrán; una vez que ha cobrado, Celestina ya no tiene tanta prisa.
³ *poco has aguijado:* poca prisa te has dado.
⁴ *no se le cuece el pan:* frase hecha; quiere decir que Calisto está
impaciente.
⁵ *señuelo:* «figura de ave en que se ponen algunos trozos de carne para
atraer el halcón remontado» (DRAE); aquí, en sentido figurado.

vida por cobrallo. El tiempo me dirá qué haga; que primero que caiga del todo dará señal, como casa que se acuesta[6]. Si te parece, madre, guardemos nuestras personas de peligro; hágase lo que hiciere. Si la hubiere, ogaño; si no, a otro año[7]; si no, nunca. Que no hay cosa tan difícil de sufrir en sus principios que el tiempo no la ablande y haga comportable. Ninguna llaga tanto se sintió que por luengo tiempo no aflojase su tormento, ni placer tan alegre fue que no amengüe su antigüedad. El mal y el bien, la prosperidad y adversidad, la gloria y pena, todo pierde con el tiempo la fuerza de su acelerado principio. Pues los casos de admiración, y venidos con gran deseo, tan presto como pasados, olvidados. Cada día vemos novedades y las oímos y las pasamos y dejamos atrás. Diminúyelas el tiempo, hácelas contingibles[8]. ¿Qué tanto te maravillarías si dijesen: la tierra tembló o otra semejante cosa que no olvidases luego? Así como: helado está el río, el ciego ve ya, muerto es tu padre, un rayo cayó, ganada es Granada, el rey entra hoy, el turco es vencido, eclipse hay mañana, la puente es llevada, aquél es ya obispo, a Pedro robaron, Inés se ahorcó. ¿Qué me dirás, sino que a tres días pasados o a la segunda vista, no hay quien de ello se maravilla? Todo es así, todo pasa de esta manera, todo se olvida, todo queda atrás. Pues así será este amor de mi amo; cuanto más fuere andando, tanto más diminuyendo. Que la costumbre luenga amansa los dolores, afloja y deshace los deleites, desmengua las maravillas. Procuremos provecho mientra pendiere la contienda; y si a

---

[6] *que se acuesta:* que se inclina.

[7] *Si la hobiere, ogaño; si no, a otro año:* refrán; su sentido es que, si la hubiere (la ganancia) este año, bien, si no, otra vez será.

[8] *contingibles:* contingentes, posibles.

pie enjuto[9] le pudiéremos remediar, lo mejor mejor es; y si no, poco a poco le soldaremos el reproche o menosprecio de Melibea contra él. Donde no, más vale que pene el amo que no peligre el mozo.

CEL.—Bien has dicho. Contigo estoy, agradado me has. No podemos errar; pero todavía hijo, es necesario que el buen procurador[10] ponga de su casa algún trabajo, algunas fingidas razones, algunos sofísticos[11] actos: ir y venir a juicio, aunque reciba malas palabras del juez. Siquiera por los presentes que lo vieren no digan que se gana holgando el salario. Y así verná cada uno a él con su pleito y a Celestina con sus amores.

SEMP.—Haz a tu voluntad, que no será éste el primer negocio que has tomado a cargo.

CEL.—¿El primero, hijo? Pocas vírgenes, a Dios gracias, has tú visto en esta ciudad que hayan abierto tienda a vender, de quien yo no haya sido corredora de su primer hilado[12]. En naciendo la mochacha, la hago escribir en mi registro, y esto para que yo sepa cuántas se me salen de la red. ¿Qué pensabas, Sempronio? ¿Habíame de mantener del viento? ¿Heredé otra herencia? ¿Tengo otra casa o viña? ¿Conócesme otra hacienda, más de este oficio? ¿De qué como y bebo? ¿De qué visto y calzo? En esta ciudad nacida, en ella criada, manteniendo honra como todo el mundo sabe, ¿conocida pues, no soy? Quien no supiere mi nombre y mi casa, tenle por estranjero.

---

[9] *pie enjuto:* con seguridad, sin riesgos.
[10] Celestina se compara a sí misma con un procurador y a su situación con un caso legal (recuerda que Rojas era abogado).
[11] *sofísticos:* falsos.
[12] Ahora Celestina se ve como la *corredora,* la representante comercial, de las vírgenes que abren tienda para vender *su primer hilado* (su virginidad).

SEMP.—Dime, madre, ¿qué pasaste con mi compañero Pármeno cuando subí con Calisto por el dinero?

CEL.—Díjele el sueño y la soltura[13], y cómo ganaría más con nuestra compañía que con las lisonjas que dice a su amo; cómo viviría siempre pobre y baldonado, si no mudaba el consejo; que no se hiciese santo a tal perra vieja como yo; acordéle quién era su madre, porque no menospreciase mi oficio; porque queriendo de mí decir mal, tropezase primero en ella.

SEMP.—¿Tantos días ha que le conoces, madre?

CEL.—Aquí está Celestina, que le vido nacer y le ayudó a criar. Su madre e yo, uña y carne; de ella aprendí todo lo mejor que sé de mi oficio. Juntas comíamos, juntas dormíamos, juntas habíamos nuestros solaces, nuestros placeres, nuestros consejos y conciertos. En casa y fuera, como dos hermanas; nunca blanca[14] gané en que no tuviese su meitad. Pero no vivía yo engañada[15] si mi fortuna quisiera que ella me durara. ¡Oh muerte, muerte! ¡A cuántos privas de agradable compañía! ¡A cuántos desconsuela tu enojosa visitación! Por uno que comes con tiempo, cortas mil en agraz; que siendo ella viva, no fueran estos mis pasos desacompañados. ¡Buen siglo haya, que leal amiga y buena compañera me fue! Que jamás me dejó hacer cosa en mi cabo[16], estando ella presente. Si yo traía el pan, ella la carne. Si yo ponía la mesa, ella los manteles. No loca, no fantástica ni presuntuosa como las de agora. En mi ánima, descubierta se iba hasta el cabo de la ciudad con su jarro en la mano, que en todo el camino no oía peor de «Señora Claudina».

[13] *el sueño y la soltura:* todo.
[14] *blanca:* moneda de poco valor.
[15] *no vivía yo engañada:* no viviría yo desengañada.
[16] *en mi cabo:* sola.

Y aosadas[17] que otra conocía peor el vino y cualquier mercaduría. Cuando pensaba que no era llegada, era de vuelta. Allá la convidaban, según el amor todos le tenían. Que jamás volvía sin ocho o diez gostaduras[18], un azumbre[19] en el jarro y otro en el cuerpo. Así le fiaban dos o tres arrobas en veces, como sobre una taza de plata. Su palabra era prenda de oro en cuantos bodegones había. Si íbamos por la calle, dondequiera que hobiésemos sed, entrábamos en la primera taberna, luego mandaba echar medio azumbre para mojar la boca. Mas a mi cargo[20] que no le quitaron la toca por ello, sino cuanto la rayaban en su taja[21], y andar adelante[22]. Si tal fuese agora su hijo, a mi cargo que tu amo quedase sin pluma y nosotros sin queja. Pero yo le haré de mi hierro[23], si vivo; yo le contaré en el número de los míos.

SEMP.—¿Cómo has pensado hacerlo, que es un traidor?

CEL.—A ese tal dos alevosos[24]. Haréle haber a Areúsa. Será de los nuestros; darnos ha lugar a tender las redes sin embarazo por aquellas doblas[25] de Calisto.

SEMP.—¿Pues crees que podrás alcanzar algo de Melibea? ¿Hay algún buen ramo?[26]

---

[17] *aosadas:* ciertamente; aparece muchas veces.

[18] *gostaduras:* gustaduras, tragos de prueba.

[19] *azumbre:* medida para el vino (unos dos litros).

[20] *a mi cargo:* seguro.

[21] *taja:* era un palo en el que se apuntaba lo que se iba consumiendo a cuenta en una tienda. Ha sido usado en algunas zonas de España hasta nuestro siglo.

[22] *y andar adelante:* y se iba sin más.

[23] *mi hierro:* mi manera de ser, mi estilo.

[24] Se refiere Celestina a un refrán: «A un traidor, dos alevosos». Espera superar las trabas de Pármeno con la intervención suya y de Sempronio.

[25] *doblas:* monedas.

[26] *buen ramo:* buena señal; se ponía una rama en las tabernas para indicar que había vino.

CEL.—No hay cirujano que a la primera cura juzgue la herida. Lo que yo al presente veo te diré. Melibea es hermosa, Calisto loco y franco; ni a él penará gastar ni a mí andar. ¡Bulla moneda y dure el pleito lo que durare! Todo lo puede el dinero; las peñas quebranta, los ríos pasa en seco; no hay lugar tan alto, que un asno cargado de oro no le suba. Su desatino y ardor basta para perder a sí y ganar a nosotros. Esto he sentido, esto he calado, esto sé de él y de ella; esto es lo que nos ha de aprovechar. A casa voy de Pleberio; quédate a Dios. Que, aunque esté brava Melibea, no es ésta, si a Dios ha placido, la primera a quien yo he hecho perder el cacarear. Coxquillosicas son todas; mas, después que una vez consienten la silla en el envés del lomo, nunca querrían holgar; por ellas queda el campo. Muertas sí; cansadas no. Si de noche caminan, nunca querrían que amaneciese; maldicen los gallos porque anuncian el día y el reloj porque da tan a priesa. Requieren las cabrillas[27] y el norte, haciéndose estrelleras[28]. Ya cuando ven salir el lucero del alba, quiéreseles salir el alma; su claridad les escurece el corazón. Camino es, hijo, que nunca me harté de andar; nunca me vi cansada; y aun así, vieja como soy, sabe Dios mi buen deseo. ¡Cuánto más éstas que hierven sin fuego! Cautívanse del primer abrazo, ruegan a quien rogó, penan por el penado, hácense siervas de quien eran señoras, dejan el mando y son mandadas, rompen paredes, abren ventanas, fingen enfermedades, a los chirriadores quicios de las puertas

---

[27] *las cabrillas:* la constelación de las Pléyades, por la que se sabe si va avanzada la noche.

[28] *estrelleras:* astrónomas; entiende bien la frase: las jóvenes enamoradas se hacen las astrónomas buscando signos que muestren cuánto avanza la noche.

hacen con aceites usar su oficio sin ruido. No te sabré decir lo mucho que obra en ellas aquel dulzor que les queda de los primeros besos de quien aman. Son enemigas todas del medio; continuo están posadas en los extremos.

SEMP.—No te entiendo esos términos, madre.

CEL.—Digo que la mujer o ama mucho a aquel de quien es requerida o le tiene grande odio. Así que si al querer despiden, no pueden tener las riendas al desamor. Y con esto que sé cierto, voy más consolada a casa de Melibea que si en la mano la tuviese. Porque sé que, aunque al presente la ruegue, al fin me ha de rogar; aunque al principio me amenace, al cabo me ha de halagar. Aquí llevo un poco de hilado en esta mi faltriquera, con otros aparejos que conmigo siempre traigo, para tener causa de entrar donde mucho no soy conocida la primera vez: así como gorgueras, garvines, franjas, rodeos, tenazuelas, alcohol, albayalde y solimán, hasta agujas y alfileres[29]; que tal hay, que tal quiere. Porque donde me tomare la voz[30], me halle apercibida para les echar cebo o requerir de la primera vista.

SEMP.—Madre, mira bien lo que haces, porque cuando el principio se yerra, no puede seguirse buen fin. Piensa en su padre, que es noble y esforzado, su madre celosa y brava, tú la misma sospecha. Melibea es única a ellos: faltándoles ella, fáltales todo el bien. En pensallo tiemblo; no vayas por lana y vengas sin pluma.

CEL.—¿Sin pluma, hijo?

---

[29] *garvines:* cofia de redecilla; *rodeos:* adornos como las franjas, pero redondos; *tenazuelas:* para arrancarse el pelo; *albayalde:* cosmético para blanquear la piel. Son todos utensilios femeninos de belleza.

[30] *donde me tomare la voz:* donde me llamaren.

SEMP.—O emplumada, madre, que es peor.

CEL.—¡Alahé, en malhora a ti he yo menester para compañero! ¡Aun si quisieses avisar a Celestina en su oficio! Pues cuando tú naciste ya comía yo pan con corteza; ¡para adalid eres bueno, cargado de agüeros y recelo!

SEMP.—No te maravilles, madre, de mi temor, pues es común condición humana que lo que mucho se desea jamás se piensa ver concluido; mayormente que en este caso temo tu pena y mía. Deseo provecho; querría que este negocio hobiese buen fin, no porque saliese mi amo de pena, mas por salir yo de laceria[31]. Y así miro más inconvenientes con mi poca experiencia, que no tú como maestra vieja.

[2]

ELIC.—¡Santiguarme quiero, Sempronio; quiero hacer una raya en el agua![32] ¿Qué novedad es ésta, venir hoy acá dos veces?

CEL.—Calla, boba, déjale, que otro pensamiento traemos en que más nos va. Dime, ¿está desocupada la casa? ¿Fuése la moza que esperaba al ministro?

ELIC.—Y aun después vino otra y se fue.

CEL.—¿Sí, que no en balde?

ELIC.—No, en buena fe, ni Dios lo quiera; que aunque vino tarde, más vale a quien Dios ayuda, etc.[33]

CEL.—Pues sube presto al sobrado alto de la solana[34] y baja acá el bote del aceite serpentino que hallarás col-

---

[31] *laceria:* miseria.

[32] *hacer una raya en el agua:* «para que no se deshaga», era la segunda parte del refrán, que se decía cuando se veía algo poco habitual y que no se esperaba que durase mucho (como la venida de Sempronio).

[33] *más vale a quien Dios ayuda:* «que a quien mucho madruga», continuaba el refrán.

[34] *el sobrado alto de la solana:* el piso de arriba, donde da el sol.

gado del pedazo de soga, que traje del campo la otra noche cuando llovía y hacía escuro; y abre el arca de los lizos[35] y hacia la mano derecha hallarás un papel escrito con sangre de murciélago, debajo de aquel ala de drago[36] a que sacamos ayer las uñas. Mira, no derrames el agua de mayo que me trajeron a confeccionar.

ELIC.—Madre, no está donde dices. Jamás te acuerdas a cosa que guardas.

CEL.—No me castigues, por Dios, a mi vejez; no me maltrates, Elicia. No infinjas[37] porque está aquí Sempronio, ni te ensoberbezcas, que más me quiere a mí por consejera, que a ti por amiga, aunque tú le ames mucho. Entra en la cámara de los ungüentos y en la pelleja del gato negro donde te mandé meter los ojos de la loba, le hallarás; y baja la sangre del cabrón y unas poquitas de las barbas que tú le cortaste.

ELIC.—Toma, madre, veslo aquí; yo me subo y Sempronio arriba.

[3]

CEL.—Conjúrote, triste Plutón, señor de la profundidad infernal, emperador de la corte dañada, capitán soberbio de los condenados ángeles, señor de los sulfúreos fuegos que los hirvientes étnicos montes[38] manan, gobernador y veedor de los tormentos y atormentadores de las pecadoras ánimas, regidor de las tres furias, Tesífone, Megera, y Aleto, administrador de todas las cosas negras del reino de Estigie y Dite, con todas sus

---

[35] *lizos:* hilos fuertes.
[36] El *drago* (dragón) al que se refiere se supone que es un murciélago.
[37] *infinjas:* presumas.
[38] *hirvientes étnicos montes:* alusión al Etna, el volcán de Sicilia.

lagunas y sombras infernales y litigioso caos, mantenedor de las volantes arpías, con toda la otra compañía de espantables y pavorosas hidras[39]. Yo, Celestina, tu más conocida cliéntula[40], te conjuro por la virtud y fuerza de estas bermejas letras, por la sangre de aquella nocturna ave con que están escritas, por la gravedad de aquestos nombres y signos que en este papel se contienen, por la áspera ponzoña de las víboras de que este aceite fue hecho, con el cual unto este hilado; vengas sin tardanza a obedecer mi voluntad y en ello te envuelvas y con ello estés sin un momento te partir, hasta que Melibea con aparejada oportunidad que haya lo compre y con ello de tal manera quede enredada, que cuanto más lo mirare, tanto más su corazón se ablande a conceder mi petición, y se le abras y lastimes del crudo y fuerte amor de Calisto; tanto que, despedida toda honestidad, se descubra a mí y me galardone mis pasos y mensaje; y esto hecho, pide y demanda de mí a tu voluntad. Si no lo haces con presto movimiento, ternásme por capital enemiga; heriré con luz tus cárceles tristes y escuras; acusaré cruelmente tus continuas mentiras; apremiaré con mis ásperas palabras tu horrible nombre. Y otra y otra vez te conjuro; y así confiando en mi mucho poder, me parto para allá con mi hilado, donde creo te llevo ya envuelto.

---

[39] En el párrafo encontramos referencias a una serie de personajes y lugares mitológicos. Las *tres furias, Tesífone, Megera y Aleto* eran diosas que castigaban en el infierno a quienes habían cometido desmanes en la Tierra; *Stigie y Dite,* dos lagunas subterráneas del infierno; las *volantes harpías,* aves mitológicas con cuerpo de ave de rapiña y cara de mujer, anunciaban la muerte; las *hidras,* serpientes de cincuenta cabezas, guardaban las puertas del infierno.

[40] *cliéntula:* cliente.

AUTO IV

*C*OMIENZA *este auto con una seria reflexión de Celestina. Date cuenta de que la labor de alcahueta no era un juego. Celestina teme por su vida. Que no se te pase por alto la habilidad en la conversación de Celestina, su astucia y su frialdad ante el peligro. Fíjate en lo que propone sin decirlo. Cuando se lamenta de la desgracia de su vejez, ¿a qué induce a Melibea con sus palabras? Algo parecido pasa cuando habla del dinero: si no da la felicidad, ¿qué debe hacer para conseguirla una joven rica como Melibea? Por cierto, ¿qué te parece la actitud de esta joven? ¿Crees que es firme?*

* * *

ARGUMENTO DEL CUARTO AUTO

*C*ELESTINA, andando por el camino, habla consigo misma hasta llegar a la puerta de Pleberio, onde halló a Lucrecia, criada de Pleberio. Pónese con ella en razones. Sentidas por Alisa, madre de Melibea, y sabido que es Celestina, hácela entrar en casa. Viene un mensajero a llamar a Alisa. Vase. Queda Celestina en casa con Melibea y le descubre la causa de su venida.

LUCRECIA, CELESTINA, ALISA, MELIBEA

[1]

CEL.—Agora que voy sola, quiero mirar bien lo que Sempronio ha temido de este mi camino. Porque aquellas cosas que bien no son pensadas, aunque algunas veces hayan buen fin, comúnmente crían desvariados efectos. Así que la mucha especulación nunca carece de buen fruto. Que, aunque yo he disimulado con él, podría ser que, si me sintiesen en estos pasos de parte de Melibea, que no pagase con pena que menor fuese que la vida, o muy amenguada quedase, cuando matar no me quisiesen, manteándome o azotándome cruelmente. Pues amargas cient monedas serían éstas. ¡Ay cuitada de mí! ¡En qué lazo me he metido! Que por me mostrar solícita y esforzada pongo mi persona al tablero[1]. ¿Qué haré, cuitada, mezquina de mí, que ni el salir afuera es provechoso ni la perseverancia carece de peligro? ¿Pues iré o tornarme he? ¡Oh dudosa y dura perplejidad; no sé cuál escoja por más sano! ¡En el osar, manifiesto peligro; en la cobardía, denostada pérdida! ¿Adónde irá el buey que no are?[2] Cada camino descubre sus dañosos y hondos barrancos. Si con el hurto soy tomada, nunca de muerta o encorozada[3] falto, a bien librar. Si no voy, ¿qué dirá Sempronio? Que todas éstas eran mis fuerzas, saber y esfuerzo, ardid y ofrecimiento, astucia y solicitud. Y su amo Calisto ¿qué dirá? ¿qué hará? ¿qué

---

[1] *al tablero:* en juego.
[2] *¿Adónde irá el buey que no are?:* «A la carnicería», decía este refrán.
[3] *encorozada:* la coroza era un capirote de papel que se ponía a las alcahuetas y con el que iban encima de un asno por las calles como castigo.

pensará?; sino que hay nuevo engaño en mis pisadas y que yo he descubierto la celada[4], por haber más provecho de esta otra parte, como sofística prevaricadora. O si no se le ofrece pensamiento tan odioso, dará voces como loco. Diráme en mi cara denuestos rabiosos. Proporná mil inconvenientes que mi deliberación presta le puso, diciendo: «Tú, puta vieja, ¿por qué acrecentaste mis pasiones con tus promesas? Álcahueta falsa, para todo el mundo tienes pies, para mí lengua; para todos obra, para mí palabras; para todos remedio, para mí pena; para todos esfuerzo, para mí te faltó; para todos luz, para mí tiniebla. Pues, vieja traidora, ¿por qué te me ofreciste? Que tu ofrecimiento me puso esperanza; la esperanza dilató mi muerte, sostuvo mi vivir; púsome título de hombre alegre. Pues no habiendo efecto, ni tú carecerás de pena ni yo de triste desesperación.» ¡Pues triste yo! Mal acá, mal acullá: pena en ambas partes! Cuando a los extremos falta del medio, arrimarse el hombre al más sano es discreción. Más quiero ofender a Pleberio, que enojar a Calisto. Ir quiero. Que mayor es la vergüenza de quedar por cobarde, que la pena cumpliendo como osada lo que prometí, pues jamás al esfuerzo desayudó la fortuna. Ya veo su puerta. En mayores afrentas me he visto. ¡Esfuerza, esfuerza, Celestina! ¡No desmayes! Que nunca faltan rogadores[5] para mitigar las penas. Todos los agüeros se aderezan favorables o yo no sé nada de esta arte. Cuatro hombres, que he topado, a los tres llaman Juanes y los dos son cornudos. La primera palabra que oí por la calle fue de achaque de amores. Nunca he tropezado como otras veces. Las

---

[4] *celada:* trampa.
[5] *rogadores:* el abogado que pedía al juez una pena reducida.

piedras parece que se apartan y me hacen lugar que pase. Ni me estorban las haldas[6] ni siento cansancio en andar. Todos me saludan. Ni perro me ha ladrado ni ave negra he visto, tordo ni cuervo ni otras nocturnas[7]. Y lo mejor de todo es que veo a Lucrecia a la puerta de Melibea. Prima es de Elicia; no me será contraria.

[2]

LUCRECIA.—¿Quién es esta vieja que viene haldeando?

CEL.—Paz sea en esta casa.

LUCR.—Celestina, madre, seas bienvenida. ¿Cuál Dios te trajo por estos barrios no acostumbrados?

CEL.—Hija, mi amor, deseo de todos vosotros, traerte encomiendas de Elicia y aun ver a tus señoras, vieja y moza. Que después que me mudé al otro barrio, no han sido de mí visitadas.

LUCR.—¿A eso sólo saliste de tu casa? Maravíllome de ti, que no es ésa tu costumbre ni sueles dar paso sin provecho.

CEL.—¿Más provecho quieres, boba, que cumplir hombre sus deseos? Y también, como a las viejas nunca nos fallecen necesidades, mayormente a mí, que tengo de mantener hijas ajenas, ando a vender un poco de hilado.

LUCR.—¡Algo es lo que yo digo! En mi seso estoy, que nunca metes aguja sin sacar reja[8]. Pero mi señora la vieja urdió una tela: tiene necesidad de ello, tú de venderlo. Entra y espera aquí, que no os desaveniréis.

---

[6] *haldas:* faldas; verás también el verbo «haldear»: andar deprisa con faldas.

[7] Todos los elementos que repasa eran agüeros favorables.

[8] *meter aguja sin sacar reja:* refrán; dar poco y sacar mucho.

[3]

ALISA.—¿Con quién hablas, Lucrecia?

LUCR.—Señora, con aquella vieja de la cuchillada, que solía vivir aquí en las tenerías, a la cuesta del río.

ALI.—Agora la conozco menos. Si tú me das a entender lo incógnito por lo menos conocido, es coger agua en cesto.

LUCR.—¡Jesú, señora!, más conocida es esta vieja que la ruda. No sé cómo no tienes memoria de la que empicotaron[9] por hechicera, que vendía las mozas a los abades y descasaba mil casados.

ALI.—¿Qué oficio tiene? Quizá por aquí la conoceré mejor.

LUCR.—Señora, perfuma tocas, hace solimán, y otros treinta oficios. Conoce mucho en hierbas, cura niños y aun algunos la llaman la vieja lapidaria[10].

ALI.—Todo eso dicho no me la da a conocer; dime su nombre, si le sabes.

LUCR.—¿Si le sé, señora? No hay niño ni viejo en toda la ciudad que no le sepa, ¿habíale yo de ignorar?

ALI.—¿Pues por qué no le dices?

LUCR.—¡He vergüenza!

ALI.—Anda, boba, dile. No me indignes con tu tardanza.

LUCR.—Celestina, hablando con reverencia, es su nombre.

ALI.—¡Hi, hi, hi! ¡Mala landre te mate, si de risa puedo estar, viendo el desamor que debes de tener a esa

---

[9] *empicotaron:* la picota era una columna de piedra a la entrada de las ciudades donde se ponía a ciertos delincuentes para su vergüenza pública (también se ponían allí las cabezas de los ajusticiados). Por eso dice Lucrecia que es más conocida que la *ruda,* una hierba muy común.
[10] *lapidaria:* otro oficio de Celestina, que también conocía las propiedades curativas y mágicas de las piedras.

vieja, que su nombre has vergüenza nombrar! Ya me voy recordando de ella. ¡Una buena pieza! No me digas más. Algo me verná a pedir. Di que suba.

LUCR.—Sube, tía.

[4]

CEL.—Señora buena, la gracia de Dios sea contigo y con la noble hija. Mis pasiones y enfermedades han impedido mi visitar tu casa, como era razón; mas Dios conoce mis limpias entrañas, mi verdadero amor, que la distancia de las moradas no despega el querer de los corazones. Así que lo que mucho deseé, la necesidad me lo ha hecho cumplir. Con mis fortunas adversas otras, me sobrevino mengua de dinero. No supe mejor remedio que vender un poco de hilado, que para unas toquillas tenía allegado. Supe de tu criada que tenías de ello necesidad. Aunque pobre y no de la merced de Dios, veslo aquí, si de ello y de mí te quieres servir.

ALI.—Vecina honrada, tu razón y ofrecimiento me mueven a compasión y tanto, que quisiera cierto más hallarme en tiempo de poder cumplir tu falta, que menguar tu tela. Lo dicho te agradezco. Si el hilado es tal, serte ha bien pagado.

CEL.—¿Tal señora? Tal sea mi vida y mi vejez y la de quien parte quisiere de mi jura. Delgado como el pelo de la cabeza, igual, recio como cuerdas de vihuela, blanco como el copo de la nieve, hilado todo por estos pulgares, aspado y aderezado. Veslo aquí en madejitas. Tres monedas me daban ayer por la onza, así goce de esta alma pecadora.

ALI.—Hija Melibea, quédese esta mujer honrada contigo, que ya me parece que es tarde para ir a visitar a mi hermana, su mujer de Cremes, que desde ayer no

la he visto, y también que viene su paje a llamarme,
que se le arreció desde un rato acá el mal.

CEL.—(Por aquí anda el diablo aparejando oportunidad,
arreciando el mal a la otra. ¡Ea, buen amigo[11], tener
recio! Agora es mi tiempo o nunca. No la dejes,
llévamela de aquí a quien digo.)

ALI.—¿Qué dices, amiga?

CEL.—Señora, que maldito sea el diablo y mi pecado,
porque en tal tiempo hobo de crecer el mal de tu
hermana, que no habrá para nuestro negocio oportunidad. ¿Y qué mal es el suyo?

ALI.—Dolor de costado y tal que, según del mozo supe
que quedaba, temo no sea mortal. Ruega tú, vecina,
por amor mío, en tus devociones por su salud a Dios.

CEL.—Yo te prometo, señora, en yendo de aquí, me
vaya por esos monesterios, donde tengo frailes devotos míos, y les dé el mismo cargo que tú me das. Y
demás de esto, ante que me desayune, dé cuatro vueltas a mis cuentas[12].

ALI.—Pues, Melibea, contenta a la vecina en todo lo que
razón fuere darle por el hilado. Y tú, madre, perdóname, que otro día se verná en que más nos veamos.

CEL.—Señora, el perdón sobraría donde el yerro falta.
De Dios seas perdonada, que buena compañía me
queda. Dios la deje gozar su noble juventud y florida
mocedad, que es el tiempo en que más placeres y
mayores deleites se alcanzarán. Que, a la mi fe, la
vejez no es sino mesón de enfermedades, posada de
pensamientos, amiga de rencillas, congoja continua,
llaga incurable, mancilla[13] de lo pasado, pena de lo

---

[11] La alusión es al demonio, *buen amigo* de Celestina.

[12] *cuentas:* rosario.

[13] *mancilla:* vergüenza.

presente, cuidado triste de lo porvenir, vecina de la muerte, choza sin rama que se llueve por cada parte, cayado de mimbre que con poca carga se doblega.

[5]

MELIB.—¿Por qué dices, madre, tanto mal de lo que todo el mundo con tan eficacia gozar y ver desea?

CEL.—Desean harto mal para sí, desean harto trabajo. Desean llegar allá, porque llegando viven y el vivir es dulce y viviendo envejecen. Así que el niño desea ser mozo y el mozo viejo y el viejo, más; aunque con dolor. Todo por vivir. Porque como dicen, viva la gallina con su pepita[14]. Pero ¿quién te podría contar, señora, sus daños, sus inconvenientes, sus fatigas, sus cuidados, sus enfermedades, su frío, su calor, su descontentamiento, su rencilla, su pesadumbre, aquel arrugar de cara, aquel mudar de cabellos su primera y fresca color, aquel poco oír, aquel debilitado ver, puestos los ojos a la sombra, aquel hundimiento de boca, aquel caer de dientes, aquel carecer de fuerza, aquel flaco andar, aquel espacioso comer? Pues ¡ay, ay, señora!, si lo dicho viene acompañado de pobreza, allí verás callar todos los otros trabajos, cuando sobra la gana y falta la provisión; ¡que jamás sentí peor ahíto[15], que de hambre!

MELIB.—Bien conozco que dice cada uno de la feria, según le va en ella: así que otra canción cantarán los ricos.

---

[14] *viva la gallina con su pepita:* refrán; la pepita es un tumor que les sale a las gallinas bajo la lengua; quiere decir que hay que vivir, aunque se esté enfermo.

[15] *ahíto:* hartazgo.

CEL.—Señora, hija, a cada cabo hay tres leguas de mal quebranto[16]. A los ricos se les va la bienaventuranza, la gloria y descanso por otros albañares de asechanzas, que no se parecen, ladrillados por encima con lisonjas[17]. Aquel es rico que está bien con Dios. Más segura cosa es ser menospreciado que temido. Mejor sueño duerme el pobre, que no el que tiene de guardar con solicitud lo que con trabajo ganó y con dolor ha de dejar. Mi amigo no será simulado y el del rico sí. Yo soy querida por mi persona; el rico por su hacienda. Nunca oye verdad, todos le hablan lisonjas a sabor de su paladar, todos le han envidia. Apenas hallarás un rico que no confiese que le sería mejor estar en mediano estado o en honesta pobreza. Las riquezas no hacen rico mas ocupado; no hacen señor, más mayordomo. Más son los poseídos de las riquezas que no los que las poseen. A muchos trajo la muerte, a todos quita el placer y a las buenas costumbres ninguna cosa es más contraria. ¿No oíste decir; durmieron su sueño los varones de las riquezas y ninguna cosa hallaron sus manos? Cada rico tiene una docena de hijos y nietos, que no rezan otra oración, no otra petición, sino rogar a Dios que le saque de en medio de ellos; no ven la hora que tener a él so la tierra y lo suyo entre sus manos y darle a poca costa su casa para siempre.

MELIB.—Madre, pues que así es, gran pena ternás por la edad que perdiste. ¿Querrías volver a la primera?

---

[16] *a cada cabo hay tres leguas de mal quebranto:* en todos los trayectos hay tres leguas de mal camino; o sea, que los ricos también tienen sus penas.
[17] Los albañares son los conductos de aguas fétidas y están tapados con ladrillos. Celestina hace la metáfora de las penas de los ricos tapadas con *ladrillos* de halagos.

CEL.—Loco es, señora, el caminante que, enojado del trabajo del día, quisiese volver de comienzo la jornada para tornar otra vez aquel lugar. Que todas aquellas cosas, cuya posesión no es agradable, más vale poseellas, que esperallas. Porque más cerca está el fin de ellas, cuanto más andado del comienzo. No hay cosa más dulce ni graciosa al muy cansado que el mesón. Así que, aunque la mocedad sea alegre, el verdadero viejo no la desea. Porque el que de razón y seso carece, casi otra cosa no ama, sino lo que perdió.

MELIB.—Siquiera por vivir más, es bueno desear lo que digo.

CEL.—Tan presto, señora, se va el cordero como el carnero. Ninguno es tan viejo, que no pueda vivir en año ni tan mozo, que hoy no pudiese morir. Así que en esto poca ventaja nos lleváis.

MELIB.—Espantada me tienes con lo que has hablado. Indicio me dan tus razones que te haya visto otro tiempo. Dime, madre, ¿eres tú Celestina, la que solía morar a las tenerías, cabe el río?

CEL.—Señora, hasta que Dios quiera.

MELIB.—Vieja te has parado. Bien dicen que los días no se van en balde. Así goce de mí, no te conociera, sino por esa señaleja de la cara. Figúraseme que eras hermosa. Otra pareces, muy mudada estás.

LUCR.—(¡Hi, hi, hi! ¡Mudada está el diablo! ¡Hermosa era con aquel su Dios os salve, que traviesa la media cara!)

MELIB.—¿Qué hablas, loca? ¿Qué es lo que dices? ¿De qué te ríes?

LUCR.—De cómo no conocías a la madre, en tan poco tiempo, en la filosomía de la cara.

MELIB.—No es tan poco tiempo dos años; y más que la tiene arrugada.

CEL.—Señora, ten tú el tiempo que no ande; terné yo mi forma, que no se mude. ¿No has leído que dicen: verná el día que en el espejo no te conozcas? Pero también yo encanecí temprano y parezco de doblada edad. Que así goce de esta alma pecadora y tú de ese cuerpo gracioso, que de cuatro hijas que parió mi madre, yo fui la menor. Mira cómo no soy vieja, como me juzgan.

MELIB.—Celestina, amiga, yo he holgado mucho en verte y conocerte. También hasme dado placer con tus razones. Toma tu dinero y vete con Dios, que me parece que no debes haber comido.

CEL.—¡Oh, angélica imagen! ¡Oh perla preciosa, y cómo te lo dices! Gozo me toma en verte hablar. ¿Y no sabes que por la divina boca fue dicho, contra aquel infernal tentador, que no de sólo pan viviremos? Pues así es, que no el sólo comer mantiene. Mayormente a mí, que me suelo estar uno o dos días negociando encomiendas ajenas ayuna, salvo hacer por los buenos, morir por ellos. Esto tuve siempre, querer más trabajar sirviendo a otros, que holgar contentando a mí. Pues, si tú me das licencia, diréte la necesitada causa de mi venida, que es otra que la que hasta agora has oído y tal, que todos perderíamos en me tornar en balde sin que la sepas.

MELIB.—Di, madre, todas tus necesidades, que si yo las pudiere remediar, de muy buen grado lo haré por el pasado conocimiento y vecindad, que pone obligación a los buenos.

CEL.—¿Mías, señora? Antes ajenas, como tengo dicho; que las mías de mi puerta adentro me las paso, sin que las sienta la tierra, comiendo cuando puedo, bebiendo cuando lo tengo. Que con mi pobreza jamás me faltó, a Dios gracias, una blanca para pan y un cuarto para vino, después que enviudé; que antes no tenía yo cuidado de lo buscar, que sobrado estaba un cuero en mi casa y uno lleno y otro vacío. Jamás me acosté sin comer una tostada en vino y dos docenas de sorbos, por amor de la madre[18], tras cada sopa. Agora, como todo cuelga de mí, en un jarrillo mal pegado me lo traen, que no cabe dos azumbres. Seis veces al día tengo de salir por mi pecado, con mis canas acuestas, a le henchir a la taberna. Mas no muera yo de muerte, hasta que me vea con un cuero o tinajica de mis puertas adentro. Que en mi ánima no hay otra provisión, que como dicen: pan y vino anda camino, que no mozo garrido. Así que donde no hay varón, todo bien fallece; con mal está el huso, cuando la barba no anda de suso[19]. Ha venido esto, señora, por lo que decía de las ajenas necesidades y no mías.

MELIB.—Pide lo que querrás, sea para quien fuere.

CEL.—¡Doncella graciosa y de alto linaje! Tu suave habla y alegre gesto, junto con el aparejo[20] de liberalidad que muestras con esta pobre vieja, me dan osadía a te lo decir. Yo dejo un enfermo a la muerte, que con sola una palabra de tu noble boca salida, que le lleve metida en mi seno, tiene por fe que sanará, según la mucha devoción que tiene en tu gentileza.

MELIB.—Vieja honrada, no te entiendo, si más no declaras tu demanda. Por una parte me alteras y provocas a enojo; por otra me mueves a compasión. No te sabría volver respuesta conveniente, según lo poco que he sentido de tu habla. Que yo soy dichosa, si de mi

---

[18] *por amor de la madre:* por causa de la matriz; Celestina remedia sus males con vino.

[19] *mal está el huso, cuando la barba no está de suso:* refrán; alude a que a toda mujer (el huso es un instrumento para hilar, labor femenina en esta época) le hace falta un hombre (*suso* es «arriba»).

[20] *el aparejo:* la disposición.

palabra hay necesidad para salud de algún cristiano. Porque hacer beneficio es semejar a Dios y más que el que hace beneficio le recibe cuando es a persona que le merece y el que puede sanar al que padece, no lo haciendo, le mata. Así que no ceses tu petición por empacho ni temor.

CEL.—El temor perdí mirando, señora, tu beldad. Que no puedo creer que en balde pintase Dios unos gestos más perfectos que otros, más dotados de gracias, más hermosas facciones; sino para hacerlos almacén de virtudes, de misericordia, de compasión, ministros de sus mercedes y dádivas, como a ti. Y pues como todos seamos humanos, nacidos para morir, y sea cierto que no se puede decir nacido el que para sí solo nació. Porque sería semejante a los brutos animales, en los cuales aun hay algunos piadosos, como se dice del unicornio, que se humilla a cualquiera doncella[21]. El perro con todo su ímpetu y braveza, cuando viene a morder, si se le echan en el suelo, no hace mal; esto de piedad. ¿Pues las aves? Ninguna cosa el gallo come que no participe y llame las gallinas a comer de ello. El pelícano rompe el pecho por dar a sus hijos a comer de sus entrañas. Las cigüeñas mantienen otro tanto tiempo a sus padres viejos en el nido, cuanto ellos les dieron cebo siendo pollitos. Pues tal conocimiento dio la naturaleza a los animales y aves, ¿por qué los hombres habemos de ser más crueles? ¿Por qué no daremos parte de nuestras gracias y personas a los próximos, mayormente, cuando están envueltos en secretas enfermedades y tales que, donde está la melecina, salió la causa de la enfermedad?

---

[21] *unicornio:* animal fabuloso, se creía que se ponía de rodillas al ver a una mujer.

MELIB.—Por Dios que sin más dilatar, me digas quién es ese doliente, que de mal tan perplejo se siente, que su pasión y remedio salen de una misma fuente.

CEL.—Bien ternás, señora, noticia de esta ciudad de un caballero mancebo, gentilhombre de clara sangre, que llaman Calisto.

MELIB.—¡Ya, ya, ya! Buena vieja, no me digas más, no pases adelante. ¿Ese es el doliente por quién has hecho tantas premisas en tu demanda, por quién has venido a buscar la muerte para ti, por quién has dado tan dañosos pasos, desvergonzada barbuda? ¿Qué siente ese perdido, que con tanta pasión vienes? De locura será su mal. ¿Qué te parece? ¡Si me hallaras sin sospecha de ese loco, con qué palabras me entrabas! No se dice en vano que el más empecible miembro del mal hombre o mujer es la lengua. ¡Quemada seas, alcahueta falsa, hechicera, enemiga de honestidad, causadora de secretos yerros! ¡Jesú, Jesú! ¡Quítamela, Lucrecia, de delante, que me fino[22] que no me ha dejado gota de sangre en el cuerpo! Bien se lo merece esto y más, quien a estas tales da oídos. Por cierto, si no mirase a mi honestidad y por no publicar su osadía de ese atrevido, yo te hiciera, malvada, que tu razón y vida acabaran en un tiempo.

CEL.—(¡En hora mala acá vine, si me falta mi conjuro! ¡Ea pues! Bien sé a quién digo. ¡Ce, hermano, que se va todo a perder!)[23]

MELIB.—¿Aun hablas entre dientes delante mí, para acrecentar mi enojo y doblar tu pena? ¿Querrías condenar mi honestidad por dar vida a un loco? ¿Dejar a mí triste por alegrar a él y llevar tú el provecho de mi

---

[22] *que me fino:* que me muero.
[23] Otra alusión al demonio.

perdición, el galardón de mi yerro? ¿Perder y destruir la casa y honra de mi padre por ganar la de una vieja maldita como tú? ¿Piensas que no tengo sentidas tus pisadas y entendido tu dañado mensaje? Pues yo te certifico que las albricias que de aquí saques, no sean sino estorbarte de más ofender a Dios, dando fin a tus días. Respóndeme, traidora, ¿cómo osaste tanto hacer?

CEL.—Tu temor, señora, tiene ocupada mi desculpa[24]. Mi inocencia me da osadía, tu presencia me turba en verla airada, y lo que más siento y me pena es recibir enojo sin razón alguna. Por Dios, señora, que me dejes concluir mi dicho, que ni él quedará culpado ni yo condenada. Y verás como es todo más servicio de Dios, que pasos deshonestos; más para dar salud al enfermo, que para dañar la fama al médico. Si pensara, señora, que tan de ligero habías de conjeturar de lo pasado nocibles sospechas, no bastara tu licencia para me dar osadía a hablar en cosa, que a Calisto ni a otro hombre tocase.

MELIB.—¡Jesú! No oiga yo mentar más ese loco, saltaparedes, fantasma de noche, luengo como cigüeña, figura de paramento malpintado; si no, aquí me caeré muerta. ¡Éste es el que el otro día me vido y comenzó a desvariar conmigo en razones, haciendo mucho del galán! Dirásle, buena vieja, que, si pensó que ya era todo suyo y quedaba para él el campo, porque holgué más de consentir sus necedades, que castigar su yerro, quise más dejarle por loco, que publicar su grande atrevimiento. Pues avísale que se aparte de este propósito y serle ha sano; si no, podrá ser que no haya

---

[24] *Tu temor... tiene ocupada mi desculpa:* el miedo que te tengo me ha impedido disculparme.

comprado tan cara habla en su vida. Pues sabe que no es vencido sino el que se cree serlo, y yo quedé bien segura y él ufano. De los locos es estimar a todos los otros de su calidad. Y tú tórnate con su misma razón; que respuesta de mí otra no habrás ni la esperes. Que por demás es ruego a quien no puede haber misericordia. Y da gracias a Dios, pues tan libre vas de esta feria. Bien me habían dicho quién tú eras y avisado de tus propiedades, aunque agora no te conocía.

CEL.—(¡Más fuerte estaba Troya y aun otras más bravas he yo amansado! Ninguna tempestad mucho dura.)

MELIB.—¿Qué dices, enemiga? Habla, que te pueda oír. ¿Tienes desculpa alguna para satisfacer mi enojo y excusar tu yerro y osadía?

CEL.—Mientras viviere tu ira, más dañará mi descargo. Que estás muy rigurosa y no me maravillo; que la sangre nueva poco calor ha menester para hervir.

MELIB.—¿Poco calor? Poco lo puedes llamar, pues quedaste tú viva y yo quejosa sobre tan gran atrevimiento. ¿Qué palabras podías tú querer para ese tal hombre, que a mí bien me estuviese? Responde, pues dices que no has concluido; y ¡quizá pagarás lo pasado!

CEL.—Una oración, señora, que le dijeron que sabías de Santa Apolonia[25] para el dolor de las muelas. Asimismo tu cordón, que es fama que ha tocado todas las reliquias que hay en Roma y Jerusalén. Aquel caballero que dije pena y muere de ellas. Ésta fue mi venida. Pero, pues en mi dicha estaba tu airada respuesta, padézcase él su dolor, en pago de buscar tan desdichada mensajera. Que, pues en tu mucha virtud me faltó piedad, también me faltara agua, si a la mar me envia-

---

[25] Santa Apolonia, mártir, patrona de quienes tenían dolor de muelas. Antes de quemarla, la torturaron arrancándole los dientes.

ra. Pero ya sabes que el deleite de la venganza dura un momento y el de la misericordia para siempre.

MELIB.—Si eso querías, ¿por qué luego no me lo expresaste? ¿Por qué me lo dijiste en tan pocas palabras?

CEL.—Señora, porque mi limpio motivo me hizo creer que, aunque en menos lo propusiera, no se había de sospechar mal. Que, si faltó el debido preámbulo, fue porque la verdad no es necesario abundar de muchas colores. Compasión de su dolor, confianza de tu magnificencia ahogaron en mi boca la expresión de la causa. Y pues conoces, señora, que el dolor turba, la turbación desmanda y altera la lengua, la cual había de estar siempre atada con el seso, ¡por Dios, que no me culpes! Y si él otro yerro ha hecho, no redunde en mi daño, pues no tengo otra culpa, sino ser mensajera del culpado. No quiebre la soga por lo más delgado. No seas la telaraña, que no muestra su fuerza sino contra los flacos animales. No paguen justos por pecadores. Imita la divina justicia, que dijo: el ánima que pecare, aquella misma muera; a la humana, que jamás condena al padre por el delito del hijo ni al hijo por el del padre. Ni es, señora, razón que su atrevimiento acarree mi perdición. Aunque, según su merecimiento, no ternía en mucho que fuese él el delincuente y yo la condenada. Que no es otro mi oficio, sino servir a los semejantes: de esto vivo y de esto me arreo [26]. Nunca fue mi voluntad enojar a unos por agradar a otros, aunque hayan dicho a tu merced en mi ausencia otra cosa. Al fin, señora, a la firme verdad el viento del vulgo no la empece. Una sola soy en este limpio trato. En toda la ciudad pocos tengo descontentos. Con todos cumplo, los que algo me man-

---

[26] *me arreo:* me adorno, me engalano.

dan, como si tuviese veinte pies y otras tantas manos.

MELIB.—No me maravillo, que un solo maestro de vicios dicen que basta para corromper un gran pueblo. Por cierto, tantos y tales loores me han dicho de tus falsas mañas, que no sé si crea que pedías oración.

CEL.—Nunca yo la rece y si la rezare no sea oída, si otra cosa de mí se saque, aunque mil tormentos me diesen.

MELIB.—Mi pasada alteración me impide a reír de tu desculpa. Que bien sé que ni juramento ni tormento te torcerá decir verdad, que no es en tu mano.

CEL.—Eres mi señora. Téngote de callar, hete yo de servir, hasme tú de mandar. Tu mala palabra será víspera de una saya.

MELIB.—Bien la has merecido.

CEL.—Si no la he ganado con la lengua, no la he perdido con la intención.

MELIB.—Tanto afirmas tu ignorancia, que me haces creer lo que puede ser. Quiero pues en tu dudosa desculpa tener la sentencia en peso y no disponer de tu demanda al sabor de ligera interpretación. No tengas en mucho ni te maravilles de mi pasado sentimiento, porque concurrieron dos cosas en tu habla, que cualquiera de ellas era bastante para me sacar de seso: nombrarme ese tu caballero, que conmigo se atrevió a hablar, y también pedirme palabra sin más causa, que no se podía sospechar sino daño para mi honra. Pero pues todo viene de buena parte, de lo pasado haya perdón. Que en alguna manera es aliviado mi corazón, viendo que es obra pía y santa sanar los apasionados y enfermos.

CEL.—¡Y tal enfermo, señora! Por Dios, si bien le conocieses, no le juzgases por el que has dicho y mostrado con tu ira. En Dios y en mi alma, no tiene hiel[27];

---

[27] *hiel:* bilis, representa siempre lo más amargo.

gracias, dos mil; en franqueza, Alejandre; en esfuerzo, Héctor; gesto, de un rey; gracioso, alegre; jamás reina en él tristeza. De noble sangre, como sabes; gran justador, pues verle armado, un San Jorge. Fuerza y esfuerzo, no tuvo Hércules tanta. La presencia y facciones, disposición, desenvoltura, otra lengua había menester para las contar. Todo junto semeja ángel del cielo. Por fe tengo que no era tan hermoso aquel gentil Narciso, que se enamoró de su propia figura, cuando se vido en las aguas de la fuente[28]. Agora, señora, tiénele derribado una sola muela, que jamás cesa de quejar.

MELIB.—¿Y qué tanto tiempo ha?

CEL.—Podrá ser, señora, de veinte y tres años; que aquí está Celestina, que le vido nacer y le tomó a los pies de su madre.

MELIB.—Ni te pregunto eso ni tengo necesidad de saber su edad; sino qué tanto ha que tiene el mal.

CEL.—Señora, ocho días. Que parece que ha un año en su flaqueza. Y el mayor remedio que tiene es tomar una vihuela y tañe tantas canciones y tan lastimeras, que no creo que fueron otras las que compuso aquel emperador y gran músico Adriano, de la partida del ánima, por sufrir sin desmayo la ya vecina muerte. Que aunque yo sé poco de la música, parece que hace aquella vihuela hablar. Pues, si acaso canta, de mejor gana se paran las aves a le oír, que no aquel Anfión, de quien se dice que movía los árboles y piedras con

---

[28] Alejandre es Alejandro Magno; Héctor era el hijo del rey de Troya y el mejor guerrero de su ejército; San Jorge, mártir del siglo IV, mató a un dragón y era el patrón de los caballeros medievales; Hércules es el guerrero más fuerte de la mitología griega; por último, Narciso, otro personaje mitológico griego, estaba enamorado de su propia figura reflejada en el agua y fue convertido por los dioses en la flor que lleva su nombre.

su canto. Siendo éste nacido no alabaran a Orfeo[29]. Mira, señora, si una pobre vieja como yo, si se hallará dichosa en dar la vida a quien tales gracias tiene. Ninguna mujer le ve, que no alabe a Dios, que así le pintó. Pues, si le habla acaso, no es más señora de sí, de lo que él ordena. Y pues tanta razón tengo, juzga, señora, por bueno mi propósito, mis pasos saludables y vacíos de sospecha.

MELIB.—¡Oh, cuánto me pesa con la falta de mi paciencia! Porque siendo él ignorante y tú inocente, habéis padecido las alteraciones de mi airada lengua. Pero la mucha razón me relieva de culpa, la cual tu habla sospechosa causó. En pago de tu buen sufrimiento, quiero cumplir tu demanda y darte luego mi cordón. Y porque para escribir la oración no habrá tiempo sin que venga mi madre, si esto no bastare, ven mañana por ella muy secretamente.

LUCR.—(¡Ya, ya, perdida es mi ama! ¡Secretamente quiere que venga Celestina! Fraude hay; ¡más le querrá dar que lo dicho!)

MELIB.—¿Qué dices, Lucrecia?

LUCR.—Señora, que baste lo dicho, que es tarde.

MELIB.—Pues, madre, no le des parte de lo que pasó a ese caballero, porque no me tenga por cruel o arrebatada o deshonesta.

LUCR.—(No miento yo, que mal va este hecho.)

CEL.—Mucho me maravillo, señora Melibea, de la duda que tienes de mi secreto. No temas, que todo lo sé sufrir y encubrir. Que bien veo que tu mucha sospecha echó, como suele, mis razones a la más triste

---

[29] Adriano fue un emperador de Roma; Anfión levantó en Tebas, de donde era príncipe, una muralla haciendo que las piedras se moviesen al son de su lira; Orfeo es un célebre músico de la mitología griega.

parte. Yo voy con tu cordón tan alegre, que se me figura que está diciéndole allá su corazón la merced que nos hiciste y que le tengo de hallar aliviado.

MELIB.—Más haré por tu doliente, si menester fuere, en pago de lo sufrido.

CEL.—(Más será menester y más harás y aunque no se te agradezca.)

MELIB.—¿Qué dices, madre, de agradecer?

CEL.—Digo, señora, que todos lo agradecemos y serviremos, y todos quedamos obligados. Que la paga más cierta es cuando más la tienen de cumplir.

LUCR.— (¡Trastócame esas palabras!³⁰

CEL.—¡Hija Lucrecia! ¡Ce! Irás a casa y darte he una lejía, con que pares³¹ esos cabellos más que oro. No lo digas a tu señora. Y aun darte he unos polvos para quitarte ese olor de la boca, que te huele un poco, que en el reino no lo sabe hacer otra sino yo, y no hay cosa que peor en la mujer parezca.

LUCR.—¡Oh Dios te dé buena vejez, que más necesidad tenía de todo eso que de comer!

CEL.—¿Pues, por qué murmuras contra mí, loquilla? Calla, que no sabes si me habrás menester en cosa de más importancia. No provoques a ira a tu señora, más de lo que ella ha estado. Déjame ir en paz.)

MELIB.—¿Qué le dices, madre?

CEL.— Señora, acá nos entendemos.

MELIB.—Dímelo, que me enojo cuando yo presente se habla cosa de que no haya parte.

CEL.—Señora, que te acuerde la oración, para que la mandes escribir y que aprenda de mí a tener mesura

---

³⁰ Lucrecia capta la ambigüedad de lo que acaba de decir Celestina: Melibea tendrá que pagar el desprecio que ha tenido con ella.

³¹ *pares:* adornes.

en el tiempo de tu ira, en la cual yo usé lo que se dice; que del airado es de apartar por poco tiempo, del enemigo por mucho. Pues tú, señora, tenías ira con lo que sospechaste de mis palabras, no enemistad. Porque, aunque fueran las que tú pensabas, en sí no eran malas; que cada día hay hombres penados por mujeres y mujeres por hombres, y esto obra la natura y la natura ordenóla Dios y Dios no hizo cosa mala. Y así quedaba mi demanda, como quiera que fuese, en sí loable, pues de tal tronco procede, y yo libre de pena. Más razones de éstas te diría, sino porque la prolijidad es enojosa al que oye y dañosa al que habla.

MELIB.—En todo has tenido buen tiento, así en el poco hablar en mi enojo, como con el mucho sufrir.

CEL.—Señora, sufríte con temor, porque te airaste con razón. Porque con la ira morando poder, no es sino rayo[32]. Y por esto pasé tu rigurosa habla hasta que tu almacén hobiese gastado.

MELIB.—En cargo te es[33] ese caballero.

CEL.—Señora, más merece. Y si algo con mi ruego para él he alcanzado, con la tardanza lo he dañado. Yo me parto para él, si licencia me das.

MELIB.—Mientra más aína la hobieras pedido, más de grado la hobieras recaudado. Vé con Dios, que ni tu mensaje me ha traído provecho ni de tu ida me puede venir daño.

---

[32] *con la ira morando poder, no es sino rayo:* cuando se junta la ira con el poder es como un rayo.

[33] *en cargo te es:* obligado te está.

AUTO V

A *la hora de valorar la importancia de la magia en esta obra, podrás comprobar cómo Celestina cree en sus artes mágicas cuando habla para sí misma (ahí no tiene que engañar a nadie) en el monólogo inicial. Hay una palabra que genera todas las sospechas de Sempronio. Si te fijas, observarás que Sempronio quiere saber los detalles del encuentro de la vieja con Melibea, pero Celestina no cuenta nada. ¿Por qué crees que la alcahueta se muestra tan reservada?*

* * *

ARGUMENTO DEL QUINTO AUTO

D ESPEDIDA Celestina de Melibea, va por la calle hablando consigo misma entre dientes. Llegada a su casa, halló a Sempronio, que la aguardaba. Ambos van hablando hasta llegar a casa de Calisto y, vistos por Pármeno, cuéntalo a Calisto su amo, el cual le mandó abrir la puerta.

CALISTO, PÁRMENO, SEMPRONIO, CELESTINA

[1]

CEL.—¡Oh rigurosos trances! ¡Oh cuerda osadía! ¡Oh gran sufrimiento! Y que tan cercana estuve de la muerte, si mi mucha astucia no rigiera con el tiempo las velas de la petición! ¡Oh amenazas de doncella brava! ¡Oh airada doncella! ¡Oh diablo a quien yo conjuré, cómo cumpliste tu palabra en todo lo que te pedí! En cargo te soy. Así amansaste la cruel hembra con tu poder y diste tan oportuno lugar a mi habla cuanto quise, con la ausencia de su madre. ¡Oh vieja Celestina! ¡Vas alegre! Sábete que la meitad está hecha, cuando tienen buen principio las cosas. ¡Oh serpentino aceite! ¡Oh blanco hilado! ¡Cómo os aparejastes todos en mi favor! ¡Oh, yo rompiera todos mis atamientos[1] hechos y por hacer, ni creyera en hierbas ni en piedras ni en palabras! Pues alégrate, vieja, que más sacarás de este pleito que de quince virgos que renovaras. ¡Oh malditas haldas, prolijas y largas, cómo me estorbáis de llegar adonde han de reposar mis nuevas! ¡Oh buena fortuna, cómo ayudas a los osados, y a los tímidos eres contraria! Nunca huyendo huye la muerte al cobarde. ¡Oh, cuántas erraran en lo que yo he acertado! ¿Qué hicieran en tan fuerte estrecho estas nuevas maestras de mi oficio, sino responder algo a Melibea, por donde se perdiera cuanto yo con buen callar he ganado? Por esto dicen quien las sabe las tañe; y que es más cierto médico el experimentado que el letrado; y la experiencia y escarmiento hace los hombres arteros; y la vieja, como yo, que alce sus haldas al pasar el vado, como maestra[2]. ¡Ay cordón, cordón! Yo te haré traer por fuerza, si vivo, a la que no quiso darme su buena habla de grado.

[2]

SEMP.—O yo no veo bien, o aquélla es Celestina. ¡Válala[3] el diablo, haldear que trae! Parlando viene entre dientes.

---

[1] *atamientos:* hechicerías.
[2] Alusión a un refrán: «Vieja escarmentada, arremangada pasa el agua».
[3] *Válala:* válgala.

CEL.—¿De qué te santiguas, Sempronio? Creo que en verme.

SEMP.—Yo te lo diré. La raleza[4] de las cosas es madre de la admiración; la admiración concebida en los ojos desciende al ánimo por ellos; el ánimo es forzado descubrillo por estas exteriores señales. ¿Quién jamás te vido por la calle, abajada la cabeza, puestos los ojos en el suelo, y no mirar a ninguno como agora? ¿Quién te vido hablar entre dientes por las calles y venir aguijando, como quien va a ganar beneficio? Cata que todo esto novedad es para se maravillar quien te conoce. Pero esto dejado, dime, por Dios, con qué vienes. Dime si tenemos hijo o hija. Que desde que dio la una, te espero aquí y no he sentido mejor señal que tu tardanza.

CEL.—Hijo, esa regla de bobos no es siempre cierta, que otra hora me pudiera más tardar y dejar allá las narices; y otras dos, y narices y lengua; y así que, mientra más tardase, más caro me costase.

SEMP.—Por amor mío, madre, no pases de aquí sin me lo contar.

CEL.—Sempronio, amigo, ni yo me podría parar ni el lugar es aparejado. Vente conmigo delante Calisto, oirás maravillas. Que será desflorar mi embajada comunicándola con muchos. De mi boca quiero que sepa lo que se ha hecho. Que, aunque hayas de haber alguna partecilla del provecho, quiero yo todas las gracias del trabajo.

SEMP.—¿Partecilla, Celestina? Mal me parece eso que dices.

CEL.—Calla, loquillo, que parte o partecilla, cuanto tú quisieres te daré. Todo lo mío es tuyo. Gocémonos y aprovechémonos, que sobre el partir nunca reñire-

---

[4] *raleza:* rareza.

mos. Y también sabes tú cuánta más necesidad tienen los viejos que los mozos, mayormente tú que vas a mesa puesta.

SEMP.—Otras cosas he menester más que de comer.

CEL.—¿Qué, hijo? ¡Una docena de agujetas y un torce[5] para el bonete y un arco para andarte de casa en casa tirando a pájaros y aojando[6] pájaras a las ventanas! Mochachas digo, bobo, de las que no saben volar, que bien me entiendes. Que no hay mejor alcahuete para ellas que un arco, que se puede entrar cada uno hecho mostrenco[7], como dicen: en achaque de trama[8], etc. ¡Mas ay, Sempronio, de quien tiene de mantener honra y se va haciendo vieja como yo!

SEMP.—(¡Oh lisonjera vieja! ¡Oh vieja llena de mal! ¡Oh codiciosa y avarienta garganta! También quiere a mí engañar como a mi amo, por ser rica. ¡Pues mala medra tiene; no le arriendo la ganancia! Que quien con modo torpe sube en alto, más presto cae que sube. ¡Oh, qué mala cosa es de conocer el hombre! ¡Bien dicen que ninguna mercaduría ni animal es tan difícil! ¡Mala vieja, falsa es ésta! ¡El diablo me metió con ella! Más seguro me fuera huir de esta venenosa víbora, que tomalla. Mía fue la culpa. Pero gané harto, que por bien o mal no negará la promesa.)

CEL.—¿Qué dices, Sempronio? ¿Con quién hablas? ¿Viénesme royendo las haldas? ¿Por qué no aguijas?[9]

SEMP.—Lo que vengo diciendo, madre Celestina, es que no me maravillo que seas mudable, que sigas el cami-

---

[5] *agujetas:* correas; *torce:* collar.

[6] *aojando:* echando el ojo.

[7] *hecho mostrenco:* sin permiso.

[8] *en achaque de trama:* primera parte del refrán «En achaque de trama, ¿viene acá nuestra ama?», que se decía de las viejas que se metían en las casas para robar y, si se encontraban a alguien, preguntaban por el ama.

[9] *¿Viénesme... aguijas?:* Sempronio va por detrás de Celestina, que le mete prisa.

no de las muchas. Dicho me habías que diferirías este negocio. Agora vas sin seso por decir a Calisto cuanto pasa. ¿No sabes que aquello es en algo tenido que es por tiempo deseado, y que cada día que él penase era doblarnos el provecho?

CEL.—El propósito muda el sabio; el necio persevera. A nuevo negocio, nuevo consejo se requiere. No pensé yo, hijo Sempronio, que así me respondiera mi buena fortuna. De los discretos mensajeros es hacer lo que el tiempo quiere. Así que la cualidad de lo hecho no puede encubrir tiempo disimulado. Y más, que yo sé que tu amo, según lo que de él sentí, es liberal y algo antojadizo. Más dará en un día de buenas nuevas, que en ciento que ande penando y yo yendo y viniendo. Que los acelerados y súbitos placeres crían alteración, la mucha alteración estorba el deliberar. Pues ¿en qué podrá parar el bien, sino en bien, y el alto mensaje, sino en luengas albricias? Calla, bobo, deja hacer a tu vieja.

SEMP.—Pues dime lo que pasó con aquella gentil doncella. Dime alguna palabra de su boca. Que, por Dios, así peno por sabella, como a mi amo penaría.

CEL.—¡Calla, loco! Altérasete la complexión. Yo lo veo en ti, que querrías más estar al sabor, que al olor de este negocio[10]. Andemos presto, que estará loco tu amo con mi mucha tardanza.

SEMP.—Y aun sin ella se lo está.

[3]

PÁRM.—¡Señor, señor!
CAL.—¿Qué quieres, loco?

---

[10] Celestina se da cuenta de que a Sempronio también le gusta Melibea.

PÁRM.—A Sempronio y a Celestina veo venir cerca de casa, haciendo paradillas de rato en rato y, cuando están quedos, hacen rayas en el suelo con la espada. No sé qué sea.

CAL.—¡Oh desvariado, negligente! Veslos venir: ¿no puedes bajar corriendo a abrir la puerta? ¡Oh alto Dios! ¡Oh soberana deidad! ¿Con qué vienen? ¿Qué nuevas traen? Que tanta ha sido su tardanza, que ya más esperaba su venida, que el fin de mi remedio. ¡Oh mis tristes oídos! Aparejaos a lo que os viniere, que en su boca de Celestina está agora aposentado el alivio o pena de mi corazón. ¡Oh, si en sueños se pasase este poco tiempo, hasta ver el principio y fin de su habla! Agora tengo por cierto que es más penoso al delincuente esperar la cruda y capital sentencia, que el acto de la ya sabida muerte. ¡Oh espacioso Pármeno, manos de muerto! Quita ya esa enojosa aldaba[11]; entrará esa honrada dueña, en cuya lengua está mi vida.

CEL.—¿Oyes, Sempronio? De otro temple anda nuestro amo. Bien difieren estas razones a las que oímos a Pármeno y a él la primera venida. De mal en bien me parece que va. No hay palabra de las que dice que no vale a la vieja Celestina más que una saya.

SEMP.—Pues mira que entrando hagas que no ves a Calisto y hables algo bueno.

CEL.—Calla, Sempronio, que aunque haya aventurado mi vida, más merece Calisto y su ruego y tuyo, y más mercedes espero yo de él.

---

[11] *aldaba:* aquí, la barra con que se aseguraban, ya cerradas, las puertas.

AUTO VI

*S*EMPRONIO *vuelve a las andadas y no se acuerda de la prometida fidelidad a la causa de Celestina. En concreto, se da cuenta de que la vieja hace todo lo que puede por recibir algún presente no divisible, que no pueda repartir con nadie. Fíjate en la insistencia de la alcahueta en el mal estado de su vestimenta y cómo consigue, primero con indirectas, después con expresiones más claras, la promesa de ropa nueva. Mira cómo reacciona Calisto ante las noticias que le trae Celestina. ¿Te parecen normales en un enamorado? A aquellos lectores contemporáneos de Rojas que pensaban que no debía haber más amores que los del matrimonio concertado entre familias, ¿qué opinión les merecerían manifestaciones y actitudes como las de Calisto?*

* * *

ARGUMENTO DEL SEXTO AUTO

*E*NTRADA Celestina en casa de Calisto, con grande afición y deseo Calisto le pregunta de lo que le ha acontecido con Melibea. Mientra ellos están hablando, Pármeno, oyendo hablar a Celestina, de su parte contra Sempronio a cada razón le pone un mote, reprendiéndolo Sempronio. En fin, la vieja Celestina le descubre todo lo negociado y un cordón de Melibea. Y, despedida de Calisto, vase para su casa y con ella Pármeno.

CALISTO, CELESTINA, PÁRMENO, SEMPRONIO

[1]

CAL.—¿Qué dices, señora y madre mía?

CEL.—¡Oh mi señor Calisto! ¿Y aquí estás? ¡Oh mi nuevo amador de la muy hermosa Melibea y con mucha razón! ¿Con qué pagarás a la vieja, que hoy ha puesto su vida al tablero por tu servicio? ¿Cuál mujer jamás se vido en tan estrecha afrenta como yo, que en tornallo a pensar se me menguan y vacían todas las venas de mi cuerpo, de sangre? Mi vida diera por menor precio, que agora daría este manto raído y viejo.

PÁRM.—(Tú dirás lo tuyo: entre col y col lechuga. Subido has un escalón; más adelante te espero a la saya. Todo para ti y no nada de que puedas dar parte. Pelechar[1] quiere la vieja. Tú me sacarás a mí verdadero, y a mi amo loco. No le pierdas palabra, Sempronio, y verás como no quiere pedir dinero, porque es divisible.

SEMP.—Calla, hombre desesperado, que te matará Calisto si te oye.)

CAL.—Madre mía, o abrevia tu razón o toma esta espada y mátame.

PÁRM.—(Temblando está el diablo como azogado; no se puede tener en sus pies; su lengua le querría prestar para que hablase presto; no es mucha su vida; luto habremos de medrar de estos amores.)

CEL.—¿Espada, señor, o qué? ¡Espada mala mate a tus enemigos y a quien mal te quiere! Que yo la vida te quiero dar con buena esperanza que traigo de aquella que tú más amas.

---

[1] *pelechar:* crecer el pelo a los animales; en sentido figurado, mejorar de estado.

CAL.—¿Buena esperanza, señora?

CEL.—Buena se puede decir, pues queda abierta puerta para mi tornada, y antes me recibirá a mí con esta saya rota, que a otra con seda y brocado.

PÁRM.—(Sempronio, cóseme esta boca, que no lo puedo sufrir. ¡Encajado ha la saya!

SEMP.—¡Callarás, par Dios, o te echaré dende con el diablo! Que si anda rodeando su vestido, hace bien, pues tiene de ello necesidad. Que el abad de do canta, de allí viste².

PÁRM.—Y aun viste como canta. Y esta puta vieja querría en un día por tres pasos desechar todo el pelo malo³, cuanto en cincuenta años no ha podido medrar.

SEMP.—¿Y todo eso es lo que te castigó⁴ y el conocimiento que os teníades y lo que te crió?

PÁRM.—Bien sufriré yo más que pida y pele; pero no todo para su provecho.

SEMP.—No tiene otra tacha sino ser codiciosa; pero déjala barde sus paredes⁵, que después bardará las nuestras o en mal punto nos conoció.)

CAL.—Dime, por Dios, señora, ¿qué hacía? ¿Cómo entraste? ¿Qué tenía vestido? ¿A qué parte de casa estaba? ¿Qué cara te mostró al principio?

CEL.—Aquella cara, señor, que suelen los bravos toros mostrar contra los que lanzan las agudas frechas en el coso, la que los monteses puercos contra los sabuesos que mucho los aquejan.

---

² Refrán, aunque modificado para la ocasión. Normalmente era: «Que el abad, de do canta (misa), de allí yanta (come)».

³ *desechar todo el pelo malo:* salir de la miseria (sigue el lenguaje figurado que comenzó antes con «pelechar»).

⁴ *te castigó:* te enseñó.

⁵ *barde sus paredes:* literalmente, *bardar* es proteger las tapias poniendo paja encima; aquí, en sentido figurado, «buscar su interés».

CAL.—¿Y a ésas llamas señales de salud? Pues ¿cuáles serán mortales? No por cierto la misma muerte; que aquella alivio sería en tal caso de este mi tormento, que es mayor y duele más.

SEMP.—(¿Éstos son los fuegos pasados de mi amo? ¿Qué es esto? ¿No ternía este hombre sufrimiento para oír lo que siempre ha deseado?

PÁRM.—¿Y que calle yo, Sempronio? Pues, si nuestro amo te oye, tan bien te castigará a ti como a mí.

SEMP.—¡Oh, mal fuego te abrase! Que tú hablas en daño de todos y yo a ninguno ofendo. ¡Oh, intolerable pestilencia y mortal te consuma, rijoso[6], envidioso, maldito! ¿Toda ésta es la amistad que con Celestina y conmigo habías concertado? ¡Vete de aquí a la mala ventura!)

CAL.—Si no quieres, reina y señora mía, que desespere y vaya mi ánima condenada a perpetua pena, oyendo esas cosas, certifícame brevemente si hobo buen fin tu demanda gloriosa y la cruda y rigurosa muestra de aquel gesto angélico y matador; pues todo eso más es señal de odio, que de amor.

CEL.—La mayor gloria que al secreto oficio de la abeja se da, a la cual los discretos deben imitar, es que todas las cosas por ella tocadas convierte en mejor de lo que son. De esta manera me ha habido con las zahareñas[7] razones y esquivas de Melibea. Todo su rigor traigo convertido en miel, su ira en mansedumbre, su aceleramiento en sosiego. Pues ¿a qué piensas que iba allá la vieja Celestina, a quien tú, demás de tu merecimiento, magníficamente galardonaste, sino a ablandar su saña, a sufrir su accidente, a ser escudo de tu ausencia, a recibir en mi manto los golpes, los des-

---

[6] *rijoso:* camorrista, dispuesto a la riña.
[7] *zahareñas:* despectivas.

víos, los menosprecios, desdenes, que muestran aquéllas en los principios de sus requerimientos de amor,
para que sea después en más tenida su dádiva? Que a
quien más quieren, peor hablan. Y si así no fuese,
ninguna diferencia habría entre las públicas que
aman, a las escondidas doncellas, si todas dijesen «sí»
a la entrada de su primer requerimiento, en viendo
que de alguno eran amadas. Las cuales, aunque están
abrasadas y encendidas de vivos fuegos de amor, por
su honestidad muestran un frío exterior, un sosegado
vulto[8], un apacible desvío, un constante ánimo y casto propósito, unas palabras agras que la propia lengua
se maravilla del gran sufrimiento suyo, que la hacen
forzosamente confesar el contrario de lo que sienten.
Así que para que tú descanses y tengas reposo, mientra te contare por extenso el proceso de mi habla y la
causa que tuve para entrar, sabe que el fin de su razón
y habla fue muy bueno.

CAL.—Agora, señora, que me has dado seguro para que
ose esperar todos los rigores de la respuesta, di cuanto
mandares y como quisieres; que yo estaré atento. Ya
me reposa el corazón, ya descansa mi pensamiento, ya
reciben las venas y recobran su perdida sangre, ya he
perdido temor, ya tengo alegría. Subamos, si mandas,
arriba. En mi cámara me dirás por extenso lo que
aquí he sabido en suma.

CEL.— Subamos, señor.

[2]

PÁRM.—(¡Oh Santa María, y qué rodeos busca este loco
por huir de nosotros, para poder llorar a su placer con
Celestina de gozo y por descubrirle mil secretos de su

---

[8] *vulto:* cara.

liviano y desvariado apetito, por preguntar y responder seis veces cada cosa, sin que esté presente quien le pueda decir que es prolijo! Pues mándote[9] yo, desatinado, que tras ti vamos.)

CAL.—Mira, señora, qué hablar trae Pármeno, cómo se viene santiguando de oír lo que has hecho de tu gran diligencia. Espantado está, por mi fe, señora Celestina. Otra vez se santigua. Sube, sube, sube, y asiéntate, señora, que de rodillas quiero escuchar tu suave respuesta; y dime luego, ¿la causa de tu entrada, qué fue?

CEL.—Vender un poco de hilado, con que tengo cazadas más de treinta de su estado, si a Dios ha placido, en este mundo, y algunas mayores.

CAL.—Eso será de cuerpo, madre; pero no de gentileza, no de estado, no de gracia y discreción, no de linaje, no de presunción con merecimiento, no en virtud, no en habla.

PÁRM.—(Ya escurre eslabones[10] el perdido. Ya se desconciertan sus badajadas[11]. Nunca da menos de doce; siempre está hecho reloj de mediodía. Cuenta, cuenta, Sempronio, que estás desbabado oyéndole a él locuras y a ella mentiras.

SEMP.—¡Oh maldiciente venenoso! ¿Por qué cierras las orejas a lo que todos los del mundo las aguzan, hecho serpiente que huye la voz del encantador? Que sólo por ser de amores estas razones, aunque mentiras, las habías de escuchar con gana.)

CEL.—Oye, señor Calisto, y verás tu dicha y mi solicitud qué obraron. Que en comenzando yo a vender y poner en precio mi hilado, fue su madre de Melibea

---

[9] *mándote:* te prometo.
[10] *escurre eslabones:* pierde la cordura, dice tonterías (como hoy diríamos «le falta un tornillo»).
[11] *badajadas:* literalmente, golpes de campana; aquí, tonterías.

llamada para que fuese a visitar una hermana suya enferma. Y como le fuese necesario ausentarse, dejó en su lugar a Melibea para...

CAL.—¡Oh gozo sin par! ¡Oh singular oportunidad! ¡Oh oportuno tiempo! ¡Oh, quién estuviera allí debajo de tu manto, escuchando qué hablaría sola aquella en quien Dios tan extremadas gracias puso!

CEL.—¿Debajo de mi manto, dices? ¡Ay mezquina! Que fueras visto por treinta agujeros que tiene, si Dios no le mejora.

PÁRM.—(Sálgome fuera, Sempronio. Ya no digo nada; escúchatelo tú todo. Si este perdido de mi amo no midiese con el pensamiento cuántos pasos hay de aquí a casa de Melibea y contemplase en su gesto y considerase cómo estaría aviniendo[12] el hilado, todo el sentido puesto y ocupado en ella, él vería que mis consejos le eran más saludables que estos engaños de Celestina.

CAL.—¿Qué es esto, mozos? Estoy yo escuchando atento, que me va la vida; vosotros susurráis, como soléis, por hacerme mala obra y enojo. Por mi amor, que calléis; moriréis de placer con esta señora, según su buena diligencia. Di, señora, ¿qué hiciste, cuando te viste sola?

CEL.—Recibí, señor, tanta alteración de placer, que cualquiera que me viera, me lo conociera en el rostro.

CAL.—Agora la recibo yo; cuanto más quien ante sí contemplaba tal imagen. Enmudecerías con la novedad incogitada[13].

CEL.—Antes me dio más osadía a hablar lo que quise verme sola con ella. Abrí mis entrañas. Díjele mi embajada; cómo penabas tanto por una palabra, de su boca salida en favor tuyo, para sanar un tan gran

---

[12] *aviniendo:* concertando la compra (del hilado).
[13] *incogitada:* impensada.

dolor. Y como ella estuviese suspensa, mirándome, espantada del nuevo mensaje, escuchando hasta ver quién podía ser el que así por necesidad de su palabra penaba o a quién pudiese sanar su lengua, en nombrando tu nombre, atajó mis palabras, dióse en la frente una gran palmada, como quien cosa de grande espanto hobiese oído, diciendo que cesase mi habla y me quitase delante, si no quería hacer a sus servidores verdugos de mi postrimería, agravando mi osadía, llamándome hechicera, alcahueta, vieja falsa, barbuda, malhechora, y otros muchos ignominiosos nombres, con cuyos títulos asombran a los niños de cuna. Y en pos de esto mil amortecimientos y desmayos, mil milagros y espantos, turbado el sentido, bullendo fuertemente los miembros todos a una parte y a otra, herida de aquella dorada frecha, que del sonido de tu nombre le tocó, retorciendo el cuerpo, las manos enclavijadas, como quien se despereza, que parecía que las despedazaba, mirando con los ojos a todas partes, acoceando con los pies el suelo duro. Y yo a todo esto arrinconada, encogida, callando, muy gozosa con su ferocidad; mientra más basqueaba, más yo me alegraba, porque más cerca estaba el rendirse y su caída; pero entretanto que gastaba aquel espumajoso almacén su ira, yo no dejaba mis pensamientos estar vagos ni ociosos, de manera que tuve tiempo para salvar lo dicho [14].

CAL.—Eso me di, señora madre. Que yo he revuelto en mi juicio mientra te escucho y no he hallado desculpa que buena fuese ni conveniente con que lo dicho se cubriese ni colorase, sin quedar terrible sospecha de tu demanda. Porque conozca tu mucho saber, que en

---

[14] *salvar lo dicho:* subsanar lo dicho.

todo me pareces más que mujer; que como su respuesta tú pronosticaste, proveíste con tiempo tu
réplica. ¿Qué más hacía aquella tusca Adeleta[15], cuya
fama, siendo tú viva, se perdiera? La cual tres días
ante de su fin pronunció la muerte de su viejo marido
y de dos hijos que tenía. Ya creo lo que se dice, que el
género flaco de las hembras es más apto para las prestas cautelas, que el de los varones.

CEL.—¿Qué señor? Dije que tu pena era mal de muelas
y que la palabra que de ella quería era una oración,
que ella sabía, muy devota, para ellas.

CAL.—¡Oh, maravillosa astucia! ¡Oh singular mujer en
su oficio! ¡Oh cautelosa hembra! ¡Oh melecina presta!
¡Oh discreta en mensajes! ¿Cuál humano seso bastara
a pensar tan alta manera de remedio? De cierto creo,
si nuestra edad alcanzara aquellos pasados Eneas y
Dido, no trabajara tanto Venus para atraer a su hijo el
amor de Elisa, haciendo tomar a Cupido ascánica
forma[16], para la engañar; antes para evitar prolijidad,
pusiera a ti por medianera. Agora doy por bienem-
pleada mi muerte, puesta en tales manos, y creeré
que, si mi deseo no hobiere efecto cual querría, que
no se pudo obrar más, según natura, en mi salud.
¿Qué os parece, mozos? ¿Qué más se pudiera pensar?
¿Hay tal mujer nacida en el mundo?

CEL.—Señor, no atajes mis razones; déjame decir, que se
va haciendo noche. Ya sabes, quien mal hace aborrece
claridad y, yendo a mi casa, podré haber algún mal
encuentro.

---

[15] *tusca Adeleta:* fue una profetisa toscana.
[16] En *La Eneida*, del poeta romano Virgilio, Venus hizo que Cupido
se convirtiera en el hijo de Eneas, Ascanio (de ahí lo de «ascánica
forma»), para que Dido (reina de Cartago, también llamada Elisa), se
enamorase de él.

CAL.—¿Qué, qué? Sí, que hachas y pajes hay, que te acompañen.

PÁRM.—(¡Sí, sí; porque no fuercen a la niña! Tú irás con ella, Sempronio, que ha temor de los grillos que cantan con lo escuro.)

CAL.—¿Dices algo, hijo Pármeno?

PÁRM.—Señor, que yo y Sempronio será bueno que la acompañemos hasta su casa, que hace mucho escuro.

CAL.—Bien dicho es. Después será. Procede en tu habla y dime qué más pasaste. ¿Qué te respondió a la demanda de la oración?

CEL.—Que la daría de su grado.

CAL.—¿De su grado? ¡Oh Dios mío, qué alto don!

CEL.—Pues más le pedí.

CAL.—¿Qué, mi vieja honrada?

CEL.—Un cordón, que ella trae continuo ceñido, diciendo que era provechoso para tu mal, porque había tocado muchas reliquias.

CAL.—¿Pues qué dijo?

CEL.—¡Dame albricias! Decírtelo he.

CAL.—¡Oh, por Dios, toma toda esta casa y cuanto en ella hay y dímelo o pide lo que querrás!

CEL.—Por un manto, que tú des a la vieja, te dará en tus manos el mismo que en su cuerpo ella traía.

CAL.—¿Qué dices de manto? Manto y saya y cuanto yo tengo.

CEL.—Manto he menester y éste terné yo en harto[17]. No te alargues más. No pongas sospechosa duda en mi pedir. Que dicen que ofrecer mucho al que poco pide es especie de negar.

CAL.—¡Corre, Pármeno, llama a mi sastre y corte luego

---

[17] *en harto:* como suficiente.

un manto y una saya de aquel contray, que se sacó para frisado![18]

PÁRM.—(¡Así, así! A la vieja todo, porque venga cargada de mentiras como abeja y a mí que me arrastren. Tras esto anda ella hoy todo el día con sus rodeos.)

CAL.—¡De qué gana va el diablo! No hay cierto tan malservido hombre como yo, manteniendo mozos adevinos, rezongadores, enemigos de mi bien. ¿Qué vas, bellaco, rezando? Envidioso, ¿qué dices, que no te entiendo? Ve donde te mando presto y no me enojes, que harto basta mi pena para me acabar; que también habrá para ti sayo en aquella pieza.

PÁRM.—No digo, señor, otra cosa, sino que es tarde para que venga el sastre.

CAL.—¿No digo yo que adevinas? Pues quédese para mañana. Y tú, señora, por amor mío te sufras, que no se pierde lo que se dilata. Y mándame mostrar aquel santo cordón, que tales miembros fue digno de ceñir. ¡Gozarán mis ojos con todos los otros sentidos, pues juntos han sido apasionados! ¡Gozará mi lastimado corazón, aquel que nunca recibió momento de placer, después que aquella señora conoció! Todos los sentidos le llegaron, todos acorrieron a él con sus esportillas de trabajo. Cada uno le lastimó quanto más pudo; los ojos en vella, los oídos en oílla, las manos en tocalla.

CEL.—¿Que la has tocado, dices? Mucho me espantas.

CAL.—Entre sueños, digo.

CEL.—¿En sueños?

CAL.—En sueños la veo tantas noches, que temo no me acontezca como a Alcibíades o a Sócrates[19], que el

---

[18] *contray:* paño fino como el de Courtrai (Flandes); *frisado:* paño del que se cardaba el pelo.

[19] Sócrates fue un filósofo griego, y Alcibíades, uno de sus discípulos.

uno soñó que se veía envuelto en el manto de su amiga y otro día matáronle, y no hobo quien le alzase de la calle ni cubriese, sino ella con su manto; el otro veía que le llamaban por nombre y murió dende a tres días; pero en vida o en muerte, alegre me sería vestir su vestidura.

CEL.—Asaz tienes pena, pues, cuando los otros reposan en sus camas, preparas tú el trabajo para sufrir otro día. Esfuérzate, señor, que no hizo Dios a quien desamparase. Da espacio a tu deseo. Toma este cordón, que, si yo no me muero, yo te daré a su ama.

CAL.—¡Oh nuevo huésped! ¡Oh bienaventurado cordón, que tanto poder y merecimiento tuviste de ceñir aquel cuerpo, que yo no soy digno de servir! ¡Oh ñudos de mi pasión, vosotros enlazasteis mis deseos! ¡Decidme si os hallasteis presentes en la desconsolada respuesta de aquella a quien vosotros servís y yo adoro y, por más que trabajo noches y días, no me vale ni aprovecha!

CEL.—Refrán viejo es: quien menos procura, alcanza más bien. Pero yo te haré procurando conseguir lo que siendo negligente no habrías. Consuélate señor, que en una hora no se ganó Zamora; pero no por eso desconfiaron los combatientes.

CAL.—¡Oh desdichado! Que las ciudades están con piedras cercadas y a piedras, piedras las vencen; pero esta mi señora tiene el corazón de acero. No hay metal que con él pueda; no hay tiro que le melle. Pues poned escalas en su muro: unos ojos tiene con que echa saetas, una lengua llena de reproches y desvíos, el asiento[20] tiene en parte que a media legua no le pueden poner cerco.

---

[20] *asiento:* cuartel.

CEL.—¡Calla, señor, que el buen atrevimiento de un solo hombre ganó a Troya![21] No desconfíes, que una mujer puede ganar otra. Poco has tratado mi casa; no sabes bien lo que yo puedo.

CAL.—Cuanto dijeres, señora, te quiero creer, pues tal joya como ésta me trujiste. ¡Oh mi gloria y ceñidero de aquella angélica cintura! Yo te veo y no lo creo. ¡Oh cordón, cordón! ¿Fuísteme tú enemigo? Dilo cierto. Si lo fuiste, yo te perdono, que de los buenos es propio las culpas perdonar. No lo creo: que, si fueras contrario, no vinieras tan presto a mi poder, salvo si vienes a desculparte. Conjúrote me respondas, por la virtud del gran poder que aquella señora sobre mí tiene.

CEL.—Cesa ya, señor, ese devanear, que a mí tienes cansada de escucharte y al cordón, roto de tratarlo.

CAL.—¡Oh mezquino de mí! Que asaz bien me fuera del cielo otorgado, que de mis brazos fueras hecho y tejido, y no de seda como eres, porque ellos gozaran cada día de rodear y ceñir con debida reverencia aquellos miembros que tú, sin sentir ni gozar de la gloria, siempre tienes abrazados. ¡Oh, qué secretos habrás visto de aquella excelente imagen!

CEL.—Más verás tú, y con más sentido, si no lo pierdes hablando lo que hablas.

CAL.—Calla, señora, que él y yo nos entendemos. ¡Oh mis ojos! Acordaos cómo fuistes causa y puerta por donde fue mi corazón llagado, y que aquél es visto hacer el daño, que da la causa[22]. Acordaos que sois deudores de la salud. Remirad la melecina que os viene hasta casa.

---

[21] Se refiere a Sinón, que preparó el caballo de madera que entró en Troya lleno de asaltantes griegos.

[22] *aquél es visto hacer el daño, que da la causa:* se considera culpable al mismo objeto (en este caso, a los ojos) que da la causa del mal.

SEMP.—Señor, por holgar con el cordón, no querrás gozar de Melibea.

CAL.—¿Qué, loco, desvariado, atajasolaces[23]; cómo es eso?

SEMP.—Que mucho hablando matas a ti y a los que te oyen. Y así que perderás la vida o el seso. Cualquiera que falte, basta para quedarte a escuras. Abrevia tus razones; darás lugar a las de Celestina.

CAL.—¿Enójote, madre, con mi lengua razón, o está borracho este mozo?

CEL.—Aunque no lo esté, debes, señor, cesar tu razón, dar fin a tus luengas querellas, tratar al cordón como cordón, porque sepas hacer diferencia de habla cuando con Melibea te veas; no haga tu lengua iguales la persona y el vestido.

CAL.—¡Oh mi señora, mi madre, mi consoladora! Déjame gozar con este mensajero de mi gloria. Oh lengua mía, ¿por qué te impides en otras razones, dejando de adorar presente la excelencia de quien por ventura jamás verás en tu poder? ¡Oh mis manos, con qué atrevimiento, con cuán poco acatamiento tenéis y tratáis la triaca[24] de mi llaga! Ya no podrán empecer las hierbas, que aquel crudo caxquillo traía envueltas en su aguda punta[25]. Seguro soy, pues quien te dio la herida, la cura. ¡Oh tú, señora, alegría de las viejas mujeres, gozo de las mozas, descanso de los fatigados como yo! No me hagas más penado con tu temor, que me hace mi vergüenza. Suelta la rienda a mi contemplación, déjame salir por las calles con esta joya, porque los que me vieren sepan que no hay más bienandante hombre que yo.

---

[23] *atajasolaces:* aguafiestas.

[24] *triaca:* medicina.

[25] Se refiere a la flecha de Cupido que tenía el casquillo de su punta envenenado.

SEMP.—No afistoles[26] tu llaga cargándola de más deseo. No es, señor, el solo cordón del que pende tu remedio.

CAL.—Bien lo conozco; pero no tengo sufrimiento para me abstener de adorar tan alta empresa.

CEL.—¿Empresa? Aquella es empresa que de grado es dada; pero ya sabes que lo hizo por amor de Dios, para guarecer tus muelas, no por el tuyo, para cerrar tus llagas. Pero si yo vivo, ella volverá la hoja.

CAL.—¿Y la oración?

CEL.—No se me dio por agora.

CAL.— ¿Qué fue la causa?

CEL.—La brevedad del tiempo; pero quedó, que si tu pena no aflojase, que tornase mañana por ella.

CAL.— ¿Aflojar? Entonce aflojará mi pena, cuando su crueldad.

CEL. —Asaz, señor, basta lo dicho y hecho. Obligada queda, según lo que mostró, a todo lo que para esta enfermedad yo quisiere pedir, según su poder. Mira, señor, si esto basta la primera vista. Yo me voy. Cumple señor, que si salieres mañana, lleves rebozado un paño, porque si de ella fueres visto, no acuse de falsa mi petición[27].

CAL.—Y aun cuatro por tu servicio. Pero dime, par Dios, ¿pasó más? Que muero por oír palabras de aquella dulce boca. ¿Cómo fuiste tan osada, que, sin la conocer, te mostraste tan familiar en tu entrada y demanda?

CEL.—¿Sin la conocer? Cuatro años fueron mis vecinas. Trataba con ellas, hablaba y reía de día y de noche.

---

[26] *afistoles:* hagas fístula; Sempronio le pide a su señor que no agrave su deseo (que no haga de la llaga fístula).

[27] Celestina quiere que Calisto finja el dolor de muelas con un paño en torno a la boca por si Melibea lo viera.

Mejor me conoce su madre que a sus mismas manos; aunque Melibea se ha hecho grande, mujer discreta, gentil.

PÁRM.—(Ea, mira, Sempronio, qué te digo al oído.

SEMP.—Dime, ¿qué dices?

PÁRM.—Aquel atento escuchar de Celestina da materia de alargar en su razón a nuestro amo. Llégate a ella, dale del pie, hagámosle de señas que no espere más; sino que se vaya. Que no hay tan loco hombre nacido que solo mucho hable.)

CAL.—¿Gentil dices, señora, que es Melibea? Parece que lo dices burlando. ¿Hay nacida su par en el mundo? ¿Crió Dios otro mejor cuerpo? ¿Puédense pintar tales facciones, dechado de hermosura? Si hoy fuera viva Elena, por quien tanta muerte hobo de griegos y troyanos, o la hermosa Pulicena[28], todas obedecerían a esta señora por quien yo peno. Si ella se hallara presente en aquel debate de la manzana con las tres diosas, nunca sobrenombre de discordia le pusieran[29]. Porque sin contrariar ninguna, todas concedieran y vivieran conformes en que la llevara Melibea. Así que se llamara manzana de concordia. Pues cuantas hoy son nacidas, que de ella tengan noticia, se maldicen, querellan a Dios, porque no se acordó de ellas cuando a esta mi señora hizo. Consumen sus vidas, comen sus carnes con envidia, danles siempre crudos martirios, pensando con artificio igualar con la perfición, que sin trabajo dotó a ella natura. De ellas, pelan sus cejas con tenacicas y pegones y a cordelejos[30]; de ellas, buscan las doradas hierbas, raíces, ramas y flores para

---

[28] Elena (o Helena), a la que raptó Paris, por lo que comenzó la guerra entre griegos y troyanos. Pulicena era la hija del rey de Troya.

[29] Mira la nota 50 del auto primero.

[30] *pegones* y *cordelejos* son materiales para depilar.

hacer lejías, con que sus cabellos semejasen a los de
ella, las caras martillando, envistiéndolas en diversos
matices con ungüentos y unturas, aguas fuertes, posturas[31] blancas y coloradas, que por evitar prolijidad
no las cuento. Pues la que todo esto halló hecho, mira
si merece de un triste hombre como yo ser servida.

CEL.—(Bien te entiendo, Sempronio. Déjale, que él cae-
rá de su asno y acabará.)

CAL.—En la que toda la natura se remiró por la hacer
perfecta. Que las gracias que en todas repartió, las
juntó en ella. Allí hicieron alarde cuanto más acaba-
das pudieron allegarse, porque conociesen los que la
viesen cuánta era la grandeza de su pintor. Solo un
poco de agua clara con un ebúrneo peine basta para
exceder a las nacidas en gentileza. Éstas son sus armas.
Con éstas mata y vence, con éstas me cautivó, con
éstas me tiene ligado y puesto en dura cadena.

CEL.—Calla y no te fatigues. Que más aguda es la lima
que yo tengo, que fuerte esa cadena que te atormenta.
Yo la cortaré con ella, porque tú quedes suelto. Por
ende, dame licencia, que es muy tarde, y déjame llevar el cordón, porque tengo de él necesidad.

CAL.—¡Oh desconsolado de mí! La fortuna adversa me
sigue junta. Que contigo o con el cordón o con entrambos quisiera yo estar acompañado esta noche
luenga y escura. Pero, pues no hay bien cumplido en
esta penosa vida, venga entera la soledad. ¡Mozos,
mozos!

PÁRM.—Señor.

CAL.—Acompaña a esta señora hasta su casa y vaya con
ella tanto placer y alegría, cuanta conmigo queda tristeza y soledad.

---

[31] *posturas:* cosméticos.

CEL.—Quede, señor, Dios contigo. Mañana será mi vuelta, donde mi manto y la respuesta vernán a un punto; pues hoy no hobo tiempo. Y súfrete, señor, y piensa en otras cosas.

CAL.—Eso no, que es herejía olvidar aquella por quien la vida me aplace.

AUTO VII

*H*ABÍAMOS *dejado en el auto anterior a Pármeno en actitud hostil hacia los enredos de Celestina y su compañero Sempronio. Pues bien, esa hostilidad se acaba con la aparición de un nuevo personaje, Areúsa. Date cuenta de cómo Celestina juega con unos y otros. A Pármeno lo encandila con falsas promesas de amor familiar, dándole esperanzas de dinero con el supuestamente oculto tesoro de su padre (¿crees que existe?) y colmando su apetito sexual. Con Areúsa, fíjate cómo Celestina utiliza para su provecho sus dolores de mujer. El acto contiene una situación de timidez y embarazo de los dos jóvenes que Celestina resuelve con su soltura habitual.*

* * *

ARGUMENTO DEL SÉPTIMO AUTO

*C*ELESTINA habla con Pármeno, induciéndole a concordia y amistad de Sempronio. Tráele Pármeno a memoria la promesa, que le hiciera, de le hacer haber a Areúsa, que él mucho amaba. Vanse a casa de Areúsa. Queda ahí la noche Pármeno. Celestina va para su casa. Llama a la puerta. Elicia le viene a abrir, increpándole su tardanza.

PÁRMENO, CELESTINA, AREÚSA, ELICIA
[1]

CEL.—Pármeno, hijo, después de las pasadas razones, no he habido oportuno tiempo para te decir y mostrar el mucho amor que te tengo, y asimismo cómo de mi boca todo el mundo ha oído hasta agora en ausencia bien de ti. La razón no es menester repetirla, porque yo te tenía por hijo, a lo menos casi adoptivo y así que imitaras al natural[1], y tú dasme el pago en mi presencia, pareciéndote mal cuanto digo, susurrando y murmurando contra mí en presencia de Calisto. Bien pensaba yo que, después que concediste en mi buen consejo, que no habías de tornarte atrás. Todavía me parece que te quedan reliquias vanas, hablando por antojo, más que por razón. Desechas el provecho por contentar la lengua. Óyeme, si no me has oído, y mira que soy vieja y el buen consejo mora en los viejos y de los mancebos es propio el deleite. Bien creo que de tu yerro sola la edad tiene culpa. Espero en Dios que serás mejor para mí de aquí adelante, y mudarás el ruin propósito con la tierna edad. Que, como dicen, múdanse las costumbres con la mudanza del cabello y variación; digo, hijo, creciendo y viendo cosas nuevas cada día. Porque la mocedad en sólo lo presente se impide y ocupa a mirar; mas la madura edad no deja presente ni pasado ni porvenir. Si tú tuvieras memoria, hijo Pármeno, del pasado amor que te tuve, la primera posada que tomaste, venido nuevamente a esta ciudad, había de ser la mía. Pero los mozos curáis poco de los viejos. Regísvos a sabor de paladar[2]. Nunca pensáis que tenéis ni habéis de

---

[1] *y así que imitaras al natural:* y que fueses como un hijo natural.
[2] *a sabor de paladar:* a gusto.

tener necesidad de ellos; nunca pensáis en enfermedades; nunca pensáis que os puede faltar esta florecilla de juventud. Pues mira, amigo, que para tales necesidades como éstas, buen acorro es una vieja conocida, amiga, madre y más que madre, buen mesón para descansar sano, buen hospital para sanar enfermo, buena bolsa para necesidad, buena arca para guardar dinero en prosperidad, buen fuego de invierno rodeado de asadores, buena sombra de verano, buena taberna para comer y beber. ¿Qué dirás, loquillo, a todo esto? Bien sé que estás confuso por lo que hoy has hablado. Pues no quiero más de ti. Que Dios no pide más del pecador, de arrepentirse y emendarse. Mira a Sempronio. Yo le hice hombre, de Dios en ayuso[3]. Querría que fuésedes como hermanos, porque estando bien con él, con tu amo y con todo el mundo lo estarías. Mira que es bienquisto, diligente, palanciano[4], buen servidor, gracioso. Quiere tu amistad. Crecería vuestro provecho, dándoos el uno al otro la mano, ni aun habría más privados con vuestro amo que vosotros. Y pues sabe que es menester que ames si quieres ser amado, que no se toman truchas, etc.[5], ni te lo debe Sempronio de fuero. Simpleza es no querer amar y esperar ser amado; locura es pagar el amistad con odio.

PÁRM.—Madre, para contigo digo que mi segundo yerro te confieso, y con perdón de lo pasado, quiero que ordenes lo porvenir. Pero con Sempronio me parece que es imposible sostenerse mi amistad. Él es desvariado, yo malsufrido; conciértame esos amigos.

---

[3] *de Dios ayuso:* de Dios abajo, aparte de lo que hizo Dios.
[4] *palanciano:* cortés.
[5] *no se toman truchas:* «a bragas enjutas», continuaba el refrán.

CEL.—Pues no era ésa tu condición.

PÁRM.—A la mi fe, mientra más fui creciendo, más la primera paciencia me olvidaba. No soy el que solía y asimismo Sempronio no hay ni tiene en qué me aproveche.

CEL.—El cierto amigo en la cosa incierta se conoce, en las adversidades se prueba. Entonces se allega y con más deseo visita la casa que la fortuna próspera desamparó. ¿Qué te diré, hijo, de las virtudes del buen amigo? No hay cosa más amada ni más rara. Ninguna carga rehusa. Vosotros sois iguales; la paridad de las costumbres y la semejanza de los corazones es la que más la sostiene. Cata, hijo mío, que, si algo tienes, guardado se te está. Sabe tú ganar más, que aquello ganado lo hallaste. Buen siglo haya aquel padre que lo trabajó. No se te puede dar hasta que vivas más reposado y vengas en edad cumplida.

PÁRM.—¿A qué llamas reposado, tía?

CEL.—Hijo, a vivir por ti, a no andar por casas ajenas, lo cual siempre andarás, mientra no te supieres aprovechar de tu servicio. Que de lástima que hobe de verte roto, pedí hoy manto, como viste, a Calisto. No por mi manto; pero porque, estando el sastre en casa y tú delante sin sayo, te le diese. Así que, no por mi provecho, como yo sentí que dijiste; mas por el tuyo. Que si esperas al ordinario galardón de estos galanes, es tal, que lo que en diez años sacarás atarás en la manga. Goza tu mocedad, el buen día, la buena noche, el buen comer y beber. Cuando pudieres haberlo, no lo dejes. Piérdase lo que se perdiere. No llores tú la hacienda que tu amo heredó, que esto te llevarás de este mundo, pues no le tenemos más de por nuestra vida. ¡Oh hijo mío Pármeno! Que bien te puedo decir hijo, pues tanto tiempo te crié. Toma mi consejo, pues sale con limpio deseo de verte en alguna honra. ¡Oh cuán dichosa me hallaría en que tú y Sempronio estuviésedes muy conformes, muy amigos, hermanos en todo, viéndoos venir a mi pobre casa a holgar, a verme y aun a desenojaros con sendas mochachas!

PÁRM.—¿Mochachas, madre mía?

CEL.—¡Alahé! Mochachas, digo; que viejas, harto me soy yo. Cual se la tiene Sempronio y aun sin haber tanta razón ni tenerle tanta afición como a ti. Que de las entrañas me sale cuanto te digo.

PÁRM.—Señora, no vives engañada.

CEL.—Y aunque lo viva, no me pena mucho, que también lo hago por amor de Dios y por verte solo en tierra ajena y más por aquellos huesos de quien te me encomendó. Que tú serás hombre y vernás en buen conocimiento y verdadero y dirás: «La vieja Celestina bien me consejaba.»

PÁRM.—Y aun agora lo siento; aunque soy mozo. Que, aunque hoy veías que aquello decía, no era porque me pareciese mal lo que tú hacías; pero porque veía que le consejaba yo lo cierto y me daba malas gracias. Pero de aquí adelante demos tras él. Haz de las tuyas, que yo callaré. Que ya tropecé en no te creer cerca de este negocio con él.

CEL.—Cerca de éste y de otro tropezarás y caerás, mientra no tomares mis consejos, que son de amiga verdadera.

PÁRM.—Agora doy por bienempleado el tiempo que siendo niño te serví, pues tanto fruto trae para la mayor edad. Y rogaré a Dios por el alma de mi padre, que tal tutriz[6] me dejó, y de mi madre, que a tal mujer me encomendó.

---

[6] *tutriz:* tutora.

CEL.—No me la nombres, hijo, por Dios, que se me hinchen los ojos de agua. ¿Y tuve yo en este mundo otra tal amiga, otra tal compañera, tal aliviadora de mis trabajos y fatigas? ¿Quién suplía mis faltas; quién sabía mis secretos; a quién descubría mi corazón; quién era todo mi bien y descanso, sino tu madre, más que mi hermana y comadre? ¡Oh, qué graciosa era, oh, qué desenvuelta, limpia, varonil! Tan sin pena ni temor se andaba a media noche de cimenterio en cimenterio, buscando aparejos para nuestro oficio, como de día. Ni dejaba cristianos ni moros ni judíos, cuyos enterramientos no visitaba. De día los acechaba, de noche los desenterraba. Así se holgaba con la noche escura, como tú con el día claro; decía que aquella era capa de pecadores. ¿Pues maña no tenía con todas las otras gracias? Una cosa te diré, porque veas qué madre perdiste; aunque era para callar. Pero contigo todo pasa. Siete dientes quitó a un ahorcado con unas tenacicas de pelar cejas, mientras yo le descalcé los zapatos. Pues entrar en un cerco[7], mejor que yo y con más esfuerzo; aunque yo tenía harto buena fama, más que agora, que por mis pecados todo se olvidó con su muerte. ¿Qué más quieres, sino que los mismos diablos la habían miedo? Atemorizados y espantados los tenía con las crudas voces que les daba. Así era de ellos conocida, como tú en tu casa. Tumbando[8] venían unos sobre otros a su llamado. No le osaban decir mentira, según la fuerza con que los apremiaba. Después que la perdí, jamás les oí verdad.

---

[7] Es el cerco dentro del que se colocan las hechiceras para invocar al demonio.

[8] *Tumbando:* arrastrándose.

PÁRM.—(No la medre Dios más a esta vieja, que ella me da placer con estos loores de sus palabras.)

CEL.—¿Qué dices, mi honrado Pármeno, mi hijo y más que hijo?

PÁRM.—Digo que ¿cómo tenía esa ventaja mi madre, pues las palabras que ella y tú decíades eran todas unas?

CEL.—¿Cómo, y de eso te maravillas? ¿No sabes que dice el refrán que mucho va de Pedro a Pedro? Aquella gracia de mi comadre no alcanzábamos todas. ¿No has visto en los oficios unos buenos y otros mejores? Así era tu madre, que Dios haya, la prima de nuestro oficio y por tal era de todo el mundo conocida y querida, así de caballeros como clérigos, casados, viejos, mozos y niños. ¿Pues mozas y doncellas? Así rogaban a Dios por su vida, como de sus mismos padres. Con todos tenía quehacer, con todos hablaba. Si salíamos por la calle, cuantos topábamos eran sus ahijados. Que fue su principal oficio partera diez y seis años. Así que, aunque tú no sabías sus secretos, por la tierna edad que habías, agora es razón que los sepas, pues ella es finada y tú hombre.

PÁRM.—Dime, señora, cuando la justicia te mandó prender, estando yo en tu casa, ¿teníades mucho conocimiento?

CEL.—¿Si teníamos, me dices? ¡Como por burla! Juntas lo hicimos, juntas nos sintieron, juntas nos prendieron y acusaron, juntas nos dieron la pena esa vez, que creo que fue la primera. Pero muy pequeño eras tú. Yo me espanto cómo te acuerdas, que es la cosa que más olvidada está en la ciudad. Cosas son que pasan por el mundo. Cada día verás quien peque y pague, si sales a ese mercado.

PÁRM.—Verdad es; pero del pecado lo peor es la perseverancia. Que así como el primer movimiento no es en mano del hombre, así el primero yerro; donde dicen que quien yerra y se enmienda, etc.[9]

CEL.—(Lastimásteme, don loquillo. ¿A las verdades nos andamos? Pues espera, que yo te tocaré donde te duela.)

PÁRM.—¿Qué dices madre?

CEL.—Hijo, digo que sin aquélla, prendieron cuatro veces a tu madre, que Dios haya, sola. Y aun la una le levantaron que era bruja, porque la hallaron de noche con unas candelillas, cogiendo tierra de una encrucijada, y la tuvieron medio día en una escalera en la plaza puesta, uno como rocadero pintado en la cabeza[10]. Pero cosas son que pasan. Algo han de sufrir los hombres en este triste mundo para sustentar sus vidas. Y mira en cuán poco lo tuvo con su buen seso, que ni por eso dejó dende en adelante de usar mejor su oficio. Esto ha venido por lo que decías del perseverar en lo que una vez se yerra. En todo tenía gracia. Que en Dios y en mi conciencia, aun en aquella escalera estaba y parecía que a todos los debajo no tenía en una blanca, según su meneo y presencia. Así que los que algo son como ella y saben y valen, son los que más presto yerran. Verás quién fue Virgilio y qué tanto supo; mas ya habrás oído cómo estuvo en un cesto colgado de una torre, mirándole toda Roma. Pero por eso no dejó de ser honrado ni perdió el nombre de Virgilio[11].

PÁRM.—Verdad es lo que dices; pero eso no fue por justicia.

---

[9] *quien yerra y se enmienda:* «a Dios se encomienda», seguía el refrán.

[10] A los ajusticiados se les exponía en la escalera del cadalso con una mitra (*rocadero*) en el que estaban pintados hechos relacionados con su crimen.

[11] Mira la nota 39 del auto I.

CEL.—¡Calla, bobo! Poco sabes de achaque de iglesia[12] y cuánto es mejor por mano de justicia que de otra manera. Sabíalo mejor el cura, que Dios haya, que viniéndola a consolar, dijo que la santa Escritura tenía que bienaventurados eran los que padecían persecución por la justicia, y que aquéllos poseerían el reino de los cielos. Mira si es mucho pasar algo en este mundo por gozar de la gloria del otro. Y más que, según todos decían, a tuerto[13] y sin razón y con falsos testigos y recios tormentos la hicieron aquella vez confesar lo que no era. Pero con su buen esfuerzo, y como el corazón avezado a sufrir hace las cosas más leves de lo que son, todo lo tuvo en nada. Que mil veces le oía decir; si me quebré el pie, fue por bien, porque soy más conocida que antes. Así que todo esto pasó tu buena madre acá, debemos creer que le dará Dios buen pago allá, si es verdad lo que nuestro cura nos dijo y con esto me consuelo. Pues séme tú, como ella, amigo verdadero y trabaja por ser bueno, pues tienes a quien parezcas. Que lo que tu padre dejó, a buen seguro lo tienes.

PÁRM.—Bien lo creo, madre; pero querría saber qué tanto es.

CEL.—No puede ser agora; verná tu tiempo, como te dije, para que lo sepas y lo oyas.

PÁRM.—Agora dejemos los muertos y las herencias; que si poco me dejaron, poco hallaré; hablemos en los presentes negocios, que nos va más que en traer los pasados a la memoria. Bien se te acordará, no ha mucho que me prometiste que me harías haber a

---

[12] *Poco sabes de achaque de iglesia:* poco sabes de estas cosas; es una frase hecha que Celestina usa para contrarrestar la réplica de Pármeno, que no ve relación entre el cuento de Virgilio y el caso de su madre.

[13] *a tuerto:* torcidamente.

Areúsa, cuando en mi casa te dije cómo moría por sus amores.

CEL.—Sí, te lo prometí, no lo he olvidado, ni creas que he perdido con los años la memoria. Que más de tres jaques[14] ha recibido de mí sobre ello en tu ausencia. Ya creo que estará bien madura. Vamos de camino por su casa, que no se podrá escapar de mate. Que esto es lo menos que yo por ti tengo de hacer.

PÁRM.—Yo ya desconfiaba de la poder alcanzar, porque jamás podía acabar con ella que me esperase a poderle decir una palabra. Y como dicen, mala señal es de amor huir y volver la cara. Sentía en mí gran desfucia[15] de esto.

CEL.—No tengo en mucho tu desconfianza, no me conociendo ni sabiendo, como agora, que tienes tan de tu mano la maestra de estas labores. Pues agora verás cuánto por mi causa vales, cuánto con las tales puedo, cuánto sé en casos de amor. Anda paso. ¿Ves aquí su puerta? Entremos quedo, no nos sientan sus vecinas. Atiende y espera debajo de esta escalera. Subiré yo a ver qué se podrá hacer sobre lo hablado y por ventura haremos más que tú ni yo traemos pensado.

[2]

AREÚSA.—¿Quién anda ahí? ¿Quién sube a tal hora en mi cámara?

CEL.—Quien no te quiere mal, por cierto; quien nunca da paso que no piense en tu provecho; quien tiene más memoria de ti que de sí misma; una enamorada tuya, aunque vieja.

---

[14] *jaques:* término del ajedrez, aquí vale como «ataque». El párrafo sigue con la comparación ajedrecística cuando habla de *mate*.
[15] *desfucia:* desconfianza.

AREÚ.—(¡Válala el diablo a esta vieja, con qué viene como huestantigua[16] a tal hora!) Tía, señora, ¿qué buena venida es ésta tan tarde? Ya me desnudaba para acostar.

CEL.—¿Con las gallinas, hija? Así se hará la hacienda. ¡Andar, pase! Otro es el que ha de llorar las necesidades, que no tú. Hierba pace quien lo cumple[17]. Tal vida quienquiera se la querría.

AREÚ.—¡Jesú! Quiérome tornar a vestir, que he frío.

CEL.—No harás, por mi vida; sino éntrate en la cama, que desde allí hablaremos.

AREÚ.—Así goce de mí, pues que lo he bien menester, que me siento mala hoy todo el día. Así que necesidad, más que vicio, me hizo tomar con tiempo las sábanas por faldetas.

CEL.—Pues no estés asentada; acuéstate, métete debajo de la ropa, que pareces serena[18].

AREÚ.—Bien me dices, señora tía.

CEL.—¡Ay cómo huele toda la ropa en bulléndote! ¡Aosadas, que está todo a punto! Siempre me pagué de tus cosas y hechos, de tu limpieza y atavío. ¡Fresca que estás! ¡Bendígate Dios! ¡Qué sábanas y colcha! ¡Qué almohadas y qué blancura! Tal sea mi vejez, cual todo me parece perla de oro. Verás si te quiere bien quien te visita a tales horas. Déjame mirarte toda a mi voluntad, que me huelgo.

AREÚ.—¡Paso, madre, no llegues a mí, que me haces coxquillas y provócasme a reír y la risa acreciéntame el dolor!

---

[16] *huestantigua:* estantigua, fantasma.

[17] *Hierba pace quien lo cumple:* adaptación del refrán «asno pace quien lo cumple», que quiere decir que quien quiere algo tiene que esforzarse para conseguirlo.

[18] *serena:* sirena; Celestina lo dice porque Areúsa, recostada en la cama, se muestra desnuda de cintura para arriba.

CEL.—¿Qué dolor, mis amores? ¿Búrlaste, por mi vida, conmigo?

AREÚ.—Mal gozo vea de mí, si burlo; sino que ha cuatro horas que muero de la madre, que la tengo en los pechos[19], que me quiere sacar del mundo. Que no soy tan viciosa como piensas.

CEL.—Pues dame lugar, tentaré. Que aun algo sé yo de este mal, por mi pecado, que cada una se tiene o ha tenido su madre y sus zozobras de ella.

AREÚ.—Más arriba la siento, sobre el estómago.

CEL.—¡Bendígate Dios y señor San Miguel Ángel, y qué gorda y fresca que estás! ¡Qué pechos y qué gentileza! Por hermosa te tenía hasta agora, viendo lo que todos podían ver; pero agora te digo que no hay en la ciudad tres cuerpos tales como el tuyo, en cuanto yo conozco. No paresce que hayas quince años. ¡Oh, quién fuera hombre y tanta parte alcanzara de ti para gozar tal vista! Por Dios, pecado ganas en no dar parte de estas gracias a todos los que bien te quieren. Que no te las dio Dios para que pasasen en balde por la frescor de tu juventud debajo de seis dobles de paño y lienzo. Cata que no seas avarienta de lo que poco te costó. No atesores tu gentileza, pues es de su natura tan comunicable como el dinero. No seas el perro del hortelano[20]. Y pues tú no puedes de ti propia gozar, goce quien puede. Que no creas que en balde fuiste criada. Que, cuando nace ella, nace él, y cuando él, ella. Ninguna cosa hay criada al mundo superflua ni que acordada razón no proveyese de ella natura. Mira que es pecado fatigar y dar pena a los hombres, pudiéndolos remediar.

---

[19] A Areúsa le duele la matriz (*madre*).
[20] Alusión a un refrán: «Como el perro del hortelano, que ni come las berzas ni las deja comer a nadie».

AREÚ.—¡Alábasme agora, madre, y no me quiere ninguno! Dame algún remedio para mi mal y no estés burlando de mí.

CEL.—De este tan común dolor todas somos, mal pecado, maestras. Lo que he visto a muchas hacer y lo que a mí siempre aprovechaba, te diré. Porque como las calidades de las personas son diversas, así las melecinas hacen diversas sus operaciones y diferentes. Todo olor fuerte es bueno, así como poleo, ruda, ajiensos[21], humo de plumas de perdiz, de romero, de moxquete, de incienso. Recibido con mucha diligencia, aprovecha y afloja el dolor y vuelve poco a poco la madre a su lugar. Pero otra cosa hallaba yo siempre mejor que todas y ésta no te quiero decir, pues tan santa te me haces.

AREÚ.— ¿Qué, por mi vida, madre? ¿Vesme penada y encúbresme la salud?

CEL.—¡Anda, que bien me entiendes, no te hagas boba!

AREÚ.—¡Ya, ya; mala landre me mate, si te entendía! ¿Pero qué quieres que haga? Sabes que se partió ayer aquel mi amigo con su capitán a la guerra. ¿Había de hacerle ruindad?

CEL.—¡Verás y qué daño y qué gran ruindad!

AREÚ.—Por cierto, sí sería. Que me da todo lo que he menester, tiéncme honrada, favoréceme y trátame como si fuese su señora.

CEL.— Pero aunque todo eso sea, mientra no parieres, nunca te faltará este mal y dolor de agora, de lo cual él debe ser causa. Y si no crees en dolor, cree en color[22], y verás lo que viene de su sola compañía.

---

[21] *ajiensos*: ajenjo.
[22] Se trata de un refrán entendido aquí sexualmente: se refiere al color encendido de un hombre (Celestina está pensando en Pármeno; lee atentamente luego la nota 25).

AREÚ.—No es sino mi mala dicha, maldición mala, que mis padres me echaron. Que no está ya por probar todo eso. Pero dejemos eso, que es tarde, y dime a qué fue tu buena venida.

CEL.—Ya sabes lo que de Pármeno te hobe dicho. Quéjaseme que aun verle no quieres. No sé por qué, sino porque sabes que le quiero yo bien y le tengo por hijo. Pues por cierto, de otra manera miro yo tus cosas, que hasta tus vecinas me parecen bien y se me alegra el corazón cada vez que las veo, porque sé que hablan contigo.

AREÚ.—No vives, tía señora, engañada.

CEL.—No lo sé. A las obras creo; que las palabras, de balde las venden dondequiera. Pero el amor nunca se paga sino con puro amor y las obras con obras. Ya sabes el deudo que hay entre ti y Elicia, la cual tiene Sempronio en mi casa. Pármeno y él son compañeros, sirven a este señor que tú conoces y por quien tanto favor podrás tener. No niegues lo que tan poco hacer te cuesta. Vosotras, parientas; ellos, compañeros: mira cómo viene mejor medido que lo queremos. Aquí viene conmigo. Verás si quieres que suba.

AREÚ.—¡Amarga de mí, y si nos ha oído!

CEL.—No, que abajo queda. Quiérole hacer subir. Reciba tanta gracia que le conozcas y hables, y muestres buena cara. Y si tal te pareciere, goce él de ti y tú de él. Que, aunque él gane mucho, tú no pierdes nada.

AREÚ.—Bien tengo, señora, conocimiento como todas tus razones, éstas y las pasadas, se enderezan en mi provecho; pero ¿cómo quieres que haga tal cosa, que tengo a quien dar cuenta, como has oído, y si soy sentida, matarme ha? Tengo vecinas envidiosas. Luego lo dirán. Así que, aunque no haya más mal de perderle, será más que ganaré en agradar al que me mandas.

CEL.—Eso que temes, yo lo proveí primero, que muy paso entramos.

AREÚ.—No lo digo por esta noche, sino por otras muchas.

CEL.—¿Cómo, y de ésas eres? ¿De esa manera te tratas? Nunca tú harás casa con sobrado. Ausente le has miedo; ¿qué harías, si estuviese en la ciudad? En dicha me cabe, que jamás ceso de dar consejos a bobos y todavía hay quien yerre; pero no me maravillo, que es grande el mundo y pocos los experimentados. ¡Ay, ay, hija, si vieses el saber de tu prima y qué tanto le ha aprovechado mi crianza y consejos y qué gran maestra está! Y aun que no se halla ella mal con mis castigos. Que uno en la cama y otro en la puerta y otro, que sospira por ella en su casa, se precia de tener. Y con todos cumple y a todos muestra buena cara y todos piensan que son muy queridos y cada uno piensa que no hay otro y que él solo es el privado y él solo es el que le da lo que ha menester. ¿Y tú piensas que con dos que tengas, en las tablas de la cama lo han de descubrir? ¿De una sola gotera te mantienes? ¡No te sobrarán muchos manjares! No quiero arrendar tus escamochos[23], nunca uno me agradó, nunca en uno puse toda mi afición. Más pueden dos y más cuatro y más dan y más tienen y más hay en qué escoger. No hay cosa más perdida, hija, que el mur que no sabe sino un horado[24]. Si aquél le tapan, no habrá donde se esconda del gato. Quien no tiene sino un ojo, mira a cuánto peligro anda. Una alma sola ni canta ni llora; un solo acto no hace hábito; un fraile solo pocas veces lo encontrarás por la calle;

---

[23] *escamochos*: sobras de comida.
[24] *el mur que no sabe sino un horado*: el ratón que no conoce más que un agujero para esconderse.

una perdiz sola por maravilla vuela; un manjar solo
continuo presto pone hastío; una golondrina no hace
verano; un testigo solo no es entera fe; quien sola una
ropa tiene, presto la envejece. ¿Qué quieres, hija, de
este número uno? Más inconvenientes te diré de él que
años tengo a cuestas. Ten siquiera dos, que es compañía loable y tal cual es éste: como tienes dos orejas, dos
pies, y dos manos, dos sábanas en la cama; como
dos camisas para remudar. Y si más quisieres, mejor te
irá, que mientra más moros, más ganancia; que honra
sin provecho, no es sino como anillo en el dedo. Y
pues entrambos no caben en un saco, acoge la ganancia. Sube, hijo Pármeno.

AREÚ.—¡No suba! Landre me mate, que me fino de empacho, que no le conozco! Siempre hobe vergüenza
de él.

CEL.—Aquí estoy yo que te la quitaré y cubriré y hablaré
por entrambos; que otro tan empachado es él.

[3]

PÁRM.—Señora, Dios salve tu graciosa presencia.

AREÚ.—Gentilhombre, buena sea tu venida.

CEL.—Llégate acá, asno. ¿Adónde te vas allá asentar al
rincón? No seas empachado, que al hombre vergonzoso el diablo le trajo a palacio. Oídme entrambos lo que
digo. Ya sabes tú, Pármeno amigo, lo que te prometí, y
tú, hija mía, lo que te tengo rogado. Dejada aparte la
dificultad con que me lo has concedido, pocas razones
son necesarias, porque el tiempo no lo padece. Él ha
siempre vivido penado por ti. Pues viendo su pena, sé
que no le querrás matar y aun conozco que él te parece
tal, que no será malo para quedarse acá esta noche en
casa.

AREÚ.—Por mi vida, madre, que tal no se haga; ¡Jesú, no me lo mandes!

PÁRM.—(Madre mía, por amor de Dios, que no salga yo de aquí sin buen concierto. Que me ha muerto de amores su vista. Ofrécele cuanto mi padre te dejó para mí. Dile que le daré cuanto tengo. ¡Ea, díselo, que me parece que no me quiere mirar!)

AREÚ.—¿Qué te dice ese señor a la oreja? ¿Piensa que tengo de hacer nada de lo que pides?

CEL.—No dice, hija, sino que se huelga mucho con tu amistad, porque eres persona tan honrada y en quien cualquier beneficio cabrá bien. Y asimismo que, pues que esto por mi intercesión se hace, que él me promete de aquí adelante ser muy amigo de Sempronio y venir en todo lo que quisiere contra su amo en un negocio, que traemos entre manos. ¿Es verdad, Pármeno? ¿Prométeslo así, como digo?

PÁRM.— Sí prometo, sin duda.

CEL.—(¡Ha, don ruin, palabra te tengo, a buen tiempo te así!) Llégate acá, negligente, vergonzoso, que quiero ver para cuánto eres, ante que me vaya. Retózala en esta cama.

AREÚ.—No será él tan descortés, que entre en lo vedado sin licencia.

CEL.—¿En cortesías y licencias estás? No espero más aquí yo, fiadora que tú amanezcas sin dolor y él sin color?[25] Mas como es un putillo, gallillo, barbiponiente, entiendo que en tres noches no se le demude la cresta. De éstos me mandaban a mí comer en mi tiempo los médicos de mi tierra, cuando tenía mejores dientes.

---

[25] Ahora entenderás mejor la nota 22, cuando Celestina le decía a Areúsa: «si no crees en dolor, cree en color».

AREÚ.—Ay, señor mío, no me trates de tal manera; ten mesura por cortesía; mira las canas de aquella vieja honrada que están presentes; quítate allá, que no soy de aquellas que piensan; no soy de las que públicamente están a vender sus cuerpos por dinero. Así goce de mí, de casa me salga, si hasta que Celestina mi tía sea ida a mi ropa tocas.

CEL.—¿Qué es esto, Areúsa? ¿Qué son estas extrañezas y esquividad, estas novedades y retraimiento? Parece, hija, que no sé yo qué cosa es esto, que nunca vi estar un hombre con una mujer juntos y que jamás pasé por ello ni gocé de lo que gozas y que no sé lo que pasan y lo que dicen y hacen. ¡Guay de quien tal oye como yo! Pues avísote, de tanto, que fui errada como tú y tuve amigos; pero nunca el viejo ni la vieja echaba de mi lado ni su consejo en público ni en mis secretos. Para la muerte que a Dios debo, más quisiera una gran bofetada en mitad de mi cara. Parece que ayer nací, según tu encubrimiento. Por hacerte a ti honesta, me haces a mí necia y vergonzosa y de poco secreto y sin experiencia y me amenguas en mi oficio por alzar a ti en el tuyo. Pues de cosario a cosario no se pierden sino los barriles[26]. Más te alabo yo detrás, que tú te estimas delante.

AREÚ.—Madre, si erré haya perdon y llégate más acá y él haga lo que quisiere. Que más quiero tener a ti contenta, que no a mí; antes me quebraré un ojo que enojarte.

CEL.—No tengo enojo; pero dígotelo para adelante. Quedaos a Dios, que voyme solo porque me hacéis dentera con vuestro besar y retozar. Que aun el sabor en las encías me quedó; no le perdí con las muelas.

AREÚ.—Dios vaya contigo.

---

[26] *de cosario ... los barriles:* un *cosario* es un comerciante; el refrán quiere decir que entre gente del mismo oficio no hay secretos.

PÁRM.—Madre, ¿mandas que te acompañe?

CEL.—Sería quitar a un santo por poner en otro. Acompáñeos Dios; que yo vieja soy; no he temor que me fuercen en la calle.

[4]

ELIC.—El perro ladra. ¿Si viene este diablo de vieja?

CEL.—Tha, tha, tha.

ELIC.—¿Quién es? ¿Quién llama?

CEL.—Bájame abrir, hija.

ELIC.—¿Estas son tus venidas? Andar de noche es tu placer. ¿Por qué lo haces? ¿Qué larga estada fue ésta? Nunca sales para volver a casa. Por costumbre lo tienes; cumpliendo con uno, dejas ciento descontentos. Que has sido hoy buscada del padre de la desposada que llevaste el día de Pascua al racionero[27], que la quiere casar de aquí a tres días y es menester que la remedies, pues que se lo prometiste, para que no sienta su marido la falta de la virginidad.

CEL.—No me acuerdo, hija, por quién dices.

ELIC.—¿Cómo no te acuerdas? Desacordada eres, cierto. ¡Oh, cómo caduca la memoria! Pues, por cierto, tú me dijiste, cuando la llevabas, que la habías renovado siete veces.

CEL.—No te maravilles, hija. Quien en muchas partes derrama su memoria, en ninguna la puede tener. Pero, dime si tornará.

ELIC.—¡Mira si tornará! Tiénete dado una manilla[28] de oro en prendas de tu trabajo, ¿y no había de venir?

CEL.—¿La de la manilla es? Ya sé por quién dices. ¿Por qué tú no tomabas en aparejo y comenzabas a hacer

---

[27] *racionero:* es un cargo eclesiástico.
[28] *manilla:* pulsera.

algo? Pues en aquellas tales te habías de avezar y de probar, de cuantas veces me lo has visto hacer. Si no, ahí te estarás toda tu vida, hecha bestia sin oficio ni renta. Y cuando seas de mi edad, llorarás la holgura de agora. Que la mocedad ociosa acarrea la vejez arrepentida y trabajosa. Hacíalo yo mejor, cuando tu abuela, que Dios haya, me mostraba este oficio; que a cabo de un año sabía más que ella.

ELIC.—No me maravillo, que muchas veces, como dicen, al maestro sobrepuja el buen discípulo. Y no va esto, sino en la gana con que se aprende. Ninguna ciencia es bien empleada en el que no le tiene afición. Yo le tengo a este oficio odio; tú mueres tras ello.

CEL.—Tú te lo dirás todo. Pobre vejez quieres. ¿Piensas que nunca has de salir de mi lado?

ELIC.—Por Dios, dejemos enojo y al tiempo el consejo. Hayamos mucho placer. Mientra hoy tuviéremos de comer, no pensemos en mañana. También se muere el que mucho allega como el que pobremente vive, y el doctor como el pastor y el papa como el sacristán y el señor como el siervo y el de alto linaje como el bajo, y tú con oficio como yo sin ninguno. No habemos de vivir para siempre. Gocemos y holguemos, que la vejez pocos la ven y de los que la ven ninguno murió de hambre. No quiero en este mundo sino día y vito[29] y parte en paraíso. Aunque los ricos tienen mejor aparejo para ganar la gloria que quien poco tiene, no hay ninguno contento, no hay quien diga: harto tengo; no hay ninguno que no trocase mi placer por sus dineros. Dejemos cuidados ajenos y acostémonos, que es hora. Que más me engordará un buen sueño sin temor, que cuanto tesoro hay en Venecia.

---

[29] *día y vito:* vida y sustento (*vito*).

*F*ÍJATE *qué contento está Pármeno. Por cierto, que bien poco ha servido su compañía para paliar los males de Areúsa (aquí el texto presenta una intención cómica). Por fin Pármeno va a aceptar los hechos, tal y como quiere Celestina, aunque Sempronio en un principio no cree en su cambio de actitud. Observa cómo se ríen los dos criados de su amo, y especialmente de sus versos.*

* * *

ARGUMENTO DEL OCTAVO AUTO

*L*A mañana viene. Despierta Pármeno. Despedido de Areúsa, va para casa de Calisto su señor. Halló a la puerta a Sempronio. Conciertan su amistad. Van juntos a la cámara de Calisto. Hállanle hablando consigo mismo. Levantado, va a la iglesia.

SEMPRONIO, PÁRMENO, AREÚSA, CALISTO

[1]

PÁRM.—¿Amanece o qué es esto, que tanta claridad está en esta cámara?

AREÚ.—¿Qué amanecer? Duerme, señor, que aun agora nos acostamos. No he yo pegado bien los ojos, ¿ya había de ser de día? Abre, por Dios, esa ventana de tu cabecera y verlo has.

PÁRM.—En mi seso estoy yo, señora, que es de día claro, en ver entrar luz entre las puertas. ¡Oh traidor de mí, en qué gran falta he caído con mi amo! De mucha pena soy digno. ¡Oh, qué tarde que es!

AREÚ.—¿Tarde?

PÁRM.—Y muy tarde.

AREÚ.—Pues así goce de mi alma, no se me ha quitado el mal de la madre. No sé cómo pueda ser.

PÁRM.—¿Pues qué quieres, mi vida?

AREÚ.—Que hablemos en mi mal.

PÁRM.—Señora mía, si lo hablado no basta, lo que más es necesario me perdona, porque es ya mediodía. Si voy más tarde, no seré bien recibido de mi amo. Yo verné mañana y cuantas veces después mandares. Que por eso hizo Dios un día tras otro, porque lo que el uno no bastase, se cumpliese en otro. Y aun porque más nos veamos, reciba de ti esta gracia, que te vayas hoy a las doce del día a comer con nosotros a su casa de Celestina.

AREÚ.—Que me place de buen grado. Ve con Dios, junta tras ti la puerta.

PÁRM.—A Dios te quedes.

[2]

PÁRM.—¡Oh placer singular! ¡Oh singular alegría! ¿Cuál hombre es ni ha sido más bienaventurado que yo? ¿Cuál más dichoso y bienandante? ¡Que un tan excelente don sea por mí poseído y cuan presto pedido tan presto alcanzado! Por cierto, si las traiciones de

esta vieja con mi corazón yo pudiese sufrir, de rodillas
había de andar a la complacer. ¿Con qué pagaré yo
esto? ¡Oh alto Dios! ¿A quién contaría yo este gozo?
¿A quién descubriría tan gran secreto? ¿A quién daré
parte de mi gloria? Bien me decía la vieja que de
ninguna prosperidad es buena la posesión sin compañía. El placer no comunicado no es placer. ¿Quién
sentiría esta mi dicha, como yo la siento? A Sempronio
veo a la puerta de casa. Mucho ha madrugado. Trabajo
tengo con mi amo si es salido fuera. No será, que no es
acostumbrado; pero, como agora no anda en su seso,
no me maravillo que haya pervertido su costumbre.

[3]

SEMP.—Pármeno, hermano, si yo supiese aquella tierra
donde se gana el sueldo durmiendo, mucho haría por
ir allá, que no daría ventaja a ninguno; tanto ganaría
como otro cualquiera. ¿Y cómo, holgazán, descuidado, fuiste para no tornar? No sé qué crea de tu tardanza, sino que te quedaste a escalentar la vieja esta
noche o a rascarle los pies, como cuando chiquito.
PÁRM.—¡Oh Sempronio, amigo y más que hermano,
por Dios no corrompas mi placer, no mezcles tu ira
con mi sufrimiento, no revuelvas tu descontentamiento con mi descanso, no agües con tan turbia agua el
claro licor del pensamiento que traigo, no enturbies
con tus envidiosos castigos y odiosas reprehensiones
mi placer! Recíbeme con alegría y contarte he maravillas de mi buena andanza pasada.
SEMP.—Dilo, dilo. ¿Es algo de Melibea? ¿Hasla visto?
PÁRM.—¿Qué de Melibea? Es de otra que yo más quiero
y aun tal que, si no estoy engañado, puede vivir con
ella en gracia y hermosura. Sí, que no se encerró el
mundo y todas sus gracias en ella.

SEMP.—¿Qué es esto, desvariado? Reírme querría, sino que no puedo. ¿Ya todos amamos? El mundo se va a perder. Calisto a Melibea, yo a Elicia, tú de envidia has buscado con quien perder ese poco de seso que tienes.

PÁRM.—¿Luego locura es amar y yo soy loco y sin seso? Pues si la locura fuese dolores, en cada casa habría voces.

SEMP.—Según tu opinión, sí eres. Que yo te he oído dar consejos vanos a Calisto y contradecir a Celestina en cuanto habla y, por impedir mi provecho y el suyo, huelgas de no gozar tu parte. Pues a las manos me has venido, donde te podré dañar y lo haré.

PÁRM.—No es, Sempronio, verdadera fuerza ni poderío dañar y empecer; mas aprovechar y guarecer, y muy mayor, quererlo hacer. Yo siempre te tuve por hermano. No se cumpla, por Dios, en ti lo que se dice, que pequeña causa desparte conformes amigos. Muy mal me tratas. No sé dónde nazca este rencor. No me indignes, Sempronio, con tan lastimeras razones. Cata que es muy rara la paciencia que agudo baldón no penetre y traspase.

SEMP.—No digo mal en esto; sino que se eche otra sardina para el mozo de caballos[1], pues tú tienes amiga.

PÁRM.—Estás enojado. Quiérote sufrir, aunque más mal me trates, pues dicen que ninguna humana pasión es perpetua ni durable.

SEMP.—Más maltratas tú a Calisto, aconsejando a él lo que para ti huyes, diciendo que se aparte de amar a Melibea, hecho tablilla de mesón, que para sí no tiene abrigo y dale a todos[2]. ¡Oh Pármeno, agora podrás

---

[1] Es una expresión coloquial para burlarse de la llegada de alguien.

[2] *tablilla de mesón...:* una mesa que en las tabernas se dejaba fuera de

ver cuán fácil cosa es reprehender vida ajena y cuán
duro guardar cada cual la suya! No digo más, pues tú
eres testigo. Y de aquí adelante veremos cómo te has,
pues ya tienes tu escudilla como cada cual. Si tú amigo fueras, en la necesidad que de ti tuve, me habías de
favorecer y ayudar a Celestina en mi provecho; que
no hincar un clavo de malicia a cada palabra. Sabe
que, como la hez de la taberna despide a los borrachos, así la adversidad o necesidad al fingido amigo;
luego se descubre el falso metal, dorado por encima.

PÁRM.—Oídolo había decir y por experiencia lo veo,
nunca venir placer sin contraria zozobra en esta triste
vida. A los alegres, serenos y claros soles, nublados
escuros y lluvias vemos suceder; a los solaces y placeres, dolores y muertes los ocupan; a las risas y deleites,
llantos y lloros y pasiones mortales los siguen; finalmente, a mucho descanso y sosiego, mucho pesar y
tristeza. ¿Quién pudiera tan alegre venir, como yo
agora? ¿Quién tan triste recibimiento padecer? ¿Quién
verse, como yo me vi, con tanta gloria alcanzada con
mi querida Areúsa? ¿Quién caer de ella siendo tan
maltratado tan presto, como yo de ti? Que no me has
dado lugar a poderte decir cuánto soy tuyo, cuánto te
he de favorecer en todo, cuánto soy arrepiso[3] de lo
pasado, cuántos consejos y castigos buenos he recibido de Celestina en tu favor y provecho de todos;
cómo, pues, este juego de nuestro amo y Melibea está
entre las manos, podemos agora medrar o nunca.

SEMP.—Bien me agradan tus palabras, si tales tuvieses
las obras, a las cuales espero para haberte de creer.

---

la puerta; *...que para sí no tiene abrigo y dale a todos:* que para sí misma
no tiene refugio y se lo da a todos.

[3] *arrepiso:* arrepentido.

Pero, por Dios, me digas qué es eso que dijiste de Areúsa. Parece que conoces tú a Areúsa, su prima de Elicia.

PÁRM.—¿Pues qué es todo el placer que traigo, sino haberla alcanzado?

SEMP.—¡Cómo se lo dice el bobo! De risa no puedo hablar. ¿A qué llamas haberla alcanzado? ¿Estaba a alguna ventana o qué es eso?

PÁRM.—A ponerla en duda si queda preñada o no.

SEMP.—Espantado me tienes. Mucho puede el continuo trabajo; una continua gotera horaca[4] una piedra.

PÁRM.—Verás qué tan continuo, que ayer lo pensé, ya la tengo por mía.

SEMP.—¡La vieja anda por ahí!

PÁRM.—¿En qué lo ves?

SEMP.—Que ella me había dicho que te quería mucho y que te la haría haber. Dichoso fuiste; no hiciste sino llegar a recaudar. Por esto dicen, más vale a quien Dios ayuda, que quien mucho madruga. Pero tal padrino tuviste.

PÁRM.—Di madrina, que es más cierto. Así que, quien a buen árbol se arrima... Tarde fui; pero temprano recaudé. Oh, hermano, ¿qué te contaría de sus gracias de aquella mujer, de su habla y hermosura de cuerpo? Pero quede para más oportunidad.

SEMP.—¿Puede ser sino prima de Elicia? No me dirás tanto, cuanto estotra no tenga más. Todo te lo creo. Pero ¿qué te cuesta? ¿Hasle dado algo?

PÁRM.—No, cierto. Mas, aunque hobiera, era bien empleado; de todo bien es capaz. En tanto son las tales tenidas, cuanto caras son compradas; tanto valen, cuanto cuestan. Nunca mucho costó poco, sino a mí

---

[4] *horaca:* horada, agujerea.

esta señora. A comer la convidé para casa de Celestina, y si te place, vamos todos allá.

SEMP.—¿Quién hermano?

PÁRM.—Tú y ella y allá está la vieja y Elicia. Habremos placer.

SEMP.—¡Oh Dios, y cómo me has alegrado! Franco eres, nunca te faltaré. Cómo te tengo por hombre, cómo creo que Dios te ha de hacer bien. Todo el enojo, que de tus pasadas hablas tenía, se me ha tornado en amor. No dudo ya tu confederación con nosotros ser la que debe. Abrazarte quiero. Seamos como hermanos, ¡vaya el diablo para ruin![5] Sea lo pasado cuestión de San Juan[6] y así paz para todo el año. Que las iras de los amigos siempre suelen ser reintegración del amor. Comamos y holguemos, que nuestro amo ayunará por todos.

PÁRM.—¿Y qué hace el desesperado?

SEMP.—Allí está tendido en el estrado cabe[7] la cama, donde le dejaste anoche. Que ni ha dormido ni está despierto. Si allá entro, ronca; si me salgo, canta o devanea. No le tomo tiento, si con aquello pena o descansa.

PÁRM.—¿Qué dices? ¿Y nunca me ha llamado ni ha tenido memoria de mí?

SEMP.—No se acuerda de sí, ¿acordarse ha de ti?

PÁRM.—Aun hasta en esto me ha corrido buen tiempo. Pues que así es, mientra recuerda, quiero enviar la comida que la aderecen.

SEMP.—¿Qué has pensado enviar, para que aquellas loquillas te tengan por hombre cumplido, bien criado y franco?

---

[5] *vaya el diablo para ruin:* se dice cuando se concierta paz, suponiendo que el diablo es quien alimenta las disputas.

[6] Se alude a un refrán: «Las riñas de por San Juan son paz para todo el año».

[7] *cabe:* al lado.

Párm.—En casa llena presto se adereza cena. De lo que hay en la despensa basta para no caer en falta. Pan blanco, vino de Monviedro, un pernil de tocino, y más seis pares de pollos, que trajeron estotro día los renteros de nuestro amo. Que si los pidiere, haréle creer que los ha comido. Y las tórtolas, que mandó para hoy guardar, diré que hedían. Tú serás testigo. Ternemos manera como a él no haga mal lo que de ellas comiere y nuestra mesa esté como es razón. Y allá hablaremos largamente en su daño y nuestro provecho con la vieja cerca de estos amores.

Semp.—¡Más, dolores! Que por fe tengo que de muerto o loco no escapa esta vez. Pues que así es, despacha, subamos a ver qué hace.

[4]

Cal.—En gran peligro me veo;
　　　En mi muerte no hay tardanza,
　　　Pues que me pide el deseo
　　　Lo que me niega esperanza.

Párm.—(Escucha, escucha, Sempronio. Trovando está nuestro amo.

Semp.—¡Oh hideputa, el trovador! El gran Antipater Sidonio, el gran poeta Ovidio[8], los cuales de improviso se les venían las razones metrificadas a la boca. ¡Sí, sí, de ésos es! ¡Trovará el diablo! Está devaneando entre sueños.)

Cal.—Corazón, bien se te emplea
　　　Que penes y vivas triste,
　　　Pues tan presto te venciste
　　　Del amor de Melibea.

---

[8] Antipater Sidonio es un poeta griego, Ovidio, romano.

PÁRM.—(¿No digo yo que trova?)

CAL.—¿Quién habla en la sala? ¡Mozos!

PÁRM.—¿Señor?

CAL.—¿Es muy noche? ¿Es hora de acostar?

PÁRM.—¡Mas ya es, señor, tarde para levantar!

CAL.—¿Qué dices, loco? ¿Toda la noche es pasada?

PÁRM.—Y aun harta parte del día.

CAL.—Di, Sempronio, ¿miente este desvariado, que me hace creer que es de día?

SEMP.—Olvida, señor, un poco a Melibea y verás la claridad. Que con la mucha que en su gesto contemplas, no puedes ver de encandelado, como perdiz con la calderuela[9].

CAL.—Agora lo creo, que tañen a misa. Dacá mis ropas; iré a la Magdalena. Rogaré a Dios que aderece a Celestina y ponga en corazón a Melibea mi remedio o dé fin en breve a mis tristes días.

SEMP.—No te fatigues tanto, no lo quieras todo en una hora. Que no es de discretos desear con grande eficacia lo que se puede tristemente acabar. Si tú pides que se concluya en un día lo que en un año sería harto, no es mucha tu vida.

CAL.—¿Quieres decir que soy como el mozo del escudero gallego?[10]

SEMP.—No mande Dios que tal cosa yo diga, que eres mi señor. Y demás de esto, sé que, como me galardonas el buen consejo, me castigarías lo malhablado. Aunque dicen que no es igual la alabanza del servicio o buena habla, con la reprehensión y pena de lo malhecho o hablado.

---

[9] Deslumbrado (*encandelado*), como se caza a las perdices de noche, con una vasija con luz (*calderuela*).

[10] Refrán: «El mozo del escudero gallego, que andaba todo el año descalzo, y por un día quería matar al zapatero».

CAL.—No sé quién te avezó[11] tanta filosofía, Sempronio.

SEMP.—Señor, no es todo blanco aquello que de negro no tiene semejanza, ni es todo oro cuanto amarillo reluce. Tus acelerados deseos, no medidos por razón, hacen parecer claros mis consejos. Quisieras tú ayer que te trajeran a la primera habla amanojada[12] y envuelta en su cordón a Melibea, como si hobieras enviado por otra cualquiera mercaduría a la plaza, en que no hobiera más trabajo de llegar y pagalla. Da, señor, alivio al corazón, que en poco espacio de tiempo no cabe gran bienaventuranza. Un solo golpe no derriba un roble. Apercíbete con sufrimiento, porque la prudencia es cosa loable y el apercibimiento resiste el fuerte combate.

CAL.—Bien has dicho, si la cualidad de mi mal lo consintiese.

SEMP.—¿Para qué, señor, es el seso, si la voluntad priva a la razón?

CAL.—¡Oh loco, loco! Dice el sano al doliente: «Dios te dé salud». No quiero consejo ni esperarte más razones, que más avivas y enciendes las llamas que me consumen. Yo me voy solo a misa y no tornaré a casa hasta que me llaméis, pidiéndome las albricias[13] de mi gozo con la buena venida de Celestina. Ni comeré hasta entonce; aunque primero sean los caballos de Febo apacentados en aquellos verdes prados que suelen, cuando han dado fin a su jornada[14].

SEMP.—Deja, señor, esos rodeos, deja esas poesías, que no es habla conveniente la que a todos no es común,

---

[11] *avezó:* enseñó.

[12] *amanojada:* atada, hecha un manojo.

[13] *albricias:* aquí, regalos por una buena noticia.

[14] Habla del anochecer: en la mitología, los caballos de Febo traían el carro de la luz y se iban a pacer cuando llegaba la noche.

la que todos no participan, la que pocos entienden. Di; «aunque se ponga el sol», y sabrán todos lo que dices. Y come alguna conserva, con que tanto espacio de tiempo te sostengas.

CAL.—Sempronio, mi fiel criado, mi buen consejero, mi leal servidor, sea como a ti te parece. Porque cierto tengo, según tu limpieza de servicio, quieres tanto mi vida como la tuya.

SEMP.—(¿Créeslo tú, Pármeno? Bien sé que no lo jurarías. Acuérdate, si fueres por conserva, apañes un bote para aquella gentecilla que nos va más; y a buen entendedor... En la bragueta cabrá.)

CAL.—¿Qué dices, Sempronio?

SEMP.—Dije, señor, a Pármeno que fuese por una tajada de diacitrón[15].

PÁRM.—Hela aquí, señor.

CAL.—Dacá.

SEMP.—(Verás qué engullir hace el diablo. Entero lo quería tragar por más apriesa hacer.)

CAL.—El alma me ha tornado. Quedaos con Dios, hijos. Esperad la vieja e id por buenas albricias.

PÁRM.—(¡Allá irás con el diablo tú y malos años! ¡Y en tal hora comieses el diacitrón, como Apuleyo el veneno, que le convertió en asno!)[16]

---

[15] *diacitrón:* conserva hecha del fruto del cidro.
[16] Apuleyo es el autor de una muy conocida novela antigua, *El asno de oro,* en la que el narrador, que en tiempo de Rojas se pensaba que era el propio Apuleyo, quedaba convertido en asno al tomar un brebaje equivocadamente.

V AS a tener ahora una buena oportunidad de conocer cómo era el ambiente popular en el 1500
español, cosa que no muchas veces nos ofrece la
literatura de esta época. Fíjate en la discusión por los
buenos ojos con que ve Sempronio a Melibea, algo de lo
que había dado ya muestras en escenas anteriores. Ahora puedes comparar el retrato que hace Areúsa de Melibea y el que hacía Calisto en el auto I. Teniendo en
cuenta lo que puedas saber sobre la situación de la
mujer en la Edad Media, ¿qué te parece la actitud de
las mujeres en este acto? Examina con atención lo que se
dice de las pobres criadas y de lo que tienen que soportar
a sus amas.

* * *

ARGUMENTO DEL NOVENO AUTO

S EMPRONIO y Pármeno van a casa de Celestina, entre sí
hablando. Llegados allá, hallan a Elicia y Areúsa. Pónense a comer y entre comer riñe Elicia con Sempronio.
Levántase de la mesa. Tórnanla apaciguar. Estando ellos todos
entre sí razonando, viene Lucrecia, criada de Melibea, a llamar
a Celestina que vaya a estar con Melibea.

SEMPRONIO, PÁRMENO, ELICIA, CELESTINA,
AREÚSA, LUCRECIA

[1]

SEMP.—Baja, Pármeno, nuestras capas y espadas, si te
parece, que es hora que vamos a comer.

PÁRM.—Vamos presto. Ya creo que se quejarán de nuestra tardanza. No por esta calle, sino por estotra, porque nos entremos por la iglesia y veremos si hobiere
acabado Celestina sus devociones; llevarla hemos de
camino.

SEMP.—A donosa hora ha de estar rezando.

PÁRM.—No se puede decir sin tiempo hecho lo que en
todo tiempo se puede hacer.

SEMP.—Verdad es; pero mal conoces a Celestina. Cuando ella tiene que hacer, no se acuerda de Dios ni cura
de santidades. Cuando hay que roer en casa, sanos
están los santos; cuando va a la iglesia con sus cuentas
en la mano, no sobra el comer en casa. Aunque ella te
crió, mejor conozco yo sus propiedades que tú. Lo
que en sus cuentas reza es los virgos que tiene a cargo
y cuántos enamorados hay en la ciudad y cuántas
mozas tiene encomendadas y qué despenseros le dan
ración y cuál mejor y cómo les llaman por nombre,
porque cuando lo encontrare no hable como extraña,
y qué canónigo es más mozo y franco. Cuando menea
los labios es fingir mentiras, ordenar cautelas para
haber dinero: «Por aquí le entraré, esto me responde-
rá, estotro replicaré.» Así vive esta que nosotros mucho honramos.

PÁRM.—Más que eso sé yo; sino, porque te enojaste
estotro día, no quiero hablar, cuando lo dije a Calisto.

SEMP.—Aunque lo sepamos para nuestro provecho, no
lo publiquemos para nuestro daño. Saberlo nuestro

amo es echalla por quien es y no curar de ella. Deján-
dola, verná forzado otra, de cuyo trabajo no espere-
mos parte, como de ésta, que de grado o por fuerza
nos dará de lo que le diere.

PÁRM.—Bien has dicho. Calla, que está abierta la puerta. En casa está. Llama antes que entres, que por ventura estarán envueltas y no querrán ser así vistas.

SEMP.—Entra, no cures, que todos somos de casa. Ya
ponen la mesa.

[2]

CEL.—¡Oh mis enamorados, mis perlas de oro; tal me
venga el año, cual me parece vuestra venida!

PÁRM.—(Qué palabras tiene la noble. Bien ves, hermano, estos halagos fingidos.

SEMP.—Déjala, que de eso vive. Que no sé quién diablos
le mostró tanta ruindad.

PÁRM.—La necesidad y pobreza, la hambre, que no hay
mejor maestra en el mundo, no hay mejor despertado-
ra y avivadora de ingenios. ¿Quién mostró a las picazas
y papagayos imitar nuestra propia habla con sus arpadas[1] lenguas, nuestro órgano y voz, sino ésta[2]?)

CEL.—¡Mochachas, mochachas; bobas! ¡Andad acá abajo, presto, que están aquí dos hombres, que me quieren forzar.

ELIC.—¡Mas nunca acá vinieran! ¡Y mucho convidar con
tiempo! Que ha tres horas que está aquí mi prima.
Este perezoso de Sempronio habrá sido causa de la
tardanza, que no ha ojos por do verme.

SEMP.—Calla, mi señora, mi vida, mis amores. Que quien
a otro sirve, no es libre. Así que sujeción me relieva

---

[1] *arpadas:* canoras, musicales (viene de arpa).
[2] *sino ésta:* se refiere al hambre.

de culpa. No hayamos enojo, asentémonos a comer.

ELIC.—¡Así! Para asentar a comer, muy diligente. A mesa puesta con tus manos lavadas y poca vergüenza.

SEMP.—Después reñiremos; comamos agora. Asiéntate, madre Celestina, tú primero.

CEL.—Asentaos vosotros, mis hijos, que harto lugar hay para todos, a Dios gracias; tanto nos diesen del paraíso, cuando allá vamos. Poneos en orden, cada uno cabe la suya; yo, que estoy sola, porné cabe mí este jarro y taza, que no es más mi vida de cuanto con ello hablo. Después que me fui haciendo vieja, no sé mejor oficio a la mesa que escanciar. Porque quien la miel trata, siempre se le pega de ella. Pues de noche en invierno no hay tal escalentador de cama. Que con dos jarrillos de éstos que beba, cuando me quiero acostar, no siento frío en toda la noche. De esto aforro todos mis vestidos, cuando viene la navidad; esto me calienta la sangre; esto me sostiene continuo en un ser; esto me hace andar siempre alegre; esto me para fresca; de esto vea yo sobrado en casa, que nunca temeré el mal año. Que un cortezón de pan ratonado me basta para tres días: Esto quita la tristeza del corazón, más que el oro ni el coral; ésto da esfuerzo al mozo y al viejo fuerza, pone color al descolorido, coraje al cobarde, al flojo diligencia, conforta los celebros, saca el frío del estómago, quita el hedor del anélito[3], hace potentes los fríos, hace sufrir los afanes de las labranzas, a los cansados segadores hace sudar toda agua mala, sana el romadizo[4] y las muelas, sostiene sin heder en el mar, lo cual no hace el agua[5]. Mas propiedades te diría de ello que

---

[3] *anélito:* aliento.

[4] *romadizo:* catarro.

[5] *sostiene... el agua:* el vino no se echa a perder en los viajes por mar, como ocurre con el agua.

todos tenéis cabellos[6]. Así que no sé quien no se goce en mentarlo. No tiene sino una tacha, que lo bueno vale caro y lo malo hace daño. Así que con lo que sana el hígado enferma la bolsa. Pero todavía con mi fatiga busco lo mejor, para eso poco que bebo; una sola docena de veces a cada comida. No me harán pasar de allí, salvo si no soy convidada como agora.

PÁRM.—Madre, pues tres veces dicen que es bueno y honesto todos los que escribieron.

CEL.—Hijos, estará corrupta la letra: por trece, tres.

SEMP.—Tía, señora, a todos nos sabe bien, comiendo y hablando. Porque después no habrá tiempo para entender en los amores de este perdido de nuestro amo y de aquella graciosa y gentil Melibea.

ELIC.—¡Apártateme allá, desabrido, enojoso! ¡Mal provecho te haga lo que comes, tal comida me has dado! Por mi alma, revesar[7] quiero cuanto tengo en el cuerpo, de asco de oírte llamar a aquélla gentil. ¡Mirad quién gentil! ¡Jesú, Jesú, y qué hastío y enojo es ver tu poca vergüenza! ¿A quién, gentil? ¡Mal me haga Dios, si ella lo es ni tiene parte de ello; sino que hay ojos que de lagañas[8] se agradan! Santiguarme quiero de tu necedad y poco conocimiento. ¡Oh, quién estuviese de gana para disputar contigo su hermosura y gentileza! ¿Gentil, gentil es Melibea? Entonces lo es, entonces acertarán cuando anden a pares los diez mandamientos[9]. Aquella hermosura por una moneda se

---

[6] *Más propiedades... cabellos:* tiene más virtudes que vosotros pelos.

[7] *revesar:* vomitar.

[8] *lagañas:* legañas; alude Elicia a un refrán que señala la diversidad de gustos sobre mujeres entre los hombres.

[9] *cuando andan a pares los diez mandamientos:* o sea, nunca; es una frase hecha; los diez mandamientos, en el habla popular, son los diez dedos, que no van a pares, sino de cinco en cinco.

compra en la tienda. Por cierto, que conozco yo en la calle donde ella vive cuatro doncellas en quien Dios más repartió su gracia que no en Melibea. Que si algo tiene de hermosura, es por buenos atavíos que trae. Ponedlos en un palo, también diréis que es gentil. Por mi vida, que no lo digo por alabarme; mas creo que soy tan hermosa como vuestra Melibea.

AREÚ.—Pues no la has tú visto como yo, hermana mía. Dios me lo demande, si en ayunas la topases, si aquel día pudieses comer de asco. Todo el año se está encerrada con mudas de mil suciedades. Por una vez que haya de salir donde pueda ser vista, enviste[10] su cara con hiel y miel, con unas tostadas y higos pasados y con otras cosas, que por reverencia de la mesa dejo de decir. Las riquezas las hacen a éstas hermosas y ser alabadas; que no las gracias de su cuerpo. Que así goce de mí, unas tetas tiene, para ser doncella, como si tres veces hobiese parido; no parecen sino dos grandes calabazas. El vientre no se le he visto; pero, juzgando por lo otro, creo que le tiene tan flojo como vieja de cincuenta años. No sé qué se ha visto Calisto, porque deja de amar otras que más ligeramente podría haber y con quien más él holgase; sino que el gusto dañado muchas veces juzga por dulce lo amargo.

SEMP.—Hermana, paréceme aquí que cada buhonero[11] alaba sus agujas, que el contrario de eso se suena por la ciudad.

AREÚ.—Ninguna cosa es más lejos de la verdad que la vulgar opinión. Nunca alegre vivirás, si por voluntad de muchos te riges. Porque éstas son conclusiones

---

[10] *enviste:* reviste, disfraza.

[11] *buhonero:* vendedor de baratijas, como agujas, botones, cintas...

verdaderas, que cualquiera cosa que el vulgo piensa es vanidad; lo que habla, falsedad; lo que reprueba es bondad; lo que aprueba, maldad. Y pues éste es su más cierto uso y costumbre, no juzgues la bondad y hermosura de Melibea, por eso, ser la que afirmas.

SEMP.—Señora, el vulgo parlero no perdona las tachas de sus señores y así yo creo que, si alguna tuviese Melibea, ya sería descubierta de los que con ella más que nosotros tratan. Y aunque lo que dices concediese, Calisto es caballero, Melibea hijadalgo; así que los nacidos por linaje escogidos búscanse unos a otros. Por ende no es de maravillar que ame antes a ésta que a otra.

AREÚ.—Ruin sea quien por ruin se tiene. Las obras hacen linaje, que al fin todos somos hijos de Adán y Eva. Procure de ser cada uno bueno por sí y no vaya a buscar en la nobleza de sus pasados la virtud.

CEL.—Hijos, por mi vida, que cesen esas razones de enojo. Y tú, Elicia, que te tornes a la mesa y dejes esos enojos.

ELIC.—¿Con tal que mala pro me hiciese, con tal que reventase comiéndolo? ¿Había yo de comer con ese malvado, que en mi cara me ha porfiado que es más gentil su andrajo de Melibea que yo?

SEMP.—Calla, mi vida, que tú la comparaste. Toda comparación es odiosa; tú tienes la culpa y no yo.

AREÚ.—Ven, hermana, a comer. No hagas agora ese placer a estos locos porfiados; si no, levantarme he yo de la mesa.

ELIC.—Necesidad de complacerte me hace contentar a ese enemigo mío y usar de virtudes con todos.

SEMP.—¡He, he, he!

ELIC.—¿De qué te ríes? ¡De mala cancre[12] sea comida esa boca desgraciada y enojosa!

---

[12] *cancre:* cáncer; es femenino.

CEL.—No le respondas, hijo; si no, nunca acabaremos. Entendamos en lo que hace a nuestro caso. Decidme, ¿cómo quedó Calisto? ¿Cómo le dejasteis? ¿Cómo os pudistes entrambos descabullir de él?

PÁRM.—Allá fue a la maldición, echando fuego, desesperado, perdido, medio loco, a misa a la Magdalena, a rogar a Dios que te dé gracia, que puedas bien roer los huesos de estos pollos y protestando de no volver a casa hasta oír que eres venida con Melibea en tu arremango[13]. Tu saya y manto y aun mi sayo, cierto está; lo otro vaya y venga. El cuándo lo dará no lo sé.

CEL.—Sea cuando fuere. Buenas son mangas pasada la pascua[14]. Todo aquello alegra que con poco trabajo se gana, mayormente viniendo de parte donde tan poca mella hace, de hombre tan rico, que con los salvados[15] de su casa podría yo salir de lacería, según lo mucho le sobra. No les duele a los tales lo que gastan y según la causa por que lo dan; no lo sienten con el embebecimiento del amor, no les pena, no ven, no oyen. Lo cual yo juzgo por otros que he conocido, menos apasionados y metidos en este fuego de amor, que a Calisto veo. Que ni comen ni beben, ni ríen ni lloran, ni duermen ni velan, ni hablan ni callan, ni penan ni descansan, ni están contentos ni se quejan, según la perplejidad de aquella dulce y fiera llaga de sus corazones. Y si alguna cosa de éstas la natural necesidad les fuerza a hacer, están en el acto tan olvidados, que comiendo se olvida la mano de llevar la vianda a la boca. Pues si con ellos hablan, jamás conveniente respuesta vuelven. Allí tienen los cuerpos;

---

[13] *arremango:* regazo, la parte de la saya que se recoge en la cintura.
[14] *Buenas son mangas pasada la pascua:* refrán que se dice cuando algo viene bien, aunque llegue tarde.
[15] *salvados:* piensos de los animales.

con sus amigas los corazones y sentidos. Mucha fuerza tiene el amor; no sólo la tierra, mas aun las mares traspasa, según su poder. Igual mando tiene en todo género de hombres. Todas las dificultades quiebra. Ansiosa cosa es, temerosa y solícita. Todas las cosas mira en derredor. Así que, si vosotros buenos enamorados habéis sido, juzgaréis yo decir verdad.

SEMP.—Señora, en todo concedo con tu razón, que aquí está quien me causó algún tiempo andar hecho otro Calisto, perdido el sentido, cansado el cuerpo, la cabeza vana, los días mal durmiendo, las noches todas velando, dando alboradas[16], haciendo momos, saltando paredes, poniendo cada día la vida al tablero, esperando toros, corriendo caballos, tirando barra, echando lanza, cansando amigos, quebrando espadas, haciendo escalas, vistiendo armas y otros mil actos de enamorado, haciendo coplas, pintando motes, sacando invenciones. Pero todo lo doy por bien empleado, pues tal joya gané.

ELIC.—¡Mucho piensas que me tienes ganada! Pues hágote cierto que no has tú vuelto la cabeza, cuando está en casa otro que más quiero, más gracioso que tú y aun que no ande buscando cómo me dar enojo. A cabo de un año que me vienes a ver, tarde y con mal.

CEL.—Hijo, déjala decir, que devanea. Mientra más de eso la oyeres, más se confirma en su amor. Todo es porque habéis aquí alabado a Melibea. No sabe en otra cosa en que os lo pagar, sino en decir eso y creo que no ve la hora que haber comido para lo que yo me sé. Pues esotra su prima yo me la conozco. Gozad vuestras frescas mocedades, que quien tiempo tiene y mejor le espera, tiempo viene que se arrepiente.

---

[16] *dando alboradas:* dando serenatas.

Como yo hago agora por algunas horas que dejé perder, cuando moza, cuando me preciaba, cuando me querían. Que ya, ¡mal pecado!, caducado he, nadie no me quiere. ¡Que sabe Dios mi buen deseo! Besaos y abrazaos, que a mí no me queda otra cosa sino gozarme de vello. Mientra a la mesa estáis, de la cinta arriba todo se perdona. Cuando seáis aparte, no quiero poner tasa[17], pues que el rey no la pone. Que yo sé por las mochachas, que nunca de importunos os acusen y la vieja Celestina mascará de dentera con sus botas encías las migajas de los manteles. ¡Bendigaos Dios, cómo lo reís y holgáis, putillos, loquillos, traviesos! ¡En esto había de parar el nublado de las cuestioncillas, que habéis tenido! ¡Mira no derribéis la mesa!

[3]

ELIC.—Madre, a la puerta llaman. ¡El solaz es derramado!

CEL.—Mira, hija, quién es; por ventura será quien lo acreciente y allegue.

ELIC.—O la voz me engaña o es mi prima Lucrecia.

CEL.—Ábrele y entre ella y buenos años. Que aun a ella algo se le entiende de esto que aquí hablamos; aunque su mucho encerramiento le impide el gozo de su mocedad.

AREÚ.—Así goce de mí, que es verdad, que éstas, que sirven a señoras, ni gozan deleite ni conocen los dulces premios de amor. Nunca tratan con parientes, con iguales a quien pueden hablar tú por tú, con quien digan «¿Qué cenaste? ¿Estás preñada? ¿Cuántas galli-

---

[17] *poner tasa:* poner límite.

nas crías? Llévame a merendar a tu casa, muéstrame tu enamorado. ¿Cuánto ha que no te vido? ¿Cómo te va con él? ¿Quién son tus vecinas?» y otras cosas de igualdad semejantes. ¡Oh tía, y qué duro nombre y qué grave y soberbio es «señora» continuo en la boca! Por esto me vivo sobre mí, desde que me sé conocer. Que jamás me precié de llamarme de otrie[18], sino mía. Mayormente de estas señoras que agora se usan. Gástase con ellas lo mejor del tiempo, y con una saya rota de las que ellas desechan, pagan servicio de diez años. Denostadas, maltratadas las traen, continuo sojuzgadas, que hablar delante de ellas no osan. Y cuando ven cerca el tiempo de la obligación de casallas, levántanles un caramillo[19] que se echan con el mozo o con el hijo o pídenles celos del marido o que meten hombres en casa o que hurtó la taza o perdió el anillo; danles un ciento de azotes y échanlas la puerta fuera, las haldas en la cabeza, diciendo: «Allá irás, ladrona, puta, no destruirás mi casa y honra». Así que esperan galardón, sacan baldón; esperan salir casadas, salen amenguadas; esperan vestidos y joyas de boda, salen desnudas y denostadas. Éstos son sus premios, éstos son sus beneficios y pagos. Oblíganse a darles maridos, quítanles el vestido. La mejor honra que en sus casas tienen, es andar hechas callejeras, de dueña en dueña, con sus mensajes a cuestas. Nunca oyen su nombre propio de la boca de ellas; sino «puta» acá, «puta» acullá. «¿A dó vas, tiñosa? ¿Qué hiciste, bellaca? ¿Por qué comiste eso, golosa? ¿Cómo fregaste la sartén, puerca? ¿Por qué no limpiaste el manto, sucia? ¿Cómo dijiste esto, necia? ¿Quién perdió el plato,

---

[18] *otrie:* otro.
[19] *levántanles un caramillo:* les inventan una mentira.

desaliñada? ¿Cómo faltó el paño de manos, ladrona?
A tu rufián le habrás dado. Ven acá mala mujer, la
gallina habada[20] no parece; pues búscala presto; si no,
en la primera blanca de tu soldada la contaré.» Y tras
esto mil chapinazos[21] y pellizcos, palos y azotes. No
hay quien las sepa contentar, no quien pueda sufrir-
las. Su placer es dar voces, su gloria es reñir. De lo
mejor hecho, menos contentamiento muestran. Por
esto, madre, he querido más vivir en mi pequeña casa,
exenta y señora, que no en sus ricos palacios sojuzgada y cativa.

CEL.—En tu seso has estado, bien sabes lo que haces.
Que los sabios dicen que vale más una migaja de pan
con paz, que toda la casa llena de viandas con rencilla.
Mas agora cese esta razón, que entra Lucrecia.

[4]

LUCR.—Buena pro os haga, tía y la compaña. Dios ben-
diga tanta gente y tan honrada.

CEL.—¿Tanta, hija? ¿Por mucha has ésta? Bien parece
que no me conociste en mi prosperidad, hoy ha veinte años. ¡Ay, quien me vido y quien me ve agora, no
sé cómo no quiebra su corazón de dolor! Yo vi, mi
amor, a esta mesa, donde agora están tus primas asen-
tadas, nueve mozas de tus días, que la mayor no pasaba de dieciocho años y ninguna había menor de ca-
torce. Mundo es, pase, ande su rueda, rodee sus

---

[20] *habada:* puede significar dos cosas: «alimentada con habas» o «de
plumas de varios colores».
[21] *chapinazos:* golpes de chapín, que era el chanclo de corcho que
llevaban las mujeres para evitar el barro de las calles.

alcaduces[22], unos llenos, otros vacíos. La ley es de fortuna que ninguna cosa en un ser mucho tiempo permanece; su orden es mudanzas. No puedo decir sin lágrimas la mucha honra que entonces tenía; aunque por mis pecados y mala dicha poco a poco ha venido en diminución. Como declinaban mis días, así se diminuía y menguaba mi provecho. Proverbio es antiguo, que cuanto al mundo es o crece o descrece. Todo tiene sus límites, todo tiene sus grados. Mi honra llegó a la cumbre, según quien yo era; de necesidad es que desmengüe y se abaje. Cerca ando de mi fin. En esto veo que me queda poca vida. Pero bien sé que subí para descender, florecí para secarme, gocé para entristecerme, nací para vivir, viví para crecer, crecí para envejecer, envejecí para morirme. Y pues esto antes de agora me consta, sufriré con menos pena mi mal; aunque del todo no pueda despedir el sentimiento, como sea de carne sentible formada.

LUCR.—Trabajo tenías, madre, con tantas mozas, que es ganado muy penoso de guardar.

CEL.—¿Trabajo, mi amor? Antes descanso y alivio. Todas me obedecían, todas me honraban, de todas era acatada, ninguna salía de mi querer, lo que yo decía era lo bueno, a cada cual daba su cobro. No escogían más de lo que yo les mandaba; cojo o tuerto o manco, aquél habían por sano que más dinero me daba. Mío era el provecho, suyo el afán. Pues servidores, ¿no tenía por su causa de ellas? Caballeros viejos y mozos, abades de todas dignidades, desde obispos hasta sacristanes. En entrando por la iglesia, veía derrocar bonetes en mi honor, como si yo fuera una duquesa.

---

[22] *alcaduces:* cajón de noria, que es con lo que está comparando al mundo cambiante.

El que menos había de negociar conmigo, por más ruin se tenía. De media legua que me viesen, dejaban las Horas[23]. Uno a uno y dos a dos, venían a donde yo estaba, a ver si mandaba algo, a preguntarme cada uno por la suya. Que hombre había, que estando diciendo misa, en viéndome entrar, se turbaba, que no hacía ni decía cosa a derechas. Unos me llamaban señora, otros tía, otros enamorada, otros vieja honrada. Allí se concertaban sus venidas a mi casa, allí las idas a la suya, allí se me ofrecían dineros, allí promesas, allí otras dádivas, besando el cabo de mi manto y aun algunos en la cara, por me tener más contenta. Agora hame traído la fortuna a tal estado, que me digas: «¡Buena pro hagan las zapatas![24]»

SEMP.—¡Espantados nos tienes con tales cosas como nos cuentas de esa religiosa gente y benditas coronas; sí que no serían todos!

CEL.—No, hijo, ni Dios lo mande que yo tal cosa levante. Que muchos viejos devotos había con quien yo poco medraba y aun que no me podían ver; pero creo que de envidia de los otros que me hablaban. Como la clerecía era grande, había de todos; unos muy castos; otros que tenían cargo de mantener a las de mi oficio. Y aun todavía creo que no faltan. Y enviaban sus escuderos y mozos a que me acompañasen, y apenas era llegada a mi casa, cuando entraban por mi puerta muchos pollos y gallinas, ansarones, anadones, perdices, tórtolas, perniles de tocino, tortas de trigo, lechones. Cada cual, como lo recibía de aquellos diezmos de Dios, así lo venían luego a registrar, para que

---

[23] *Horas:* horas canónicas, las oraciones de la Iglesia que se hacen a distintas horas del día (laudes, maitines, etc.).

[24] *Buena pro hagan las zapatas:* refrán para señalar la miseria de alguien.

comiese yo y aquellas sus devotas. ¿Pues vino, no me sobraba? De lo mejor que se bebía en la ciudad, venido de diversas partes, de Monviedro, de Luque, de Toro, de Madrigal, de San Martín y de otros muchos lugares, y tantos que, aunque tengo la diferencia de los gustos y sabor en la boca, no tengo la diversidad de sus tierras en la memoria. Que harto es que una vieja como yo, en oliendo cualquiera vino, diga de dónde es. Pues otros curas sin renta, no era ofrecido el bodigo[25], cuando, en besando el feligrés la estola, era del primero voleo en mi casa[26]. Espesos, como piedras a tablado[27], entraban mochachos cargados de provisiones por mi puerta. No sé cómo puedo vivir, cayendo de tal estado.

ARÉU.—Por Dios, pues somos venidas a haber placer, no llores, madre, ni te fatigues; que Dios lo remediará todo.

CEL.—Harto tengo, hija, que llorar, acordándome de tan alegre tiempo y tal vida como yo tenía, y cuán servida era de todo el mundo. Que jamás hobo fruta nueva, de que yo primero no gozase, que otros supiesen si era nacida. En mi casa se había de hallar, si para alguna preñada se buscase.

SEMP.—Madre, ningún provecho trae la memoria del buen tiempo, si cobrar no se puede; antes tristeza. Como a ti agora, que nos has sacado el placer de entre las manos. Álcese la mesa. Irnos hemos a holgar y tú darás respuesta a esta doncella que aquí es venida.

---

[25] *bodigo:* pan que se solía ofrendar a la iglesia.

[26] *del primero voleo:* de golpe

[27] *como piedras a tablado:* había un juego popular en el que se tiraban piedras a un cántaro, colgado de un tablado, y en el que había un gallo, que era para quien acertase a romper el cántaro. Se acumulaban muchas piedras, tantas como mozos dice Celestina que venían a su casa.

[5]

CEL.—Hija Lucrecia, dejadas estas razones, querría que
me dijeses a qué fue agora tu buena venida.

LUCR.—Por cierto, ya se me había olvidado mi principal
demanda y mensaje con la memoria de ese tan alegre
tiempo como has contado, y así me estuviera un año
sin comer, escuchándote y pensando en aquella vida
buena, que aquellas mozas gozarían, que me parece y
semeja que estoy yo agora en ella. Mi venida, señora,
es lo que tú sabrás; pedirte el ceñidero y, demás de
ésto, te ruega mi señora sea de ti visitada y muy presto, porque se siente muy fatigada de desmayos y de
dolor del corazón.

CEL.—Hija, de estos dolorcillos tales, más es el ruido
que las nueces. Maravillada estoy sentirse del corazón
mujer tan moza.

LUCR.—(¡Así te arrastren, traidora! ¿Tú no sabes qué es?
Hace la vieja falsa sus hechizos y vase; después hácese
de nuevas.)

CEL.—¿Qué dices, hija?

LUCR.—Madre, que vamos presto y me des el cordón.

CEL.—Vamos, que yo le llevo.

AUTO X

*A*L final del monólogo de Melibea con que comienza el acto, ésta se queja de cierto impedimento
que tienen las mujeres: revelarle su amor a un
hombre. ¿Ha cambiado esta circunstancia hoy en día?
El enredo amoroso empieza a aclararse. Por el trato que
da Celestina a Melibea, ¿no sabe la alcahueta, desde un
primer momento, qué le pasa a la doncella? ¿Le cuesta
entender sus males? ¿Por qué no ayuda a la joven, apu-
rada por expresar, sin saber cómo, sus sentimientos
(acuérdate de la primera conversación entre una y otra
en el auto IV)? Observa la reacción de Alisa cuando se
marcha Celestina. Con esta escena y con las pocas en que
aparezca la madre a lo largo de la obra evalúa al final
si su comportamiento ha sido cauto.

* * *

ARGUMENTO DEL DÉCIMO AUTO

*M*IENTRA andan Celestina y Lucrecia por el camino,
está hablando Melibea consigo misma. Llegan a la
puerta. Entra Lucrecia primero. Hace entrar a Celestina. Melibea, después de muchas razones, descubre a Celestina
arder en amor de Calisto. Ven venir a Alisa, madre de Melibea.
Despídense de en uno. Pregunta Alisa a Melibea su hija de los
negocios de Celestina; defendióle su mucha conversación.

MELIBEA, CELESTINA, LUCRECIA, ALISA

[1]

MELIB.—¡Oh lastimada de mí! Oh mal proveída doncella! ¿Y no me fuera mejor conceder su petición y demanda ayer a Celestina, cuando de parte de aquel
señor, cuya vista me cautivó, me fue rogado, y contentarle a él y sanar a mí, que no venir por fuerza a
descubrir mi llaga, cuando no me sea agradecido,
cuando ya, desconfiando de mi buena respuesta, haya
puesto sus ojos en amor de otra? ¡Cuánta más ventaja
tuviera mi prometimiento rogado, que mi ofrecimiento forzoso! Oh mi fiel criada Lucrecia, ¿qué dirás de
mí; qué pensarás de mi seso, cuando me veas publicar
lo que a ti jamás he querido descubrir? ¡Cómo te
espantarás del rompimiento de mi honestidad y ver
güenza, que siempre como encerrada doncella acos-
tumbré tener! No sé si habrás barruntado de dónde
proceda mi dolor. ¡Oh, si ya vinieses con aquella medianera de mi salud! ¡Oh soberano Dios; a ti, que
todos los atribulados llaman, los apasionados piden
remedio, los llagados medicina; a ti, que los cielos,
mar y tierra con los infernales centros obedecen; a ti,
el cual todas las cosas a los hombres sojuzgaste, hu-
mildemente suplico: des a mi herido corazón sufrimiento y paciencia, con que mi terrible pasión pueda
disimular! No se desdore aquella hoja de castidad que
tengo asentada sobre este amoroso deseo, publicando
ser otro mi dolor, que no el que me atormenta. Pero,
¿cómo lo podré hacer, lastimándome tan cruelmente
el ponzoñoso bocado, que la vista de su presencia de
aquel caballero me dio? ¡Oh género femíneo, encogi-
do y frágil! ¿Por qué no fue también a las hembras
concedido poder descubrir su congojoso y ardiente

amor, como a los varones? Que ni Calisto viviera quejoso ni yo penada.

[2]

LUCR.—Tía, detente un poquito cabe esta puerta. Entraré a ver con quien está hablando mi señora. Entra, entra, que consigo lo ha.

MELIB.—Lucrecia, echa esa antepuerta. ¡Oh vieja sabia y honrada, tú seas bienvenida! ¿Qué te parece, cómo ha quesido[1] mi dicha y la fortuna ha rodeado que yo tuviese de tu saber necesidad, para que tan presto me hobieses de pagar en la misma moneda el beneficio que por ti me fue demandado para ese gentilhombre que curabas con la virtud de mi cordón?

CEL.—¿Qué es, señora, tu mal, que así muestra las señas de su tormento en las coloradas colores de tu gesto?

MELIB.—Madre mía, que comen este corazón serpientes dentro de mi cuerpo.

CEL.—(Bien está. Así lo quería yo. Tú me pagarás, doña loca, la sobra de tu ira.)

MELIB.—¿Qué dices? ¿Has sentido en verme alguna causa, donde mi mal proceda?

CEL.—No me has, señora, declarado la calidad del mal. ¿Quieres que adevine la causa? Lo que yo digo es que recibo mucha pena de ver triste tu graciosa presencia.

MELIB.—Vieja honrada, alégramela tú, que grandes nuevas me han dado de tu saber.

CEL.—Señora, el sabidor sólo Dios es, pero, como para salud y remedio de las enfermedades fueron repartidas las gracias en las gentes de hallar las melecinas, de ellas por experiencia, de ellas por arte, de ellas por

---

[1] *quesido:* querido; aparece así más veces.

natural instinto, alguna partecica alcanzó a esta pobre vieja, de la cual al presente podrás ser servida.

MELIB.—¡Oh, qué gracioso y agradable me es oírte! Saludable es al enfermo la alegre cara del que le visita. Paréceme que veo mi corazón entre tus manos hecho pedazos. El cual, si tú quisieses, con muy poco trabajo juntarías con la virtud de tu lengua; no de otra manera que, cuando vio en sueños aquel grande Alejandre, rey de Macedonia, en la boca del dragón la saludable raíz con que sanó a su criado Tolomeo del bocado de la víbora. Pues, por amor de Dios, te despojes para más diligente entender en mi mal y me des algún remedio.

CEL.—Gran parte de la salud es desearla, por lo cual creo menos peligroso ser tu dolor. Pero para yo dar, mediante Dios, congrua[2] y saludable melecina, es necesario saber de ti tres cosas. La primera a qué parte de tu cuerpo más declina y aqueja el sentimiento. Otra, si es nuevamente por ti sentido, porque más presto se curan las tiernas enfermedades en sus principios, que cuando han hecho curso en la perseveración de su oficio; mejor se doman los animales en su primera edad, que cuando ya es su cuero endurecido, para venir mansos a la melena[3]; mejor crecen las plantas, que tiernas y nuevas se trasponen, que las que fructificando ya se mudan; muy mejor se despide el nuevo pecado, que aquel que por costumbre antigua cometemos cada día. La tercera, si procedió de algún cruel pensamiento, que asentó en aquel lugar. Y esto sabido, verás obrar mi cura. Por ende cumple que al

---

[2] *congrua:* congruente.
[3] *a la melena:* la melena era una almohadilla que se les ponía a los animales para uncirlos al yugo.

médico como al confesor se hable toda verdad abiertamente.

MELIB.—Amiga Celestina, mujer bien sabia y maestra grande, mucho has abierto el camino por donde mi mal te pueda especificar. Por cierto, tú lo pides como mujer bien experta en curar tales enfermedades. Mi mal es de corazón, la izquierda teta es su aposentamiento, tiende sus rayos a todas partes. Lo segundo, es nuevamente nacido en mi cuerpo. Que no pensé jamás que podía dolor privar el seso, como éste hace. Túrbame la cara, quítame el comer, no puedo dormir, ningún género de risa querría ver. La causa o pensamiento, que es la final cosa por tí preguntada de mi mal, ésta no sabré decirte, porque ni muerte de deudo ni pérdida de temporales bienes ni sobresalto de visión ni sueño desvariado ni otra cosa puedo sentir que fuese, salvo la alteración que tú me causaste con la demanda que sospeché de parte de aquel caballero Calisto, cuando me pediste la oración.

CEL.—¿Cómo señora, tan mal hombre es aquél? ¿Tan mal nombre es el suyo, que en sólo ser nombrado trae consigo ponzoña su sonido? No creas que sea ésa la causa de tu sentimiento, antes otra que yo barrunto. Y pues que así es, si tú licencia me das, yo, señora, te la diré.

MELIB.—¿Cómo, Celestina? ¿Qué es ese nuevo salario que pides? ¿De licencia tienes tú necesidad para me dar la salud? ¿Cuál médico jamás pidió tal seguro para curar al paciente? Di, di, que siempre la tienes de mí, tal que honra no dañes con tus palabras.

CEL.—Véote, señora, por una parte quejar el dolor, por otra temer la melecina. Tu temor me pone miedo, el miedo silencio, el silencio tregua entre tu llaga y mi melecina. Así que será causa, que ni tu dolor cese ni mi venida aproveche.

MELIB.—Cuanto más dilatas la cura, tanto más me acrecientas y multiplicas la pena y pasión. ¡O tus melecinas son de polvos de infamia y licor de corrupción, confaccionados con otro más crudo dolor que el que de parte del paciente se siente, o no es ninguno tu saber! Porque si lo uno o lo otro no te impidiese, cualquiera remedio otro darías sin temor, pues te pido le muestres, quedando libre mi honra.

CEL.—Señora, no tengas por nuevo ser más fuerte de sufrir al herido la ardiente trementina y los ásperos puntos[4] que lastiman lo llagado, doblan la pasión, que no la primera lisión, que dio sobre sano. Pues si tú quieres ser sana y que te descubra la punta de mi sotil aguja sin temor, haz para tus manos y pies una ligadura de sosiego, para tus ojos una cobertura de piedad, para tu lengua un freno de silencio, para tus oídos unos algodones de sufrimiento y paciencia, y verás obrar a la antigua maestra de estas llagas.

MELIB.—¡Oh, cómo me muero con tu dilatar! Di, por Dios, lo que quisieres, haz lo que supieres, que no podrá ser tu remedio tan áspero que iguale con mi pena y tormento. Agora toque en mi honra, agora dañe mi fama, agora lastime mi cuerpo; aunque sea romper mis carnes para sacar mi dolorido corazón, te doy mi fe ser segura y, si siento alivio, bien galardonada.

LUCR.—(El seso tiene perdido mi señora. Gran mal es éste. Cautivádola ha esta hechicera.)

CEL.—(Nunca me ha de faltar un diablo acá y acullá; escapóme Dios de Pármeno, topóme con Lucrecia.)

MELIB.—¿Qué dices, amada maestra? ¿Qué te hablaba esa moza?

---

[4] *la ardiente trementina y los ásperos puntos:* la trementina es una resina que se usaba como medicina; los puntos son los de sutura.

CEL.—No le oí nada. Pero diga lo que dijere, sabe que no hay cosa más contraria en las grandes curas delante los animosos cirujanos, que los flacos corazones, los cuales con su gran lástima, con sus dolorosas hablas, con sus sentibles meneos, ponen temor al enfermo, hacen que desconfíe de la salud y al médico enojan y turban, y la turbación altera la mano, rige sin orden la aguja. Por donde se puede conocer claro, que es muy necesario para tu salud que no esté persona delante y así que la debes mandar salir. Y tú, hija Lucrecia, perdona.

MELIB.—Salte fuera presto.

LUCR.—(¡Ya, ya; todo es perdido!) Ya me salgo, señora.

[3]

CEL.—También me da osadía tu gran pena, como ver que con tu sospecha has ya tragado alguna parte de mi cura; pero todavía es necesario traer más clara melecina y más saludable descanso de casa de aquel caballero Calisto.

MELIB.—Calla, por Dios, madre. No traigas de su casa cosa para mi provecho, ni le nombres aquí.

CEL.—Sufre, señora, con paciencia, que es el primer punto y principal. No se quiebre; si no, todo nuestro trabajo es perdido. Tu llaga es grande, tiene necesidad de áspera cura. Y lo duro con duro se ablanda más eficazmente. Y dicen los sabios que la cura del lastimero médico deja mayor señal y que nunca peligro sin peligro se vence. Ten paciencia, que pocas veces lo molesto sin molestia se cura. Y un clavo con otro se expele y un dolor con otro. No concibas odio ni desamor ni consientas a tu lengua decir mal de persona tan virtuosa como Calisto, que si conocido fuese...

MELIB.—¡Oh, por Dios, que me matas! ¿Y no te tengo dicho que no me alabes ese hombre ni me le nombres en bueno ni en malo?

CEL.—Señora, éste es otro y segundo punto, el cual si tú con tu mal sufrimiento no consientes, poco aprovechará mi venida, y si, como prometiste, lo sufres, tú quedarás sana y sin deuda y Calisto sin queja y pagado. Primero te avisé de mi cura y de esta invisible aguja, que sin llegar a ti, sientes en solo mentarla en mi boca.

MELIB.—Tantas veces me nombrarás ese tu caballero, que ni mi promesa baste ni la fe que te di a sufrir tus dichos. ¿De qué ha de quedar pagado? ¿Qué le debo yo a él? ¿Qué le soy a cargo? ¿Qué ha hecho por mí? ¿Qué necesario es él aquí para el propósito de mi mal? Más agradable me sería que rasgases mis carnes y sacases mi corazón, que no traer esas palabras aquí.

CEL.—Sin te romper las vestiduras se lanzó en tu pecho el amor; no rasgaré yo tus carnes para le curar.

MELIB.—¿Cómo dices que llaman a este mi dolor, que así se ha enseñoreado en lo mejor de mi cuerpo?

CEL.—Amor dulce.

MELIB.—Esto me declara qué es, que en sólo oírlo me alegro.

CEL.—Es un fuego escondido, una agradable llaga, un sabroso veneno, una dulce amargura, una delectable dolencia, un alegre tormento, una dulce y fiera herida, una blanda muerte.

MELIB.—¡Ay, mezquina de mí! Que si verdad es tu relación, dudosa será mi salud. Porque, según la contrariedad que esos nombres entre sí muestran, lo que al uno fuere provechoso acarreará al otro más pasión.

CEL.—No desconfíe, señora, tu noble juventud de salud. Que, cuando el alto Dios da la llaga, tras ella envía el remedio. Mayormente que sé yo al mundo nacida una flor que de todo esto te delibre.

MELIB.—¿Cómo se llama?

CEL.—No te lo oso decir.

MELIB.—Di, no temas.

CEL.—Calisto. ¡Oh, por Dios, señora Melibea! ¿Qué poco esfuerzo es éste; qué descaescimiento?[5] ¡Oh mezquina yo! ¡Alza la cabeza! ¡Oh malaventurada vieja! ¡En esto han de parar mis pasos! Si muere, matarme han; aunque viva, seré sentida, que ya no podrá sufrirse de no publicar su mal y mi cura. Señora mía, Melibea, ángel mío, ¿qué has sentido? ¿Qué es de tu habla graciosa; qué es de tu color alegre? Abre tus claros ojos. ¡Lucrecia, Lucrecia, entra presto acá, verás amortecida a tu señora entre mis manos! Baja presto por un jarro de agua.

MELIB.—Paso, paso, que yo me esforzaré. No escandalices la casa.

CEL.—¡Oh cuitada de mí! No te descaezcas, señora; háblame como sueles.

MELIB.—Y muy mejor. Calla, no me fatigues.

CEL.—¿Pues qué me mandas que haga, perla preciosa? ¿Qué ha sido este tu sentimiento? Creo que se van quebrando mis puntos.

MELIB.—Quebróse mi honestidad, quebróse mi empacho, aflojó mi mucha vergüenza, y como muy naturales, como muy domésticos[6], no pudieron tan livianamente despedirse de mi cara, que no llevasen consigo su color por algún poco espacio, mi fuerza, mi lengua y gran parte de mi sentido. ¡Oh, pues ya, mi nueva maestra, mi fiel secretaria, lo que tú tan abiertamente

---

[5] *descaescimiento:* desmayo.
[6] *muy domésticos:* acostumbrados a estar conmigo (el empacho, la vergüenza).

conoces, en vano trabajo por te lo encubrir! Muchos y muchos días son pasados que ese noble caballero me habló en amor. Tanto me fue entonces su habla enojosa, cuanto, después que tú me lo tornaste a nombrar, alegre. Cerrado han tus puntos mi llaga, venida soy en tu querer. En mi cordón le llevaste envuelta la posesión de mi libertad. Su dolor de muelas era mi mayor tormento, su pena era la mayor mía. Alabo y loo tu buen sufrimiento, tu cuerda osadía, tu liberal trabajo, tus solícitos y fieles pasos, tu agradable habla, tu buen saber, tu demasiada solicitud, tu provechosa importunidad. Mucho te debe ese señor y más yo, que jamás pudieron mis reproches aflacar tu esfuerzo y perseverar, confiando en tu mucha astucia. Antes, como fiel servidora, cuando más denostada, más diligente; cuando más disfavor, más esfuerzo; cuando peor respuesta, mejor cara; cuando yo más airada, tú más humilde. Pospuesto todo el temor, has sacado de mi pecho lo que jamás a ti ni a otro pensé descubrir.

CEL.—Amiga y señora mía, no te maravilles, porque estos fines con efecto me dan osadía a sufrir los ásperos y escrupulosos desvíos de las encerradas doncellas como tú. Verdad es que ante que me determinase, así por el camino, como en tu casa, estuve en grandes dudas si te descubriría mi petición. Visto el gran poder de tu padre, temía; mirando la gentileza de Calisto, osaba; vista tu discreción, me recelaba; mirando tu virtud y humanidad, me esforzaba. En lo uno hallaba el miedo y en lo otro la seguridad. Y pues así, señora, has quesido descubrir la gran merced que nos has hecho, declara tu voluntad, echa tus secretos en mi regazo, pon en mis manos el concierto de este concierto. Yo daré forma como tu deseo y el de Calisto sean en breve cumplidos.

MELIB.—¡Oh mi Calisto y mi señor! ¡Mi dulce y suave alegría! Si tu corazón siente lo que agora el mío, maravillada estoy cómo la ausencia te consiente vivir. ¡Oh mi madre y mi señora, haz de manera como luego le pueda ver, si mi vida quieres!

CEL.—Ver y hablar.

MELIB.—¿Hablar? Es imposible.

CEL.—Ninguna cosa a los hombres, que quieren hacerla, es imposible.

MELIB.—Dime cómo.

CEL.—Yo lo tengo pensado, yo te lo diré; por entre las puertas de tu casa.

MELIB.—¿Cuándo?

CEL.—Esta noche.

MELIB.—Gloriosa me serás, si lo ordenas. Di a qué hora.

CEL.—A las doce.

MELIB.—Pues ve, mi señora, mi leal amiga, y habla con aquel señor y que venga muy paso y de allí se dará concierto, según su voluntad, a la hora que has ordenado.

CEL.—Adiós, que viene hacia acá tu madre.

[4]

MELIB.—Amiga Lucrecia, y mi leal criada y fiel secretaria, ya has visto cómo no ha sido más en mi mano. Cautivóme el amor de aquel caballero. Ruégote, por Dios, se cubra con secreto sello, porque yo goce de tan suave amor. Tú serás de mí tenida en aquel lugar que merece tu fiel servicio.

LUCR.—Señora, mucho antes de agora tengo sentida tu llaga y callado tu deseo. Hame fuertemente dolido tu perdición. Cuanto más tú me querías encubrir y celar el fuego que te quemaba, tanto más sus llamas se manifestaban en la color de tu cara, en el poco sosiego del corazón, en el meneo de tus miembros, en comer sin gana, en el no dormir. Así que continuo se te caían, como de entre las manos, señales muy claras de pena. Pero como en los tiempos que la voluntad reina en los señores, o desmedido apetito, cumple a los servidores obedecer con diligencia corporal y no con artificiales consejos de lengua, sufría con pena, callaba con temor, encubría con fieldad; de manera que fuera mejor el áspero consejo que la blanda lisonja. Pero, pues ya no tiene tu merced otro medio, sino morir o amar, mucha razón es que se escoja por mejor aquello que en sí lo es.

[5]

ALI.—¿En qué andas acá, vecina, cada día?
CEL.—Señora, faltó ayer un poco de hilado al peso y vínelo a cumplir, porque di mi palabra y, traído, voyme. Quede Dios contigo.
ALI.—Y contigo vaya.
Hija Melibea, ¿qué quería la vieja?
MELIB.—Señora, venderme un poquito de solimán.
ALI.—Eso creo yo más que lo que la vieja ruin dijo. Pensó que recibiría yo pena de ello y mintióme. Guárdate hija, de ella, que es gran traidora. Que el sotil ladrón siempre rodea las ricas moradas. Sabe ésta con sus traiciones, con sus falsas mercadurías, mudar los propósitos castos. Daña la fama. A tres veces que entra en una casa, engendra sospecha.
LUCR.—(Tarde acuerda nuestra ama.)
ALI.—Por amor mío, hija, que si acá tornare sin verla yo, que no hayas por bien su venida ni la recibas con placer. Halle en ti honestidad en tu respuesta y jamás

volverá. Que la verdadera virtud más se teme que espada.

MELIB.—¿De ésas es? ¡Nunca más! Bien huelgo, señora, de ser avisada, por saber de quién me tengo de guardar.

Primera traducción francesa, París, 1527.

AUTO XI

*C*ELESTINA *va a conseguir lo que había buscado intencionadamente: algo que no se pudiera repartir con facilidad. ¿Cómo reaccionan los criados ante el regalo que se lleva Celestina? Expresan, además, algún temor. ¿Por qué? Cuando llega a casa, y ante la regañina de Elicia, Celestina interpreta su enfado como el producto de la insatisfacción sexual de ésta. Como puedes comprobar, es una perspectiva que la vieja nunca pierde.*

* * *

ARGUMENTO DEL ONCENO AUTO

*D*ESPEDIDA Celestina de Melibea, va por la calle sola hablando. Ve a Sempronio y a Pármeno que van a la Magdalena por su señor. Sempronio habla con Calisto. Sobreviene Celestina. Van a casa de Calisto. Declárale Celestina su mensaje y negocio recaudado con Melibea. Mientra ellos en estas razones están, Pármeno y Sempronio entre sí hablan. Despídese Celestina de Calisto, va para su casa, llama a la puerta. Elicia le viene a abrir. Cenan y vanse a dormir.

CALISTO, CELESTINA, PÁRMENO, SEMPRONIO, ELICIA

[1]

CEL.—¡Ay Dios, si llegase a mi casa con mi mucha alegría acuestas! A Pármeno y a Sempronio veo ir a la

Magdalena. Tras ellos me voy, y si ahí no estuviere Calisto, pasaremos a su casa a pedirle albricias de su gran gozo.

[2]

SEMP.—Señor, mira que tu estada[1] es dar a todo el mundo que decir. Por Dios, que huyas de ser traído en lenguas, que al muy devoto llaman hipócrita. ¿Qué dirán sino que andas royendo los santos? Si pasión tienes, súfrela en tu casa; no te sienta la tierra[2]. No descubras tu pena a los extraños, pues está en manos el pandero que lo sabrá bien tañer.

CAL.—¿En qué manos?

SEMP.—De Celestina.

CEL.—¿Qué nombráis a Celestina? ¿Qué decís de esta esclava de Calisto? Toda la calle del Arcediano vengo a más andar tras vosotros por alcanzaros y jamás he podido con mis luengas haldas.

CAL.—¡Oh joya del mundo, acorro de mis pasiones, espejo de mi vista! El corazón se me alegra en ver esa honrada presencia, esa noble senectud. Dime, ¿con qué vienes? ¿Qué nuevas traes, que te veo alegre y no sé en qué está mi vida?

CEL.—En mi lengua.

CAL.—¿Qué dices, gloria y descanso mío? Declárame más lo dicho.

CEL.—Salgamos, señor, de la iglesia y de aquí a casa te contaré algo con que te alegres de verdad.

PÁRM.—(Buena viene la vieja, hermano; recaudado debe de haber.

SEMP.—Escúchala.)

---

[1] *estada:* estancia.
[2] *no te sienta la tierra:* que no se entere nadie.

[3]

CEL.—Todo este día, señor, he trabajado en tu negocio
y he dejado perder otros en que harto me iba. Muchos tengo quejosos por tenerte a ti contento. Más he
dejado de ganar que piensas. Pero todo vaya en buena
hora, pues tan buen recaudo traigo: Que te traigo
muchas buenas palabras de Melibea y la dejo a tu
servicio.

CAL.—¿Qué es esto que oigo?

CEL.—Que es más tuya que de sí misma; más está a tu
mandado y querer que de su padre Pleberio.

CAL.—Habla cortés, madre, no digas tal cosa, que dirán
estos mozos que estás loca. Melibea es mi señora,
Melibea es mi dios, Melibea es mi vida; yo su cativo,
yo su siervo.

SEMP.—Con tu desconfianza, señor, con tu poco pre-
ciarte, con tenerte en poco, hablas esas cosas con que
atajas su razón. A todo el mundo turbas diciendo
desconciertos. ¿De qué te santiguas? Dale algo por su
trabajo; harás mejor, que eso esperan esas palabras.

CAL.—Bien has dicho. Madre mía, yo sé cierto que
jamás igualará tu trabajo y mi liviano galardón. En
lugar de manto y saya, porque no se dé parte a oficiales[3], toma esta cadenilla, ponla al cuello y procede en
tu razón y mi alegría.

PÁRM.—(¿Cadenilla la llama? ¿No lo oyes, Sempronio?
No estima el gasto. Pues yo te certifico no diese mi
parte por medio marco de oro[4], por mal que la vieja
lo reparta.

SEMP.—Oírte ha nuestro amo, ternemos en él que
amansar y en ti que sanar, según está hinchado de tu

---

[3] *porque no se dé parte a oficiales:* para que no se lleven parte del regalo los sastres.
[4] *marco de oro:* moneda de gran valor.

mucho murmurar. Por mi amor, hermano, que oigas y calles, que por eso te dio Dios dos oídos y una lengua sola.

PÁRM.—¡Oirá el diablo! Está colgado de la boca de la vieja, sordo y mudo y ciego, hecho personaje sin son, que, aunque le diésemos higas[5], diría que alzábamos las manos a Dios, rogando por buen fin de sus amores.

SEMP.—Calla, oye, escucha bien a Celestina. En mi alma, todo lo merece y más que le diese. Mucho dice.)

CEL.—Señor Calisto, para tan flaca vieja como yo, mucha franqueza usaste. Pero, como todo don o dádiva se juzgue grande o chica respecto del que lo da, no quiero traer a consecuencia mi poco merecer, ante quien sobra en cualidad y en cuantidad. Mas medirse ha con tu magnificencia, ante quien no es nada. En pago de la cual te restituyo tu salud, que iba perdida; tu corazón, que te faltaba; tu seso, que se alteraba. Melibea pena por ti más que tú por ella, Melibea te ama y desea ver, Melibea piensa más horas en tu persona que en la suya, Melibea se llama tuya y esto tiene por título de libertad y con esto amansa el fuego, que más que a ti la quema.

CAL.—Mozos, ¿estoy yo aquí? Mozos, ¿oigo yo esto? Mozos, mirad si estoy despierto. ¿Es de día o de noche? ¡Oh señor Dios, padre celestial, ruégote que esto no sea sueño! ¡Despierto, pues, estoy! Si burlas, señora, de mí por me pagar[6] en palabras, no temas, di verdad, que para lo que tú de mí has recibido, más merecen tus pasos.

---

[5] *diésemos higas:* dar higas era un gesto obsceno que se hacía cerrando el puño y levantando el dedo pulgar entre el índice y el medio.
[6] *me pagar:* contentarme.

CEL.—Nunca el corazón lastimado de deseo toma la buena nueva por cierta ni la mala por dudosa; pero, si burlo o si no, verlo has yendo esta noche, según el concierto dejo con ella, a su casa, en dando el reloj doce, a la hablar por entre las puertas. De cuya boca sabrás más por entero mi solicitud y su deseo y el amor que te tiene quién lo ha causado.

CAL.—Ya, ya, ¿tal cosa espero? ¿Tal cosa es posible haber de pasar por mí? Muerto soy de aquí allá, no soy capaz de tanta gloria, no merecedor de tan gran merced, no digno de hablar con tal señora de su voluntad y grado.

CEL.—Siempre lo oí decir, que es más difícil de sufrir la próspera fortuna que la adversa; que la una no tiene sosiego y la otra tiene consuelo. ¿Cómo, señor Calisto, y no mirarías quién tú eres? ¿No mirarías el tiempo que has gastado en su servicio? ¿No mirarías a quién has puesto entremedias? ¿Y asimismo que hasta agora siempre has estado dudoso de la alcanzar y tenías sufrimiento? Agora que te certifico el fin de tu penar, ¿quieres poner fin a tu vida? Mira, mira, que está Celestina de tu parte y que, aunque todo te faltase lo que en un enamorado se requiere, te vendería por el más acabado galán del mundo, que te haría llanas las peñas para andar, que te haría las más crecidas aguas corrientes pasar sin mojarte. Mal conoces a quien das tu dinero.

CAL.—¡Cata, señora! ¿Qué me dices que verná de su grado?

CEL.—Y aun de rodillas.

SEMP.—No sea ruido hechizo, que nos quieren tomar a manos a todos[7]. Cata, madre, que así se suelen dar las

---

[7] *No sea... a todos:* Calisto teme una emboscada; *ruido hechizo* es rumor falso, palabras fingidas.

zarazas[8] en pan envueltas, porque no las sienta el gusto.

PÁRM.—Nunca te oí decir mejor cosa. Mucha sospecha me pone el presto conceder de aquella señora y venir tan aína en todo su querer de Celestina, engañando nuestra voluntad con sus palabras dulces y prestas por hurtar por otra parte, como hacen los de Egipto cuando el signo nos catan en la mano[9]. Pues alahé, madre, con dulces palabras están muchas injurias vengadas. El falso boezuelo[10] con su blando cencerrar trae las perdices a la red; el canto de la serena engaña los simples marineros con su dulzor. Así ésta con su mansedumbre y concesión presta querrá tomar una manada de nosotros a su salvo; purgará su inocencia con la honra de Calisto y con nuestra muerte. Así como corderica mansa que mama su madre y la ajena, ella con su segurar tomará la venganza de Calisto en todos nosotros, de manera que, con la mucha gente que tiene, podrá cazar a padres e hijos en una nidada y tú estarte has rascando a tu fuego, diciendo: «a salvo está él que repica»[11].

CAL.—¡Callad, locos, bellacos, sospechosos! Parece que dais a entender que los ángeles sepan hacer mal. Sí, que Melibea ángel disimulado es, que vive entre nosotros.

SEMP.—(¿Todavía te vuelves a tus herejías? Escúchale, Pármeno. No te pene nada, que, si fuere trato doble, él lo pagará, que nosotros buenos pies tenemos.)

---

[8] *zarazas:* vidrio, agujas o veneno que se envolvían en pan para matar perros.

[9] *los de Egipto... en la mano:* se refiere a los gitanos y a su costumbre de leer el futuro en la mano.

[10] *boezuelo:* señuelo, figura de buey para cazar perdices.

[11] *a salvo está el que repica:* refrán que se dice para hablar de quien está seguro; tiene su origen en la posición del vigía que, encastillado en la torre de un barco, llama a sus compañeros para la batalla.

CEL.—Señor, tú estás en lo cierto; vosotros cargados de sospechas vanas. Yo he hecho todo lo que a mí era a cargo. Alegre te dejo. Dios te libre y aderece. Pártome muy contenta. Si fuere menester para esto o para más, allí estoy muy aparejada a tu servicio.

PÁRM.—(¡Hi, hi, hi!

SEMP.—¿De qué te ríes, por tu vida, Pármeno?

PÁRM.—De la priesa que la vieja tiene por irse. No ve la hora que haber despegado[12] la cadena de casa. No puede creer que la tenga en su poder ni que se la han dado de verdad. No se halla digna de tal don, tan poco como Calisto de Melibea.

SEMP.—¿Qué quieres que haga una puta alcahueta, que sabe y entiende lo que nosotros nos callamos, y suele hacer siete virgos por dos monedas, después de verse cargada de oro, sino ponerse en salvo con la posesión, con temor no se la tornen a tomar, después que ha cumplido de su parte aquello para que era menester? ¡Pues guárdese del diablo, que sobre el partir no le saquemos el alma!)

CAL.—Dios vaya contigo, mi madre. Yo quiero dormir y reposar un rato para satisfacer a las pasadas noches y cumplir con la por venir.

[4]

CEL.—Tha, tha, tha, tha.

ELIC.—¿Quién llama?

CEL.—Abre, hija Elicia.

ELIC.—¿Cómo vienes tan tarde? No lo debes hacer, que eres vieja; tropezarás donde caigas y mueras.

CEL.—No temo eso, que de día me aviso por donde venga de noche. Que jamás me subo por poyo ni calza-

---

[12] *despegado:* quitado.

da, sino por medio de la calle. Porque como dicen: no da paso seguro quien corre por el muro y que aquel va más sano que anda por llano. Más quiero ensuciar mis zapatos con el lodo que ensangrentar las tocas y los cantos. Pero no te duele a ti en ese lugar.

EELIC.—¿Pues qué me ha de doler?

CEL.—Que se fue la compañía que te dejé y quedaste sola.

ELIC.—Son pasadas cuatro horas después, ¿y habíaseme de acordar de eso?

CEL.—Cuanto más presto te dejaron, más con razón lo sentiste. Pero dejemos su ida y mi tardanza. Entendamos en cenar y dormir.

AUTO XII

L *LEGAMOS al primer encuentro amoroso. Entiéndelo bien, hay una puerta de por medio que frustra el deseo de los amantes. Observa el miedo de los criados, fuertemente armados. El mismo auto que nos cuenta el primer encuentro amoroso termina, por otra parte, trágicamente. ¿Puede tener eso algún sentido? Celestina, experta en el manejo de las pasiones ajenas, es víctima de una de esas pasiones. Piénsalo bien, ¿qué le pierde a Celestina? Observa también cómo termina el auto, con un corte brusco al final, y cómo empezará el siguiente: no se nos muestran todas las acciones; se narran, muy brevemente, como ocurridos, algunos hechos. Escribir es siempre elegir, seleccionar los episodios más relevantes; y elisiones como ésta hacen avanzar con rapidez la historia.*

* * *

ARGUMENTO DEL DOCENO AUTO

L *LEGANDO la media noche, Calisto, Sempronio y Pármeno, armados van para casa de Melibea. Lucrecia y Melibea están cabe la puerta, aguardando a Calisto. Viene Calisto. Háblale primero Lucrecia. Llama a Melibea. Apártase Lucrecia. Háblanse por entre las puertas Melibea y Calisto. Pármeno y Sempronio en su cabo departen. Oyen gentes por la calle. Apercíbense para huir. Despídese Calisto de Melibea, dejando concertada la tornada para la noche siguiente. Pleberio, al son del ruido que había en la calle, despierta, llama a su mujer, Alisa. Preguntan a Melibea quién da patadas en su cámara. Responde Melibea a su padre Pleberio fingiendo que tenía sed.*

Calisto con sus criados va para su casa hablando. Échase a dormir. Pármeno y Sempronio van a casa de Celestina. Demandan su parte de la ganancia. Disimula Celestina. Vienen a reñir. Échanle mano a Celestina; mátanla. Da voces Elicia. Viene la justicia y préndelos a ambos.

CALISTO, LUCRECIA, MELIBEA, SEMPRONIO, PÁRMENO, PLEBERIO, ALISA, CELESTINA, ELICIA

[1]

CAL.—¿Mozos, qué hora da el reloj?

SEMP.—Las diez.

CAL.—¡Oh, cómo me descontenta el olvido en los mozos! De mi mucho acuerdo[1] en esta noche y tu descuidar y olvido se haría una razonable memoria y cuidado. ¿Cómo, desatinado, sabiendo cuánto me va, Sempronio, en ser diez o once, me respondías a tiento lo que más aína se te vino a la boca? ¡Oh cuitado de mí! Si por caso me hobiera dormido y colgara mi pregunta de la respuesta de Sempronio para hacerme de once diez y así de doce once. Saliera Melibea, yo no fuera ido, tornárase; de manera, que ni mi mal hobiera fin ni mi deseo ejecución. No se dice en balde que mal ajeno de pelo cuelga[2].

SEMP.—Tanto yerro, señor, me parece sabiendo, preguntar, como ignorando, responder. (Mas éste mi amo tiene gana de reñir y no sabe cómo.)

PÁRM.—Mejor sería, señor, que se gastase esta hora que queda en aderezar armas que en buscar cuestiones.

---

[1] *acuerdo:* estar despierto.
[2] *mal ajeno de pelo cuelga:* refrán; mal ajeno poco importa.

CAL.—Bien me dice este necio. No quiero en tal tiempo
recibir enojo. No quiero pensar en lo que pudiera
venir, sino en lo que fue; no en el daño que resultara
de su negligencia, sino en el provecho que verná de
mi solicitud. Quiero dar espacio a la ira, que o se me
quitará o se me ablandará. Pues descuelga, Pármeno,
mis corazas y armaos vosotros y así iremos a buen
recaudo, porque como dicen: el hombre apercibido,
medio combatido[3].

PÁRM.—Helas aquí, señor.

CAL.—Ayúdame aquí a vestirlas. Mira tú, Sempronio, si
parece alguno por la calle.

SEMP.—Señor, ninguna gente parece y, aunque la hobiese, la mucha escuridad privaría el viso[4] y conocimiento a los que nos encontrasen.

[2]

CAL.—Pues andemos por esta calle, aunque se rodee
alguna cosa, porque más encubiertos vamos. Las doce
da ya; buena hora es.

PÁRM.—Cerca estamos.

CAL.—A buen tiempo llegamos. Párate tú, Pármeno, a
ver si es venida aquella señora por entre las puertas.

PÁRM.—¿Yo, señor? Nunca Dios mande que sea en dañar lo que no concerté; mejor será que tu presencia
sea su primer encuentro, porque viéndome a mí no se
turbe de ver que de tantos es sabido lo que tan oculta-
mente querría hacer y con tanto temor hace, o porque
quizá pensará que la burlaste.

---

[3] Refrán; su sentido es que con previa advertencia y preparación, el
combate está medio ganado.

[4] *viso:* visión.

CAL.—¡Oh, qué bien has dicho! La vida me has dado con tu sotil aviso, pues no era más menester para me llevar muerto a casa que volverse ella por mi mala providencia. Yo me llego allá; quedaos vosotros en ese lugar.

[3]

PÁRM.—¿Qué te parece, Sempronio, cómo el necio de nuestro amo pensaba tomarme por broquel[5] para el encuentro del primer peligro? ¿Qué sé yo quién está tras las puertas cerradas? ¿Qué sé yo si hay traición? ¿Qué sé yo si Melibea anda porque le pague nuestro amo su mucho atrevimiento de esta manera? Y aun no somos muy ciertos decir verdad la vieja. No sepas hablar, Pármeno: ¡sacarte han el alma, sin saber quién! No seas lisonjero, como tu amo quiere, y jamás llorarás duelos ajenos. No tomes en lo que te cumple el consejo de Celestina y hallarte has a escuras. Ándate ahí con tus consejos y amonestaciones fieles: ¡darte han de palos! No vuelvas la hoja y quedarte has a buenas noches[6]. Quiero hacer cuenta que hoy me nací, pues de tal peligro me escapé.

SEMP.—Paso, paso, Pármeno. No saltes ni hagas ese bullicio de placer, que darás causa que seas sentido.

PÁRM.—Calla, hermano, que no me hallo de alegría. ¡Cómo le hice creer que por lo que a él cumplía dejaba de ir y era por mi seguridad! ¿Quién supiera así rodear su provecho, como yo? Muchas cosas me verás hacer, si estás de aquí adelante atento, que no las sientan todas personas, así con Calisto como con cuantos en este negocio suyo se entremetieren. Por-

---

[5] *broquel:* escudo.
[6] *No vuelvas la hoja y quedarte has a buenas noches:* no cambies de opinión y no sacarás beneficio (se refiere aquí Pármeno a su antigua fidelidad).

que soy cierto que esta doncella ha de ser para él cebo de anzuelo o carne de buitrera[7], que suelen pagar bien el escote los que a comerla vienen.

SEMP.—Anda, no te penen a ti esas sospechas, aunque salgan verdaderas. Apercíbete; a la primera voz que oyeres, tomar calzas de Villadiego.

PÁRM.—Leído has donde yo; en un corazón estamos. Calzas traigo y aun borceguíes de esos ligeros que tú dices, para mejor huir que otro. Pláceme que me has, hermano, avisado de lo que yo no hiciera de vergüenza de ti. Que nuestro amo, si es sentido, no temo que se escapará de manos de esta gente de Pleberio, para podernos después demandar cómo lo hicimos e incusarnos[8] el huir.

SEMP.—¡Oh Pármeno, amigo, cuán alegre y provechosa es la conformidad en los compañeros! Aunque por otra cosa no nos fuera buena Celestina, era harta utilidad la que por su causa nos ha venido.

PÁRM.—Ninguno podrá negar lo que por sí se muestra. Manifiesto es que con vergüenza el uno del otro, por no ser odiosamente acusado de cobarde, esperáramos aquí la muerte con nuestro amo, no siendo más de él merecedor de ella.

SEMP.—Salido debe haber Melibea. Escucha, que hablan quedito.

PÁRM.—¡Oh, cómo temo que no sea ella, sino alguno que finja su voz!

SEMP.—Dios nos libre de traidores, no nos hayan tomado la calle por do tenemos de huir; que de otra cosa no tengo temor.

---

[7] *carne de buitrera*: cebo para cazar buitres.
[8] *incusarnos*: censurarnos.

[4]

CAL.—Este bullicio, más de una persona lo hace. Quiero hablar, sea quien fuere. ¡Ce, señora mía!

LUCR.—La voz de Calisto es ésta. Quiero llegar. ¿Quién habla? ¿Quién está fuera?

CAL.—Aquel que viene a cumplir tu mandado.

LUCR.—¿Por qué no llegas, señora? Llega sin temor acá, que aquel caballero está aquí.

MELIB.—¡Loca, habla paso! Mira bien si es él.

LUCR.—Allégate, señora, que sí es, que yo le conozco en la voz.

CAL.—Cierto soy burlado; no era Melibea la que me habló. ¡Bullicio oigo; perdido soy! Pues viva o muera, que no he de ir de aquí.

MELIB.—Vete, Lucrecia, acostar un poco. ¡Ce señor! ¿Cómo es tu nombre? ¿Quién es el que te mandó ahí venir?

CAL.—Es la que tiene merecimiento de mandar a todo el mundo, la que dignamente servir yo no merezco. No tema tu merced de se descubrir a este cativo de tu gentileza; que el dulce sonido de tu habla, que jamás de mis oídos se cae, me certifica ser tú mi señora Melibea. Yo soy tu siervo Calisto.

MELIB.—La sobrada osadía de tus mensajes me ha forzado a haberte de hablar, señor Calisto. Que habiendo habido de mí la pasada respuesta a tus razones, no sé qué piensas más sacar de mi amor de lo que entonces te mostré. Desvía estos vanos y locos pensamientos de tí, porque mi honra y persona estén sin detrimento de mala sospecha seguras. A esto fue aquí mi venida, a dar concierto en tu despedida y mi reposo. No quieras poner mi fama en la balanza de las lenguas maldicientes.

CAL.—A los corazones aparejados con apercibimiento recio contra las adversidades, ninguna puede venir que pase de claro en claro la fuerza de su muro. Pero el triste que, desarmado y sin proveer los engaños y celadas, se vino a meter por las puertas de tu seguridad, cualquiera cosa que en contrario vea, es razón que me atormente y pase rompiendo todos los almacenes en que la dulce nueva estaba aposentada. ¡Oh malaventurado Calisto, oh cuán burlado has sido de tus sirvientes! ¡Oh engañosa mujer Celestina; dejárasme acabar de morir y no tornaras a vivificar mi esperanza, para que tuviese más que gastar el fuego que ya me aqueja! ¿Por qué falsaste la palabra de esta mi señora? ¿Por qué has así dado con tu lengua causa a mi desesperación? ¿A qué me mandaste aquí venir, para que me fuese mostrado el disfavor, el entredicho, la desconfianza, el odio, por la misma boca de esta que tiene las llaves de mi perdición y gloria? ¡O enemiga! ¿Y tú no me dijiste que esta mi señora me era favorable? ¿No me dijiste que de su grado mandaba venir este su cativo al presente lugar, no para me desterrar nuevamente de su presencia, pero para alzar el destierro, ya por otro su mandamiento puesto ante de agora? ¿En quién hallaré yo fe? ¿Adónde hay verdad? ¿Quién carece de engaño? ¿Adónde no moran falsarios? ¿Quién es claro enemigo? ¿Quién es verdadero amigo? ¿Dónde no se fabrican traiciones? ¿Quién osó darme tan cruda esperanza de perdición?

MELID. Cesen, señor mío, tus verdaderas querellas; que ni mi corazón basta para las sufrir ni mis ojos para lo disimular. Tú lloras de tristeza, juzgándome cruel; yo lloro de placer, viéndote tan fiel. ¡Oh mi señor y mi bien todo! ¡Cuánto más alegre me fuera poder ver tu faz, que oír tu voz! Pero, pues no se puede al presente

más hacer, toma la firma y sello de las razones que te
envié escritas en la lengua de aquella solícita mensajera. Todo lo que te dijo confirmo, todo lo he por bueno. Limpia, señor, tus ojos, ordena de mí a tu voluntad.

CAL.—¡Oh señora mía, esperanza de mi gloria, descanso
y alivio de mi pena, alegría de mi corazón! ¿Qué
lengua será bastante para te dar iguales gracias a la
sobrada e incomparable merced que en este punto, de
tanta congoja para mí, me has quesido hacer en querer que un tan flaco e indigno hombre pueda gozar de
tu suavísimo amor? Del cual, aunque muy deseoso,
siempre me juzgaba indigno, mirando tu grandeza,
considerando tu estado, remirando tu perfección,
contemplando tu gentileza, acatando mi poco merecer y tu alto merecimiento, tus extremadas gracias, tus
loadas y manifiestas virtudes. Pues, oh alto Dios,
¿cómo te podré ser ingrato, que tan milagrosamente
has obrado conmigo tus singulares maravillas? ¡Oh,
cuántos días antes de agora pasados me fue venido
este pensamiento a mi corazón, y por imposible le
rechazaba de mi memoria, hasta que ya los rayos ilus-
trantes de tu claro gesto dieron luz en mis ojos,
encendieron mi corazón, despertaron mi lengua, ex-
tendieron mi merecer, acortaron mi cobardía, destor-
cieron mi encogimiento, doblaron mis fuerzas, des-
adormecieron mis pies y manos, finalmente me dieron
tal osadía, que me han traído con su mucho poder a
este sublimado estado en que agora me veo, oyendo
de grado tu suave voz! La cual, si ante de agora no
conociese y no sintiese tus saludables olores, no podría creer que acreciesen de engaño tus palabras. Pero,
como soy cierto de tu limpieza de sangre y hechos,
me estoy remirando si soy yo, Calisto, a quien tanto
bien se le hace.

MELIB.—Señor Calisto, tu mucho merecer, tus extremadas gracias, tu alto nacimiento han obrado que, después que de ti hobe entera noticia, ningún momento de mi corazón te partieses. Y aunque muchos días he pugnado por lo disimular, no he podido tanto que, en tornándome aquella mujer tu dulce nombre a la memoria, no descubriese mi deseo y viniese a este lugar y tiempo, donde te suplico ordenes y dispongas de mi persona según querrás. Las puertas impiden nuestro gozo, las cuales yo maldigo y sus fuertes cerrojos y mis flacas fuerzas, que ni tú estarías quejoso ni yo descontenta.

CAL.—¿Cómo, señora mía, y mandas que consienta a un palo[9] impedir nuestro gozo? Nunca yo pensé que, demás de tu voluntad, lo pudiera cosa estorbar. ¡Oh molestas y enojosas puertas! Ruego a Dios que tal fuego os abrase, como a mí da guerra; que con la tercia parte seríades en un punto quemadas. Pues, por Dios, señora mía, permite que llame a mis criados para que las quiebren.

PÁRM.—(¿No oyes, no oyes, Sempronio? A buscarnos quiere venir para que nos den mal año. No me agrada cosa esta venida. ¡En mal punto creo que se empezaron estos amores! Yo no espero más aquí.

SEMP.—Calla, calla, escucha, que ella no consiente que vamos allá.)

MELIB.—¿Quieres, amor mío, perderme a mí y dañar mi fama? No sueltes las riendas a la voluntad. La esperanza es cierta, el tiempo breve, cuanto tú ordenares. Y pues tú sientes tu pena sencilla e yo la de entrambos, tú solo dolor, yo el tuyo y el mío, conténtate con venir mañana a esta hora por las paredes de mi huer-

---

[9] *un palo:* el travesaño que clausura la puerta.

to. Que si agora quebrases las crueles puertas, aunque al presente no fuésemos sentidos, amanecería en casa de mi padre terrible sospecha de mi yerro. Y pues sabes que tanto mayor es el yerro cuanto mayor es el que yerra, en un punto será por la ciudad publicado.

SEMP.—(¡Enoramala acá esta noche venimos! Aquí nos ha de amanecer, según del espacio que nuestro amo lo toma. Que, aunque más la dicha nos ayude, nos han en tanto tiempo de sentir de su casa o vecinos.

PÁRM.—Ya ha dos horas que te requiero que nos vamos, que no faltará un achaque.)

CAL.—¡Oh mi señora y mi bien todo! ¿Por qué llamas yerro a aquello por que los santos de Dios me fue concedido? Rezando hoy ante el altar de la Magdalena, me vino con tu mensaje alegre aquella solícita mujer.

[5]

PÁRM.—¡Desvariar, Calisto, desvariar! Por fe tengo, hermano, que no es cristiano. Lo que la vieja traidora con sus pestíferos hechizos ha rodeado y hecho, dice que los santos de Dios se lo han concedido e impetrado[10]. Y con esta confianza quiere quebrar las puertas; y no habrá dado el primer golpe, cuando sea sentido y tomado por los criados de su padre, que duermen cerca.

SEMP.—Ya no temas, Pármeno, que harto desviados estamos. En sintiendo bullicio, el buen huir nos ha de valer. Déjale hacer, que si mal hiciere, él lo pagará.

PÁRM.—Bien hablas, en mi corazón estás. Así se haga. Huigamos la muerte, que somos mozos. Que no querer morir ni matar no es cobardía, sino buen natural. Estos escuderos de Pleberio son locos: no desean tan-

---

[10] *impetrado*: llevado a cabo.

to comer, ni dormir, como cuestiones y ruidos. Pues más locura sería esperar pelea con enemigo, que no ama tanto la vitoria y vencimiento, como la continua guerra y contienda. ¡Oh, si me vieses, hermano, cómo estoy, placer habrías! A medio lado, abiertas las piernas, el pie izquierdo adelante puesto en huida, las haldas en la cinta arrolladas, la adarga sobre el sobaco, porque no me empache[11]. Que, por Dios, que creo corriese como un gamo, según el temor que tengo de estar aquí.

SEMP.—Mejor estoy yo, que tengo liado el broquel y el espada con las correas, porque no se me caigan al correr, y el caxquete en la capilla[12].

PÁRM.—¿Y las piedras que traías en ella?

SEMP.—Todas las vertí por ir más liviano. Que harto tengo que llevar en estas corazas que me hiciste vestir por tu importunidad; que bien las rehusaba de traer, porque me parecían para huir muy pesadas. ¡Escucha, escucha! ¿Oyes, Pármeno? ¡A malas andan; muertos somos! Bota presto[13], echa hacia casa de Celestina, no nos atajen por nuestra casa.

PÁRM.—Huye, huye, que corres poco. ¡Oh pecador de mí, si nos han de alcanzar! Deja broquel y todo.

SEMP.—¿Si han muerto ya a nuestro amo?

PÁRM.—No sé, no me digas nada; corre y calla, que el menor cuidado mío es ése.

SEMP.—¡Ce, ce, Pármeno! Torna, torna callando, que no es sino la gente del alguacil, que pasaba haciendo estruendo por la otra calle.

---

[11] Pármeno está listo para la huida; *a medio lado:* en posición de echar a correr; *las haldas en la cinta arrolladas:* las faldetas del jubón enrolladas en la cintura; *adarga:* escudo de cuero; *empache:* moleste.

[12] *capilla:* la capucha de la capa.

[13] *Bota presto:* lárgate rápido.

PÁRM.—Míralo bien; no te fíes en los ojos, que se antoja muchas veces uno por otro. No me habían dejado gota de sangre. Tragada tenía ya la muerte, que me parecía que me iban dando en estas espaldas golpes. En mi vida me acuerdo haber tan gran temor ni verme en tal afrenta, aunque he andado por casas ajenas harto tiempo y en lugares de harto trabajo. Que nueve años serví a los frailes de Guadalupe, que mil veces nos apuñeábamos yo y otros. Pero nunca como esta vez hobe miedo de morir.

SEMP.—¿Y yo no serví al cura de San Miguel y al mesonero de la plaza y a Molléjar el hortelano? Y también yo tenía mis cuestiones con los que tiraban piedras a los pájaros, que asentaban en un álamo grande que tenía, porque dañaban la hortaliza. Pero guárdete Dios de verte con armas, que aquél es el verdadero temor. No en balde dicen; cargado de hierro y cargado de miedo. Vuelve, vuelve, que el alguacil es cierto.

[6]

MELIB.—Señor Calisto, ¿qué es eso que en la calle suena? Parecen voces de gente que van en huida. Por Dios, mírate, que estás a peligro.

CAL.—Señora, no temas, que a buen seguro vengo. Los míos deben de ser, que son unos locos y desarman a cuantos pasan y huiríales alguno.

MELIB.—¿Son muchos los que traes?

CAL.—No, sino dos; pero, aunque sean seis sus contrarios, no recibirán mucha pena para les quitar las armas y hacerlos huir, según su esfuerzo. Escogidos son, señora, que no vengo a lumbre de pajas[14]. Si no fuese

---

[14] *a lumbre de pajas:* a la ligera.

por lo que a tu honra toca, pedazos harían estas puertas. Y si sentidos fuésemos, a ti y a mí librarían de toda la gente de tu padre.

MELIB.—¡Oh, por Dios, no se cometa tal cosa! Pero mucho placer tengo que de tan fiel gente andas acompañado. Bien empleado es el pan que tan esforzados sirvientes comen. Por mi amor, señor, pues tal gracia la natura les quiso dar, sean de ti bien tratados y galardonados, porque en todo te guarden secreto. Y cuando sus osadías y atrevimientos les corrigieres, a vueltas del castigo mezcla favor, porque los ánimos esforzados no sean con encogimiento diminutos e irritados en el osar a sus tiempos.

PÁRM.—¡Ce, ce, señor, quítate presto dende, que viene mucha gente con hachas y serás visto y conocido, que no hay donde te metas!

CAL.—¡Oh mezquino yo y cómo es forzado, señora, partirme de ti! ¡Por cierto, temor de la muerte no obrara tanto como el de tu honra! Pues que así es, los ángeles queden con tu presencia. Mi venida será, como ordenaste, por el huerto.

MELIB.—Así sea y vaya Dios contigo.

[7]

PLEB.—Señora mujer, ¿duermes?

ALI.—Señor, no.

PLEB.—¿No oyes bullicio en el retraimiento [15] de tu hija?

ALI.—Sí oigo. ¡Melibea, Melibea!

PLEB.—No te oye; yo la llamaré más recio. ¡Hija mía, Melibea!

MELIB.—¡Señor!

---

[15] *retraimiento:* cámara.

PLEB.—¿Quién da patadas y hace bullicio en tu cámara?

MELIB.—Señor, Lucrecia es, que salió por un jarro de agua para mí, que había gran sed.

PLEB.—Duerme, hija, que pensé que era otra cosa.

LUCR.—(Poco estruendo los despertó. Con gran pavor hablaban.

MELIB.—No hay tan manso animal que con amor o temor de sus hijos no asperece[16]. Pues ¿qué harían, si mi cierta salida supiesen?)

[8]

CAL.—Cerrad esa puerta, hijos. Y tú, Pármeno, sube una vela arriba.

SEMP.—Debes, señor, reposar y dormir esto que queda de aquí al día.

CAL.—Pláceme, que bien lo he menester. ¿Qué te parece, Pármeno, de la vieja, que tú me desalababas? ¿Qué obra ha salido de sus manos? ¿Qué fuera hecho sin ella?

PÁRM.—Ni yo sentía tu gran pena ni conocía la gentileza y merecimiento de Melibea; y así no tengo culpa. Conocía a Celestina y sus mañas. Avisábate como a señor; pero ya me parece que es otra. Todas[17] las ha mudado.

CAL.—¿Y cómo mudado?

PÁRM.—Tanto que, si no lo hobiese visto, no lo creería; mas así vivas tú como es verdad.

CAL.—¿Pues habéis oído lo que con aquella mi señora he pasado? ¿Qué hacíades? ¿Teníades temor?

SEMP.—¿Temor, señor, o qué? Por cierto, todo el mundo no nos le hiciera tener. ¡Hallado habías los temero-

---

[16] *asperece:* se exaspere.
[17] *Todas:* se refiere a las mañas de Celestina.

sos! Allí estuvimos esperándote muy aparejados y nuestras armas muy a mano.

CAL.—¿Habéis dormido algún rato?

SEMP.—¿Dormir, señor? ¡Dormilones son los mozos! Nunca me asenté ni aun junté por Dios los pies, mirando a todas partes para, en sintiendo por qué, saltar presto y hacer todo lo que mis fuerzas me ayudaran. Pues Pármeno, aunque te parecía que no te servía hasta aquí de buena gana, así se holgó, cuando vido los de las hachas, como lobo cuando siente polvo de ganado, pensando poder quitárselas, hasta que vido que eran muchos.

CAL.—No te maravilles, que procede de su natural ser osado y, aunque no fuese por mí, hacíalo porque no pueden los tales venir contra su uso, que aunque muda el pelo la raposa, su natural no despoja. Por cierto yo dije a mi señora Melibea lo que en vosotros hay y cuán seguras tenía mis espaldas con vuestra ayuda y guarda. Hijos, en mucho cargo os soy. Rogad a Dios por salud, que yo os galardonaré más cumplidamente vuestro buen servicio. Id con Dios a reposar.

[9]

PÁRM.—¿Adónde iremos, Sempronio? ¿A la cama a dormir o a la cocina a almorzar?

SEMP.—Ve tú donde quisieres; que, antes que venga el día, quiero yo ir a Celestina a cobrar mi parte de la cadena. Que es una puta vieja; no le quiero dar tiempo en que fabrique alguna ruindad con que nos excluya.

PÁRM.—Bien dices; olvidado lo había. Vamos entrambos y, si en eso se pone, espantémosla de manera que le pese. Que sobre dinero no hay amistad.

[10]

SEMP.—¡Ce, ce, calla, que duerme cabe esta ventanilla! Tha, tha; señora Celestina, ábrenos.

CEL.—¿Quién llama?

SEMP.—Abre, que son tus hijos.

CEL.—No tengo yo hijos que anden a tal hora.

SEMP.—Ábrenos a Pármeno y Sempronio, que nos venimos acá almorzar contigo.

CEL.—¡Oh locos traviesos; entrad, entrad! ¿Cómo venís a tal hora, que ya amanece? ¿Qué habéis hecho? ¿Qué os ha pasado? ¿Despidióse la esperanza de Calisto o vive todavía con ella, y cómo queda?

SEMP.—¿Cómo, madre? Si por nosotros no fuera, ya anduviera su alma buscando posada para siempre. Que, si estimarse pudiese a lo que de allí nos queda obligado, no sería su hacienda bastante a cumplir la deuda, si verdad es lo que dicen, que la vida y persona es más digna y de más valor que otra cosa ninguna.

CEL.—¡Jesú! ¿Que en tanta afrenta os habéis visto? Cuéntamelo, por Dios.

SEMP.—Mira qué tanta, que por mi vida la sangre me hierve en el cuerpo en tornarlo a pensar.

CEL.—Reposa, por Dios, y dímelo.

PÁRM.—Cosa larga le pides, según venimos alterados y cansados del enojo que habemos habido. Harías mejor aparejarnos a él y a mí de almorzar; quizá nos amansaría algo la alteración que traemos. Que cierto te digo que no querría ya topar hombre que paz quisiese. Mi gloria sería agora hallar en quien vengar la ira que no pude en los que nos la causaron, por su mucho huir.

CEL.—¡Landre me mate, si no me espanto en verte tan fiero! Creo que burlas. Dímelo agora, Sempronio, tú, por mi vida; ¿qué os ha pasado?

SEMP.—Por Dios, sin seso vengo, desesperado; aunque para contigo por demás es no templar la ira y todo enojo y mostrar otro semblante que con los hombres. Jamás me mostré poder mucho con los que poco pueden. Traigo, señora, todas las armas despedazadas, el broquel sin aro, la espada como sierra, el caxquete abollado en la capilla. Que no tengo con qué salir un paso con mi amo, cuando menester me haya. Que quedó concertado de ir esta noche que viene a verse por el huerto. ¿Pues comprarlo de nuevo? No mando un maravedí en que caiga muerto[18].

CEL.—Pídelo, hijo, a tu amo, pues en su servicio se gastó y quebró. Pues sabes que es persona que luego lo cumplirá. Que no es de los que dicen; «Vive conmigo y busca quien te mantenga». Él es tan franco, que te dará para eso y para más.

SEMP.—¡Ha! Trae también Pármeno perdidas las suyas. A este cuento, en armas se le irá su hacienda. ¿Cómo quieres que le sea tan importuno en pedirle más de lo que él de su propio grado hace, pues es harto? No digan por mí que dándome un palmo pido cuatro. Dionos las cient monedas, dionos después la cadena. A tres tales aguijones no terná cera en el oído[19]. Caro le costaría este negocio. Contentémonos con lo razonable, no lo perdamos todo por querer más de la razón, que quien mucho abarca, poco suele apretar.

CEL.—¡Gracioso es el asno! Por mi vejez que, si sobre comer fuera, que dijera que habíamos todos cargado demasiado. ¿Estás en tu seso, Sempronio? ¿Qué tiene

---

[18] *No mando un maravedí en que caiga muerto:* no tengo un maravedí (moneda de poco valor) donde caer muerto.
[19] *A tres tales aguijones no terná cera en el oído:* con tales regalos no le quedará ni cera en los oídos.

que hacer tu galardón con mi salario, tu soldada con mis mercedes? ¿Soy yo obligada a soldar vuestras armas, a cumplir vuestras faltas? Aosadas, que me maten si no te has asido a una palabrilla que te dije el otro día viniendo por la calle, que cuanto yo tenía era tuyo y que, en cuanto pudiese con mis pocas fuerzas, jamás te faltaría, y que, si Dios me diese buena manderecha[20] con tu amo, que tú no perderías nada. Pues ya sabes, Sempronio, que estos ofrecimientos, estas palabras de buen amor no obligan. No ha de ser oro cuanto reluce; si no, más barato valdría. Dime, ¿estoy en tu corazón, Sempronio? Verás si, aunque soy vieja, sí acierto lo que tú puedes pensar. Tengo, hijo, en buena fe, más pesar que se me quiere salir esta alma de enojo. Di a esta loca de Elicia, como vine de tu casa, la cadenilla que traje para que se holgase con ella y no se puede acordar dónde la puso. Que en toda esta noche ella ni yo no habemos dormido sueño, de pesar. No por su valor de la cadena, que no era mucho; pero por su mal cobro[21] de ella y de mi mala dicha. Entraron unos conocidos y familiares míos en aquella sazón aquí; temo no la hayan llevado; diciendo: «Si te vi, burléme», etc.[22] Así que, hijos, agora que quiero hablar con entrambos, si algo vuestro amo a mí me dio, debéis mirar que es mío; que de tu jubón de brocado no te pedí yo parte ni la quiero. Sirvamos todos, que a todos dará, según viere que lo merecen. Que si me ha dado algo, dos veces he puesto por él mi vida al tablero. Más herramienta se me ha

---

[20] *manderecha:* acierto; es palabra bastante usual.

[21] *mal cobro:* mala seguridad.

[22] *Si te vi, burléme:* recuerdo del refrán «Si me viste, burléme; si no me viste, calléme»; se usaba para el ladrón que entra en casa y, si se le pilla robando, dice que es broma.

embotado en su servicio que a vosotros, más materiales he gastado. Pues habéis de pensar, hijos, que todo me cuesta dinero y aun mi saber, que no lo he alcanzado holgando. De lo cual fuera buen testigo su madre de Pármeno, Dios haya su alma. Esto trabajé yo; a vosotros se os debe esotro. Esto tengo yo por oficio y trabajo; vosotros por recreación y deleite. Pues así, no habéis vosotros de haber igual galardón de holgar que yo de pensar. Pero aun con todo lo que he dicho, no os despidáis, si mi cadena parece, de sendos pares de calzas de grana, que es el hábito que mejor en los mancebos parece. Y si no, recibid la voluntad, que yo me callaré con mi pérdida. Y todo esto, de buen amor, porque holgasteis que hobiese yo antes el provecho de estos pasos que no otra. Y si no os contentardes, de vuestro daño haréis.

SEMP.—No es esta la primera vez que yo he dicho cuánto en los viejos reina este vicio de codicia. Cuando pobre, franca; cuando rica, avarienta. Así que adquiriendo crece la codicia, y la pobreza codiciando, y ninguna cosa hace pobre al avariento sino la riqueza. ¡Oh Dios, y cómo crece la necesidad con la abundancia! ¡Quién la oyó esta vieja decir que me llevase yo todo el provecho, si quisiese, de este negocio, pensando que sería poco! Agora que lo ve crecido, no quiere dar nada, por cumplir el refrán de los niños, que dicen: «De lo poco, poco; de lo mucho, nada.»

PÁRM.—Déte lo que te prometió o tomémoslo todo. Harto te decía yo quién era esta vieja, si tú me creyeras.

CEL.—Si mucho enojo traéis con vosotros o con vuestro amo o armas, no lo quebréis en mí. Que bien sé dónde nace esto, bien sé y barrunto de qué pie coxqueáis. No cierto de la necesidad que tenéis de lo que pedís, ni aun por la mucha codicia que lo tenéis, sino pensando que os ha de tener toda vuestra vida atados y cativos con Elicia y Areúsa, sin quereros buscar otras, movéisme estas amenazas de dinero, ponéisme estos temores de la partición. Pues callad, que quien éstas os supo acarrear, os dará otras diez, agora que hay más conocimiento y más razón y más merecido de vuestra parte. Y si sé cumplir lo que prometo en este caso, dígalo Pármeno. Dilo, dilo, no hayas empacho de contar cómo nos pasó cuando a la otra dolía la madre.

SEMP.—Yo dígole que se vaya y abájase las bragas[23]; no ando por lo que piensas. No entremetas burlas a nuestra demanda, que con ese galgo no tomarás, si yo puedo, más liebres[24]. Déjate conmigo de razones. A perro viejo no cuz cuz[25]. Dános las dos partes por cuenta de cuanto de Calisto has recibido, no quieras que se descubra quién tú eres. A los otros, a los otros con esos halagos, vieja.

CEL.—¿Quién soy yo, Sempronio? ¿Quitásteme de la putería? Calla tu lengua, no amengües mis canas, que soy una vieja cual Dios me hizo, no peor que todas. Vivo de mi oficio, como cada cual oficial del suyo, muy limpiamente. A quien no me quiere no le busco. De mi casa me vienen a sacar, en mi casa me ruegan. Si bien o mal vivo, Dios es el testigo de mi corazón. Y no pienses con tu ira maltratarme, que justicia hay para todos, a todos es igual. También seré oída, aunque mujer, como vosotros muy peinados. Déjame en

---

[23] *Yo dígole que se vaya y abájase las bragas:* expresión coloquial que se dice cuando se pide algo a alguien y hace justo lo contrario.

[24] *con ese galgo... no tomarás más liebres:* con esas mentiras ya no podrás engañarnos.

[25] *A perro viejo, no cuz cuz:* refrán; a expertos, no se les venga con cuentos.

mi casa con mi fortuna. Y tú, Pármeno, no pienses que soy tu cativa por saber mis secretos y mi vida pasada y los casos que nos acaecieron a mí y a la desdichada de tu madre. Y aun así me trataba ella, cuando Dios quería.

PÁRM.—No me hinches las narices con esas memorias; si no, enviarte he con nuevas a ella, donde mejor te puedas quejar.

CEL.—¡Elicia, Elicia! Levántate de esa cama, dacá mi manto presto, que por los santos de Dios para aquella justicia me vaya bramando como una loca. ¿Qué es esto, qué quieren decir tales amenazas en mi casa? ¿Con una oveja mansa tenéis vosotros manos y braveza? ¿Con una gallina atada? ¿Con una vieja de sesenta años? ¡Allá, allá, con los hombres como vosotros; contra los que ciñen espada mostrad vuestras iras; no contra mi flaca rueca²⁶! Señal es de gran cobardía acometer a los menores y a los que poco pueden. Las sucias moscas nunca pican sino los bueyes magros y flacos; los guzques²⁷ ladradores a los pobres peregrinos aquejan con mayor ímpetu. Si aquélla, que allí está en aquella cama, me hobiese a mí creído, jamás quedaría esta casa de noche sin varón ni dormiríamos a lumbre de pajas; pero por aguardarte, por serte fiel, padecemos esta soledad. Y como nos veis mujeres, habláis y pedís demasías. Lo cual, si hombre sintiésedes en la posada, no haríades. Que como dicen: el duro adversario entibia las iras y sañas.

SEMP.—¡Oh vieja avarienta, garganta muerta de sed por dinero! ¿No serás contenta con la tercia parte de lo ganado?

---

²⁶ *rueca:* instrumento para hilar; era sinónimo de vida de mujer.
²⁷ *guzques:* perros.

CEL.—¿Qué tercia parte? Vete con Dios de mi casa tú. Y esotro no dé voces, no allegue la vecindad. No me hagáis salir de seso. No queráis que salgan a plaza las cosas de Calisto y vuestras.

SEMP.—Da voces o gritos, que tú cumplirás lo que prometiste o se cumplirán hoy tus días.

ELIC.—Mete, por Dios, el espada. Tenle, Pármeno, tenle, no la mate ese desvariado.

CEL.—¡Justicia, justicia, señores vecinos; justicia, que me matan en mi casa estos rufianes!

SEMP.—¡Rufianes o qué! Esperad, doña hechicera, que yo te haré ir al infierno con cartas[28].

CEL.—¡Ay, que me ha muerto, ay, ay! ¡Confesión, confesión!

PÁRM.—¡Dale, dale, acábale, pues comenzaste! ¡Que nos sentirán! ¡Muera, muera; de los enemigos los menos!

CEL.—¡Confesión!

ELIC.—¡Oh crueles enemigos, en mal poder os veáis! ¡Y para quién tuvistes manos! ¡Muerta es mi madre y mi bien todo!

SEMP.—¡Huye, huye, Pármeno, que carga[29] mucha gente! ¡Guarte, guarte[30], que viene el alguacil!

PÁRM.—¡Oh pecador de mí, que no hay por do nos vamos, que está tomada la puerta!

SEMP.—Saltemos de estas ventanas. No muramos en poder de justicia.

PÁRM.—Salta, que tras ti voy.

---

[28] *con cartas:* con cartas credenciales para que entre rápido.
[29] *carga:* acude.
[30] *guarte:* guárdate.

AUTO XIII

*A*PARECEN *aquí nuevos personajes, Tristán y Sosia, mozos de la casa de Calisto que van a ascender a la categoría de criados. Ante la tragedia, observa la actitud de Calisto. ¿Qué es lo que más le preocupa? Compara su reacción con la de sus criados. En teoría, en esta época Calisto debería vengar la muerte de sus servidores. Por cierto, al final del auto, lee con atención la última frase de Calisto: nunca le falta la cita de una obra clásica para justificar sus tropelías.*

* * *

ARGUMENTO DEL TRECENO AUTO

*D*ESPERTADO *Calisto de dormir, está hablando consigo mismo. Dende a un poco está llamando a Tristán y a otros sus criados. Torna a dormir Calisto. Pónese Tristán a la puerta. Viene Sosia llorando. Preguntado de Tristán, Sosia cuéntale la muerte de Sempronio y Pármeno. Van a decir las nuevas a Calisto, el cual sabiendo la verdad hace gran lamentación.*

CALISTO, TRISTÁN, SOSIA

[1]

CAL.—¡Oh, cómo he dormido tan a mi placer, después de aquél azucarado rato, después de aquel angélico razonamiento! Gran reposo he tenido; el sosiego y descanso proceden de mi alegría. O causó el trabajo corporal mi mucho dormir o la gloria y placer del ánimo. Y no me maravillo que lo uno y lo otro se juntasen a cerrar los candados de mis ojos, pues trabajé con el cuerpo y persona y holgué con el espíritu y sentido la pasada noche. Muy cierto es que la tristeza acarrea pensamiento y el mucho pensar impide el sueño, como a mí estos días es acaecido con la desconfianza que tenía de la mayor gloria que ya poseo. ¡Oh señora y amor mío, Melibea! ¿Qué piensas agora? ¿Si duermes o estás despierta? ¿Si piensas en mí o en otro? ¿Si estás levantada o acostada? ¡Oh dichoso y bienandante Calisto, si verdad es que no ha sido sueño lo pasado! ¿Soñélo o no? ¿Fue fantaseado o pasó en verdad? Pues no estuve solo; mis criados me acompañaron. Dos eran. Si ellos dicen que pasó en verdad, creerlo he según derecho. Quiero mandarlos llamar para más confirmar mi gozo. ¡Tristanico! ¡Mozos! ¡Tristanico! ¡Levanta de allí!

TRISTÁN.—Señor, levantado estoy.

CAL.—Corre, llámame a Sempronio y a Pármeno.

TRIST.—Ya voy, señor.

CAL.—Duerme y descansa, penado,
          Desde agora,
          Pues te ama tu señora
          De tu grado.
          Vence placer al cuidado
          Y no le vea,
          Pues te ha hecho su privado
          Melibea.

TRIST.—Señor, no hay ningún mozo en casa.

CAL.—Pues abre esas ventanas, verás qué hora es.

TRIST.—Señor, bien de día.

CAL.—Pues tórnalas a cerrar y déjame dormir hasta que sea hora de comer.

[2]

TRIST.—Quiero bajarme a la puerta, porque duerma mi amo sin que ninguno le impida y a cuantos le buscaren se le negaré. ¡Oh, qué grita suena en el mercado! ¿Qué es esto? Alguna justicia se hace o madrugaron a correr toros. No sé qué me diga de tan grandes voces como se dan. De allá viene Sosia, el mozo de espuelas. Él me dirá qué es esto. Desgreñado viene el bellaco. En alguna taberna se debe haber revolcado, y si mi amo le cae en el rastro, mandarle ha dar dos mil palos. Que, aunque es algo loco, la pena le hará cuerdo. Parece que viene llorando. ¿Qué es esto, Sosia? ¿Por qué lloras? ¿De do vienes?

SOSIA.—¡Oh, malaventurado yo, y qué pérdida tan grande! ¡Oh deshonra de la casa de mi amo! ¡Oh, qué mal día amaneció éste! ¡Oh desdichados mancebos!

TRIST.—¿Qué has? ¿Qué quejas? ¿Por qué te matas? ¿Qué mal es éste?

SOS.—Sempronio y Pármeno...

TRIST.—¿Qué dices, Sempronio y Pármeno? ¿Qué es esto, loco? Aclárate más, que me turbas.

SOS.—Nuestros compañeros, nuestros hermanos...

TRIST.—O tú estás borracho o has perdido el seso o traes alguna mala nueva. ¿No me dirás qué es esto que dices de estos mozos?

SOS.—Que quedan degollados en la plaza.

TRIST.—¡Oh, mala fortuna la nuestra, si es verdad! ¿Vístelos cierto o habláronte?

SOS.—Ya sin sentido iban; pero el uno con harta dificultad, como me sintió que con lloro le miraba, hincó los ojos en mí, alzando las manos al cielo, casi dando gracias a Dios y como preguntándome qué sentía de su morir. Y en señal de triste despedida abajó su cabeza con lágrimas en los ojos, dando bien a entender que no me había de ver más hasta el día del gran juicio.

TRIST.—No sentiste bien; que sería preguntarte si estaba presente Calisto. Y pues tan claras señas traes de este cruel dolor, vamos presto con las tristes nuevas a nuestro amo.

[3]

SOS.—¡Señor, señor!

CAL.—¿Qué es eso, locos? ¿No os mandé que no me recordásedes?

SOS.—Recuerda y levanta, que si tú no vuelves por los tuyos, de caída vamos. Sempronio y Pármeno quedan descabezados en la plaza, como públicos malhechores, con pregones que manifestaban su delito.

CAL.—¡Oh, válasme Dios! ¿Y qué es esto que me dices? No sé si te crea tan acelerada y triste nueva. ¿Vístelos tú?

SOS.—Yo los vi.

CAL.—Cata, mira qué dices, que esta noche han estado conmigo.

SOS.—Pues madrugaron a morir.

CAL.—¡Oh mis leales criados! ¡Oh mis grandes servidores! ¡Oh mis fieles secretarios y consejeros! ¿Puede ser tal cosa verdad? ¡Oh amenguado Calisto! Deshonrado quedas para toda tu vida. ¿Qué será de ti, muertos tal par de criados? Dime, por Dios, Sosia, ¿qué fue la causa? ¿Qué decía el pregón? ¿Dónde los tomaron? ¿Qué justicia lo hizo?

SOS.—Señor, la causa de su muerte publicaba el cruel verdugo a voces, diciendo: «Manda la justicia que mueran los violentos matadores».

CAL.—¿A quién mataron tan presto? ¿Qué puede ser esto? No ha cuatro horas que de mí se despidieron. ¿Cómo se llamaba el muerto?

SOS.—Una mujer era que se llamaba Celestina.

CAL.—¿Qué me dices?

SOS.—Esto que oyes.

CAL.—Pues si eso es verdad, mátame tú a mí, yo te perdono; que más mal hay que viste ni puedes pensar, si Celestina, la de la cuchillada, es la muerta.

SOS.—Ella misma es. De más de treinta estocadas la vi llagada, tendida en su casa, llorándola una su criada.

CAL.—¡Oh tristes mozos! ¿Cómo iban? ¿Viéronte? ¿Habláronte?

SOS.—¡Oh señor, que si los vieras, quebraras el corazón de dolor! El uno llevaba todos los sesos de la cabeza de fuera, sin ningún sentido; el otro quebrados entrambos brazos y la cara magullada. Todos llenos de sangre. Que saltaron de unas ventanas muy altas por huir del alguacil. Y así casi muertos les cortaron las cabezas, que creo que ya no sintieron nada.

CAL.—Pues yo bien siento mi honra. Pluguiera a Dios que fuera yo ellos y perdiera la vida y no la honra, y no la esperanza de conseguir mi comenzado propósito, que es lo que más en este caso desastrado siento. ¡Oh mi triste nombre y fama, cómo andas al tablero de boca en boca! ¡Oh mis secretos más secretos, cuán públicos andaréis por las plazas y mercados! ¿Qué será de mí? ¿Adónde iré? ¿Que salga allá? A los muertos no puedo ya remediar. ¿Que me esté aquí? Parecerá cobardía. ¿Qué consejo tomaré? Dime, Sosia, ¿qué era la causa por que la mataron?

SOS.—Señor, aquella su criada, dando voces, llorando su muerte, la publicaba a cuantos la querían oír, diciendo que porque no quiso partir con ellos una cadena de oro que tú le diste.

[4]

CAL.—¡Oh día de congoja! ¡Oh fuerte tribulación; y en que anda mi hacienda de mano en mano y mi nombre de lengua en lengua! Todo será público cuanto con ella y con ellos hablaba, cuanto de mí sabían, el negocio en que andaban. No osaré salir ante gentes. ¡Oh pecadores de mancebos, padecer por tan súbito desastre! ¡Oh mi gozo, cómo te vas diminuyendo! Proverbio es antiguo, que de muy alto grandes caídas se dan. Mucho había anoche alcanzado; mucho tengo hoy perdido. Rara es la bonanza en el piélago[1]. Yo estaba en título de alegre, si mi ventura quisiera tener quedos los ondosos vientos de mi perdición. ¡Oh fortuna, cuánto y por cuántas partes me has combatido! Pues, por más que sigas mi morada y seas contraria a mi persona, las adversidades con igual ánimo se han de sufrir y en ellas se prueba el corazón recio o flaco. No hay mejor toque para conocer qué quilates de virtud o esfuerzo tiene el hombre. Pues por más mal y daño que me venga, no dejaré de cumplir el mandado de aquella por quien todo esto se ha causado. Que más me va en conseguir la ganancia de la gloria que espero, que en la pérdida de morir los que murieron. Ellos eran sobrados[2] y esforzados; agora o en otro tiempo de pagar habían. La vieja era mala y falsa, según parece que hacía trato con ellos, y así que riñeron sobre la capa del justo[3]. Permisión fue divina que

---

[1] *la bonanza en el piélago:* el buen tiempo en el mar.
[2] *sobrados:* atrevidos.
[3] *la capa del justo:* lo que no es suyo; alude al reparto que se hizo de las ropas de Cristo cuando lo crucificaron.

así acabase en pago de muchos adulterios que por su intercesión o causa son cometidos. Quiero hacer aderezar[4] a Sosia y a Tristanico. Irán conmigo este tan esperado camino. Llevarán escalas, que son muy altas las paredes. Mañana haré que vengo de fuera, si pudiere vengar estas muertes; si no pagaré mi inocencia con mi fingida ausencia o me fingiré loco, por mejor gozar de este sabroso deleite de mis amores, como hizo aquel gran capitán Ulises por evitar la batalla troyana y holgar con Penélope su mujer.

---

[4] *aderezar:* vestir como criados de compañía; Tristán y Sosia eran mozos de caballerías.

Frontispicio de la traducción alemana de Christof Wirsung,
Augsburgo, 1534.

AUTO XIV

*Y*A habrás observado que en esta obra se presentan acciones alternativas y distantes como en un guión de cine. Pues bien, ahora esto es todavía más evidente. Procura que no te pasen inadvertidos los comentarios jocosos de los criados y la ironía de Lucrecia ante los avatares de los amantes. Después del placer, a Calisto le llega el momento del remordimiento. Pero, en primer lugar, de lo que se lamenta es de que el juez que condenó a sus criados no le fuera favorable, habida cuenta de que era juez gracias a su familia. Luego parece que entra en razón, pero al final se olvida y hasta se reprocha que se le ocurran estas cosas sin poner en exclusiva su pensamiento en Melibea. Por último, los criados toman buena nota de la actitud que ha tenido su amo con sus antecesores.

* * *

ARGUMENTO DEL CATORCENO AUTO

*E*STÁ Melibea muy afligida hablando con Lucrecia sobre la tardanza de Calisto, el cual le había hecho voto de venir en aquella noche a visitalla, lo cual cumplió, y con él vinieron Sosia y Tristán. Y después que cumplió su voluntad, volvieron todos a la posada. Y Calisto se retrae en su palacio y quéjase por haber estado tan poca cuantidad de tiempo con Melibea, y ruega a Febo[1] que cierre sus rayos, para haber de restaurar su deseo.

---

[1] Febo es el sol en la mitología clásica.

MELIBEA, LUCRECIA, SOSIA, TRISTÁN, CALISTO

[1]

MELIB.—Mucho se tarda aquel caballero que esperamos. ¿Qué crees tú o sospechas de su estada², Lucrecia?

LUCR.—Señora, que tiene justo impedimento y que no es en su mano venir más presto.

MELIB.—Los ángeles sean en su guarda, su persona esté sin peligro, que su tardanza no me es pena. Mas, cuitada, pienso muchas cosas que desde su casa acá le podrían acaecer. ¿Quién sabe si él, con voluntad de venir al prometido plazo en la forma que los tales mancebos a las tales horas suelen andar, fue topado de los alguaciles nocturnos y sin le conocer le han acometido; el cual por se defender los ofendió o es de ellos ofendido? ¿O si por acaso los ladrones perros con sus crueles dientes, que ninguna diferencia saben hacer ni acatamiento de personas, le hayan mordido? ¿O si ha caído en alguna calzada o hoyo, donde algún daño le viniese? Mas, oh mezquina de mí, ¿qué son estos inconvenientes que el concebido amor me pone delante y los atribulados imaginamientos me acarrean? No plega a Dios que ninguna de estas cosas sea, antes esté cuanto le placerá sin verme. Mas escucha, que pasos suenan en la calle y aun parece que hablan destotra parte del huerto.

[2]

SOS.—Arrima esa escala, Tristán, que éste es el mejor lugar, aunque alto.

---

² *estada:* retraso.

TRIST.—Sube, señor. Yo iré contigo, porque no sabemos quién está dentro. Hablando están.

CAL.—Quedaos, locos, que yo entraré solo, que a mi señora oigo.

[3]

MELIB.—Es tu sierva, es tu cativa, es la que más tu vida que la suya estima. ¡Oh mi señor, no saltes de tan alto, que me moriré en verlo; baja, baja poco a poco por el escala; no vengas con tanta presura!

CAL.—¡Oh angélica imagen; oh preciosa perla ante quien el mundo es feo; oh mi señora y mi gloria! En mis brazos te tengo y no lo creo. Mora en mi persona tanta turbación de placer, que me hace no sentir todo el gozo que poseo.

MELIB.—Señor mío, pues me fié en tus manos, pues quise cumplir tu voluntad, no sea de peor condición, por ser piadosa, que si fuera esquiva y sin misericordia; no quieras perderme por tan breve deleite y en tan poco espacio. Que las mal hechas cosas, después de cometidas, más presto se pueden reprehender que enmendar. Goza de lo que yo gozo, que es ver y llegar a tu persona; no pidas ni tomes aquello que, tomado, no será en tu mano volver. Guarte, señor, de dañar lo que con todos los tesoros del mundo no se restaura.

CAL.—Señora, pues por conseguir esta merced toda mi vida he gastado, ¿qué sería, cuando me la diesen, desechalla? Ni tú, señora, me lo mandarás ni yo podría acabarlo conmigo. No me pidas tal cobardía. No es hacer tal cosa de ninguno que hombre sea, mayormente amando como yo. Nadando por este fuego de tu deseo toda mi vida, ¿no quieres que me arrime al dulce puerto a descansar de mis pasados trabajos?

MELIB.—Por mi vida, que aunque hable tu lengua cuanto quisiere, no obren las manos cuanto pueden. Está quedo, señor mío. Bástete, pues ya soy tuya, gozar de lo exterior, de esto que es propio fruto de amadores; no me quieras robar el mayor don que la natura me ha dado. Cata que del buen pastor es propio tresquilar sus ovejas y ganado; pero no destruirlo y estragarlo.

CAL.—¿Para qué, señora? ¿Para que no esté queda mi pasión? ¿Para penar de nuevo? ¿Para tornar el juego de comienzo? Perdona, señora, a mis desvergonzadas manos, que jamás pensaron de tocar tu ropa con su indignidad y poco merecer; agora gozan de llegar a tu gentil cuerpo y lindas y delicadas carnes.

MELIB.—Apártate allá, Lucrecia.

CAL.—¿Por qué, mi señora? Bien me huelgo que estén semejantes testigos de mi gloria.

MELIB.—Yo no los quiero de mi yerro. Si pensara que tan desmesuradamente te habías de haber conmigo, no fiara mi persona de tu cruel conversación.

[4]

SOS.—Tristán, bien oyes lo que pasa. ¡En qué términos anda el negocio!

TRIST.—Oigo tanto, que juzgo a mi amo por el más bienaventurado hombre que nació. Y por mi vida que, aunque soy mochacho, que diese tan buena cuenta como mi amo.

SOS.—Para con tal joya quienquiera se ternía manos; pero con su pan se la coma, que bien caro le cuesta; dos mozos entraron en la salsa de estos amores.

TRIST.—Ya los tiene olvidados. ¡Dejaos morir sirviendo a ruines, haced locuras en confianza de su defensión!

Viviendo con el conde, que no matase al hombre, me daba mi madre[3] por consejo. Veslos a ellos alegres y abrazados, y sus servidores con harta mengua degollados.

MELIB.—¡Oh mi vida y mi señor! ¿Cómo has quesido que pierda el nombre y corona de virgen por tan breve deleite? ¡Oh pecadora de ti, mi madre, si de tal cosa fueses sabidora, cómo tomarías de grado tu muerte y me la darías a mí por fuerza! ¡Cómo serías cruel verdugo de tu propia sangre! ¡Cómo sería yo fin quejosa de tus días! ¡Oh mi padre honrado, cómo he dañado tu fama y dado causa y lugar a quebrantar tu casa! ¡Oh traidora de mí, cómo no miré primero el gran yerro que se seguía de tu entrada, el gran peligro que esperaba!

SOS.—(¡Ante quisiera yo oírte esos miraglos! Todas sabéis esa oración después que no puede dejar de ser hecho. ¡Y el bobo de Calisto, que se lo escucha!)

[5]

CAL.—Ya quiere amanecer. ¿Qué es esto? No me parece que ha una hora que estamos aquí, y da el reloj las tres.

MELIB.—Señor, por Dios, pues ya todo queda por ti, pues ya soy tu dueña, pues ya no puedes negar mi amor, no me niegues tu vista de día, pasando por mi puerta. Y más, las noches que ordenares, sea tu venida por este secreto lugar a la misma hora, porque siempre te espere apercibida del gozo con que quedo, esperando las venideras noches. Y por el presente te ve

---

[3] Alusión al refrán: «En hoto del (confiando en el) conde no mates al hombre, que faltará el conde y pagarás el hombre», que quiere decir que no conviene abusar de una situación, porque, si desaparece quien te lo permite, tendrás que pagar por ello.

con Dios, que no serás visto, que hace muy escuro, ni yo en casa sentida, que aun no amanece.

CAL.—Mozos, poned el escala.

SOS.—Señor, vesla aquí. Baja.

MELIB.—Lucrecia, vente acá, que estoy sola. Aquel señor mío es ido. Conmigo deja su corazón, consigo lleva el mío, ¿Hasnos oído?

LUCR.—No, señora, que durmiendo he estado[4].

[6]

SOS.—Tristán, debemos ir muy callando, porque suelen levantarse a esta hora los ricos, los codiciosos de temporales bienes, los devotos de templos, monesterios e iglesias, los enamorados como nuestro amo, los trabajadores de los campos y labranzas, y los pastores que en este tiempo traen las ovejas a estos apriscos a ordeñar, y podría ser que cogiesen de pasada alguna razón, por do toda su honra y la de Melibea se turbase.

TRIST.—¡Oh simple rascacaballos! Dices que callemos y nombras su nombre de ella. Bueno eres para adalid[5] o para regir gente en tierra de moros de noche. Así que, prohibiendo, permites; encubriendo, descubres; asegurando, ofendes; callando, voceas y pregonas; preguntando, respondes. Pues tan sotil y discreto eres, ¿no me dirás en qué mes cae Santa María de Agosto, porque sepamos si hay harta paja en casa que comas ogaño?

CAL.—Mis cuidados y los de vosotros no son todos unos. Entrad callando, no nos sientan en casa. Cerrad esa puerta y vamos a reposar, que yo me quiero subir solo a mi cámara. Yo me desarmaré. Id vosotros a vuestras camas.

---

[4] Aquí comienza la materia añadida de la *Tragicomedia*.
[5] *adalid:* guía del ejército.

[7]

CAL.—¡Oh mezquino yo, cuánto me es agradable de mi
natural la solicitud y silencio y escuridad! No sé si lo
causa que me vino a la memoria la traición que hice
en me despartir de aquella señora que tanto amo,
hasta que más fuera de día, o el dolor de mi deshonra.
¡Ay, ay, que esto es! Esta herida es la que siento agora que se ha resfriado, agora que está helada la sangre,
que ayer hervía; agora que veo la mengua de mi casa, la
falta de mi servicio, la perdición de mi patrimonio,
la infamia que tiene mi persona; de la muerte de mis
criados se ha seguido. ¿Qué hice? ¿En qué me detuve?
¿Cómo me puedo sufrir, que no me mostré luego presente, como hombre injuriado, vengador soberbio y
acelerado de la manifiesta injusticia que me fue hecha?
¡Oh mísera suavidad de esta brevísima vida! ¿Quién es
de ti tan codicioso que no quiera más morir luego que
gozar un año de vida denostado y prorrogarle con deshonra, corrompiendo la buena fama de los pasados?
Mayormente que no hay hora cierta ni limitada ni aun
un solo momento. Deudores somos sin tiempo, continuo estamos obligados a pagar luego. ¿Por qué no salí
a inquirir siquiera la verdad de la secreta causa de mi
manifiesta perdición? ¡Oh breve deleite mundano;
cómo duran poco y cuestan mucho tus dulzores! No se
compra tan caro el arrepentir. Oh triste yo; ¿cuándo
se restaurará tan grande pérdida? ¿Qué haré? ¿Qué
consejo tomaré? ¿A quién descubriré mi mengua?
¿Por qué lo celo a los otros mis servidores y parientes?
Tresquílanme en concejo y no lo saben en mi casa[6].
Salir quiero; pero, si salgo para decir que he estado

---

[6] Refrán con el que Calisto se pregunta cómo le preocupa contar su
desgracia a sus familiares, cuando la sabrá la ciudad entera.

presente, es tarde; si ausente, es temprano. Y para proveer amigos y criados antiguos, parientes y allegados, es menester tiempo y para buscar armas y otros aparejos de venganza[7]. ¡Oh cruel juez, y qué mal pago me has dado del pan que de mi padre comiste![8] Yo pensaba que pudiera con tu favor matar mil hombres sin temor de castigo, inicuo falsario, perseguidor de verdad, hombre de bajo suelo. Bien dirán de ti que te hizo alcalde mengua de hombres buenos. Miraras que tú y los que mataste, en servir a mis pasados y a mí érades compañeros; mas, cuando el vil está rico, no tiene pariente ni amigo. ¿Quién pensara que tú me habías de destruir? No hay, cierto, cosa más empecible que el incogitado[9] enemigo. ¿Por qué quisiste que dijesen: del monte sale con que se arde y que crié cuervo que me sacase el ojo?[10] Tú eres público delincuente y mataste a los que son privados. Y pues sabe que menor delito es el privado que el público, menor su utilidad, según las leyes de Atenas disponen[11]. Las cuales no son escritas con sangre; antes muestran que es menor yerro no condenar los malhechores que pu-

---

[7] El que un particular, noble o rico, se vengara ante una resolución judicial que le perjudicaba no era un caso extraño. Contra ello tuvieron que luchar los Reyes Católicos.

[8] Por lo que cuenta Calisto, este juez llegó al cargo por influencia de su familia.

[9] *más empecible que el incogitado enemigo:* más dañoso que el enemigo impensado (inesperado).

[10] *del monte sale con que se arde y que crié cuervo que me sacase el ojo:* son dos refranes que expresan lo mismo, que siempre te hace daño la persona a quien ayudas.

[11] Las referencias a las leyes de Atenas (o sea, a las leyes civiles, que de allí proceden) y a la distinta gravedad de delitos públicos y privados nos hacen recordar que Rojas era abogado. Es más, el monólogo de Calisto va a tener forma de juicio, con la intervención de dos partes enfrentadas.

nir los inocentes. ¡Oh, cuán peligroso es seguir justa causa delante injusto juez! Cuanto más este exceso de mis criados, que no carecía de culpa. Pues mira, si mal has hecho, que hay sindicado[12] en el cielo y en la tierra; así que a Dios y al rey serás reo y a mí capital enemigo. ¿Que pecó el uno por lo que hizo el otro, que por sólo ser su compañero los mataste a entrambos?[13]

¿Pero qué digo? ¿Con quién hablo? ¿Estoy en mi seso? ¿Qué es esto, Calisto? ¿Soñabas, duermes o velas? ¿Estás en pie o acostado? Cata que estás en tu cámara. ¿No ves que el ofendedor no está presente? ¿Con quién lo has? Torna en ti. Mira que nunca los ausentes se hallaron justos. Oye entrambas partes para sentenciar. ¿No ves que por ejecutar, la justicia no había de mirar amistad ni deudo ni crianza? ¿No miras que la ley tiene de ser igual a todos? Mira que Rómulo, el primer cimentador de Roma, mató a su propio hermano, porque la ordenada ley traspasó[14]. Mira a Torcato romano, como mató a su hijo porque excedió la tribunicia constitución[15]. Otros muchos hicieron lo mismo. Considera que, si aquí presente él estuviese, respondería que hacientes y consintientes merecen igual pena; aunque a entrambos matase por lo que el uno pecó. Y que, si aceleró en su muerte,

---

[12] *sindicado:* tribunal.

[13] Calisto no entiende por qué se condenó a sus dos criados si sólo uno, Sempronio, tomó el arma que mató a Celestina.

[14] Rómulo mató a su hermano Remo (los dos míticos fundadores de Roma) por incumplir una ley que sentenciaba con pena de muerte a quien saliera de las murallas de la ciudad.

[15] Torcato fue un cónsul romano que castigó a su propio hijo por haber incumplido en un combate la disciplina militar, al asaltar por su cuenta al enemigo. Lo ejecutó pese a haber vencido.

que era crimen notorio y no eran necesarias muchas
pruebas y que fueron tomados en el acto del matar;
que ya estaba el uno muerto de la caída que dio. Y
también se debe creer que aquella lloradera moza, que
Celestina tenía en su casa, le dio recia priesa con su
triste llanto, y él, por no hacer bullicio, por no me
disfamar, por no esperar a que la gente se levantase y
oyesen el pregón, del cual gran infamia se me seguía,
los mandó justiciar tan de mañana, pues era forzoso el
verdugo y voceador[16] para la ejecución y su descargo.
Lo cual todo, así como creo es hecho, antes le quedo
deudor y obligado para cuanto viva, no como a criado
de mi padre, pero como a verdadero hermano. Y
puesto caso que así no fuese, puesto caso que no
echase lo pasado a la mejor parte, acuérdate, Calisto,
del gran gozo pasado. Acuérdate de tu señora y tu
bien todo. Y pues tu vida no tienes en nada por su
servicio, no has de tener las muertes de otros, pues
ningún dolor igualará con el recibido placer.

¡Oh mi señora y mi vida! Que jamás pensé en
ausencia ofenderte. Que parece que tengo en poca
estima la merced que me has hecho. No quiero pensar
en enojo, no quiero tener ya con la tristeza amistad.
¡Oh bien sin comparación! ¡Oh insaciable contentamiento! ¿Y cuándo pidiera yo más a Dios por premio
de mis méritos, si algunos son en esta vida, de lo que
alcanzado tengo? ¿Por qué no estoy contento? Pues no
es razón ser ingrato a quien tanto bien me ha dado.
Quiérolo conocer, no quiero con enojo perder mi
seso, porque perdido no caiga de tan alta posesión.

---

[16] *voceador:* era obligatorio en las ejecuciones que un oficial de justicia fuese haciendo pública en voz alta la causa por la que se castigaba al
reo.

No quiero otra honra ni otra gloria, no otras riquezas, no otro padre ni madre, no otros deudos ni parientes. De día estaré en mi cámara, de noche en aquel paraíso dulce, en aquel alegre vergel, entre aquellas suaves plantas y fresca verdura. ¡Oh noche de mi descanso, si fueses ya tornada! ¡Oh luciente Febo, date priesa a tu acostumbrado camino! ¡Oh deleitosas estrellas, apareceos ante de la continua orden! ¡Oh espacioso[17] reloj, aún te vea yo arder en vivo fuego de amor! Que si tú esperases lo que yo, cuando des doce, jamás estarías arrendado a la voluntad del maestro que te compuso[18]. Pues, ¡vosotros, invernales meses, que agora estáis escondidos; viniésedes con vuestras muy cumplidas noches a trocarlas por estos prolijos días! Ya me parece haber un año que no he visto aquel suave descanso, aquel deleitoso refrigerio de mis trabajos.

¿Pero qué es lo que demando? ¿Qué pido, loco, sin sufrimiento? Lo que jamás fue ni puede ser. No aprenden los cursos naturales a rodearse sin orden, que a todos es un igual curso, a todos un mismo espacio para muerte y vida, un limitado término a los secretos movimientos del alto firmamento celestial de los planetas, y norte de los crecimientos y mengua de la menstrua luna[19]. Todo se rige con un freno igual, todo se mueve con igual espuela; cielo, tierra, mar, fuego, viento, calor, frío. ¿Qué me aprovecha a mí que dé doce horas el reloj de hierro, si no las ha dado el del cielo? Pues, por mucho que madrugue, no amanece más aína.

---

[17] *espacioso:* lento.
[18] Calisto dice al reloj que si fuese él no pasaría nunca de las 12, la hora a la que queda con Melibea.
[19] *menstrua luna:* de fases mensuales.

Pero tú, dulce imaginación, tú que puedes, me acorre[20]. Trae a mi fantasía la presencia angélica de aquella imagen luciente; vuelve a mis oídos el suave son de
sus palabras, aquellos desvíos sin gana, aquel «Apártate allá, señor, no llegues a mí»; aquel «No seas descortés» que con sus rubicundos labrios veía sonar; aquel
«No quieras mi perdición» que de rato en rato propo-
nía; aquellos amorosos abrazos entre palabra y palabra, aquel soltarme y prenderme, aquel huir y llegar-
se, aquellos azucarados besos, aquella final salutación
con que se me despidió. ¡Con cuánta pena salió por
su boca; con cuántos desperezos! ¡Con cuántas lágrimas, que parecían granos de aljófar[21], que sin sentir
se le caían de aquellos claros y resplandecientes ojos!

[8]

SOS.—Tristán, ¿qué te parece de Calisto, qué dormir ha
hecho? Que ya son las cuatro de la tarde y no nos
ha llamado ni ha comido.

TRIST.—Calla, que el dormir no quiere priesa. Demás
de esto, aquéjale por una parte la tristeza de aquellos
mozos, por otra le alegra el muy gran placer de lo que
con su Melibea ha alcanzado. Así que dos tan recios
contrarios verás qué tal pasarán un flaco sujeto, donde
estuvieren aposentados[22].

SOS.—¿Piénsaste tú que le penan a él mucho los muertos? Si no le penase más a aquella que desde esta
ventana yo veo ir por la calle, no llevaría las tocas de
tal color.

---

[20] *me acorre:* socórreme.
[21] *aljófar:* perlas.
[22] O sea, que dos pasiones tan contrarias debilitan a quien las padece.

TRIST.—¿Quién es, hermano?

SOS.—Llégate acá y verla has antes que trasponga. Mira
aquella lutosa que se limpia agora las lágrimas de los
ojos. Aquélla es Elicia, criada de Celestina y amiga de
Sempronio. Una muy bonita moza, aunque queda
agora perdida la pecadora, porque tenía a Celestina
por madre y a Sempronio por el principal de sus
amigos. Y aquella casa donde entra, allí mora una
hermosa mujer, muy graciosa y fresca, enamorada,
medio ramera; pero no se tiene por poco dichoso
quien la alcanza tener por amiga sin grande escote, y
llámase Areúsa. Por la cual sé yo que hobo el triste de
Pármeno más de tres noches malas y aun que no le
place a ella con su muerte.

AUTO XV

*E*STE *es el primer auto completamente nuevo que aparece en la edición de la* Tragicomedia. *El ambiente general de la obra cambia un poco. Aquí encontrarás más referencias al ambiente de prostitución y bajos fondos de la época. Conocerás a un fantasmón que más tarde adquirirá protagonismo, Centurio. El acto empieza con la bronca monumental que le echa Areúsa por no hacerle un favor. Fíjate, al final, en las razones que da Elicia para no cambiarse de casa.*

* * *

ARGUMENTO DEL DECIMOQUINTO AUTO

*A*REÚSA dice palabras injuriosas a un rufián llamado Centurio, el cual se despide de ella por la venida de Elicia, la cual cuenta a Areúsa las muertes que sobre los amores de Calisto y Melibea se habían ordenado, y conciertan Areúsa y Elicia que Centurio haya de vengar las muertes de los tres en los dos enamorados. En fin, despídese Elicia de Areúsa, no consintiendo en lo que le ruega, por no perder el buen tiempo que se daba estando en su asueta casa.

AREÚSA, CENTURIO, ELICIA

[1]

ELIC.—¿Qué vocear es este de mi prima? Si ha sabido las tristes nuevas que yo le traigo, no habré yo las albricias de dolor que por tal mensaje se ganan[1]. Llore, llore, vierta lágrimas, pues no se hallan tales hombres a cada rincón. Pláceme que así lo siente. Mese aquellos cabellos como yo triste he hecho, sepa que es perder buena vida más trabajo que la misma muerte. ¡Oh, cuánto más la quiero que hasta aquí por el gran sentimiento que muestra!

[2]

AREÚ.—Vete de mi casa, rufián, bellaco, mentiroso, burlador, que me traes engañada, boba, con tus ofertas vanas. Con tus ronces[2] y halagos hasme robado cuanto tengo. Yo te di, bellaco, sayo y capa, espada y broquel, camisas de dos en dos a las mil maravillas labradas, yo te di armas y caballo, púsete con señor que no le merecías descalzar; agora una cosa que te pido que por mí hagas, pónesme mil achaques.

CENTURIO.—Hermana mía, mándame tú matar con diez hombres por tu servicio y que no ande una legua de camino a pie.

AREÚ.—¿Por qué jugaste tú el caballo, tahúr, bellaco? Que si por mí no hobiese sido, estarías tú ya ahorcado. Tres veces te he librado de la justicia, cuatro veces desempeñado en los tableros[3]. ¿Por qué lo hago? ¿Por qué soy loca? ¿Por qué tengo fe con este cobarde? ¿Por qué creo sus mentiras? ¿Por qué le consiento entrar por mis puertas? ¿Qué tiene bueno? Los cabellos crespos, la cara acuchillada, dos veces azotado, manco de la mano del espada, treinta mujeres en

---

[1] Ganar albricias es ser el primero en dar una noticia.
[2] *ronces:* caricias.
[3] *tableros:* alusión a las casas de juego

la putería. Salte luego de ahí. No te vea yo más, no me hables ni digas que me conoces; si no, por los huesos del padre que me hizo y de la madre que me parió, yo te haga dar mil palos en esas espaldas de molinero. Que ya sabes que tengo quien lo sepa hacer y, hecho, salirse con ello[4].

CENT.—¡Loquear, bobilla![5] Pues, si yo me ensaño, alguna llorará. Mas quiero irme y sufrirte, que no sé quien entra, no nos oigan.

[3]

ELIC.—Quiero entrar, que no es son de buen llanto donde hay amenazas y denuestos.

AREÚ.—¡Ay triste yo! ¿Eres tú, mi Elicia? ¡Jesú, Jesú, no lo puedo creer! ¿Qué es esto? ¿Quién te me cubrió de dolor? ¿Qué manto de tristeza es éste? Cata, que me espantas, hermana mía. Dime presto qué cosa es, que estoy sin tiento, ninguna gota de sangre has dejado en mi cuerpo.

ELIC.—¡Gran dolor, gran pérdida! Poco es lo que muestro con lo que siento y encubro; más negro traigo el corazón que el manto, las entrañas que las tocas. ¡Ay hermana, hermana, que no puedo hablar! No puedo de ronca sacar la voz del pecho.

AREÚ.—¡Ay triste, que me tienes suspensa! Dímelo, no te meses, no te rascuñes ni maltrates. ¿Es común de entrambas este mal? ¿Tócame a mí?

ELIC.—¡Ay, prima mía y mi amor! Sempronio y Pármeno ya no viven, ya no son en el mundo. Sus ánimas

---

[4] *salirse con ello:* salir indemne.
[5] *¡Loquear, bobilla!:* di las locuras que quieras, boba.

ya están purgando su yerro. Ya son libres de esta triste vida.

AREÚ.—¿Qué me cuentas? No me lo digas. Calla por Dios, que me caeré muerta.

ELIC.—Pues más mal hay que suena. Oye a la triste, que te contará más quejas. Celestina, aquella que tú bien conociste, aquella que yo tenía por madre, aquella que me regalaba, aquella que me encubría, aquella con quien yo me honraba entre mis iguales, aquella por quien yo era conocida en toda la ciudad y arrabales, ya está dando cuenta de sus obras. Mil cuchilladas les vi dar a mis ojos; en mi regazo me la mataron.

AREÚ.—¡Oh fuerte tribulación! ¡Oh dolorosas nuevas, dignas de mortal lloro! ¡Oh acelerados desastres! ¡Oh pérdida incurable! ¿Cómo ha rodeado a tan presto la fortuna su rueda? ¿Quién los mató? ¿Cómo murieron? Que estoy embelesada, sin tiento, como quien cosa imposible oye. No ha ocho días que los vide vivos y ya podemos decir: perdónelos Dios. Cuéntame, amiga mía, cómo es acaecido tan cruel y desastrado caso.

ELIC.—Tú lo sabrás. Ya oíste decir, hermana, los amores de Calisto y la loca de Melibea. Bien verías como Celestina había tomado el cargo, por intercesión de Sempronio, de ser medianera, pagándole su trabajo. La cual puso tanta diligencia y solicitud, que a la segunda azadonada sacó agua[6]. Pues, como Calisto tan presto vido buen concierto en cosa que jamás lo esperaba, a vueltas de otras cosas dio a la desdichada de mi tía una cadena de oro. Y como sea de tal cualidad aquel metal, que mientra más bebemos de ello

---

[6] *a la segunda azadonada sacó agua:* a la segunda intentona consiguió su propósito.

más sed nos pone, con sacrílega hambre, cuando se vido tan rica, alzóse con su ganancia y no quiso dar parte a Sempronio ni a Pármeno de ello, lo cual había quedado entre ellos que partiesen lo que Calisto diese. Pues, como ellos viniesen cansados una mañana de acompañar a su amo toda la noche, muy airados de no sé qué cuestiones que dicen que habían habido, pidieron su parte a Celestina de la cadena para remediarse. Ella púsose en negarles la convención y promesa y decir que todo era suyo lo ganado, y aun descubriendo otras cosillas de secretos, que, como dicen; riñen las comadres, etc.[7] Así que ellos muy enojados, por una parte los aquejaba la necesidad, que priva todo amor; por otra el enojo grande y cansancio que traían, que acarrea alteración; por otra veían la fe quebrada de su mayor esperanza. No sabían qué hacer. Estuvieron gran rato en palabras. Al fin viéndola tan codiciosa, perseverando en su negar, echaron mano a sus espadas y diéronle mil cuchilladas.

AREÚ.—¡Oh desdichada de mujer! ¡Y en esto había su vejez de fenecer! ¿Y de ellos, qué me dices? ¿En qué pararon?

ELIC.—Ellos, como hobieron hecho el delito, por huir de la justicia, que acaso pasaba por allí, saltaron de las ventanas y casi muertos los prendieron y sin más dilación los degollaron.

AREÚ.—¡Oh mi Pármeno y mi amor, y cuánto dolor me pone su muerte! ¡Pésame del grande amor que con él tan poco tiempo había puesto, pues no me había más de durar! Pero pues ya este mal recaudo es hecho, pues ya esta desdicha es acaecida, pues ya no se pueden por lágrimas comprar ni restaurar sus vidas, no te

---

[7] *riñen las comadres:* «y dícense las verdades», decía el refrán.

fatigues tú tanto, que cegarás llorando. Que creo que poca ventaja me llevas en sentimiento y verás con cuánta paciencia lo sufro y paso.

ELIC.—¡Ay, que rabio! ¡Ay mezquina, que salgo de seso! ¡Ay, que no hallo quien lo sienta como yo! No hay quien pierda lo que yo pierdo. ¡Oh, cuánto mejores y más honestas fueran mis lágrimas en pasión ajena que en la propia mía! ¿Adónde iré, que pierdo madre, manto y abrigo; pierdo amigo y tal que nunca faltaba de mí marido? ¡Oh Celestina sabia, honrada y autorizada, cuántas faltas me encubrías con tu buen saber! Tú trabajabas, yo holgaba; tú salías fuera, yo estaba encerrada; tú rota, yo vestida; tú entrabas continuo como abeja por casa, yo destruía, que otra cosa no sabía hacer. ¡Oh bien y gozo mundano, que mientras eres poseído eres menospreciado y jamás te consientes conocer hasta que te perdemos! ¡Oh Calisto y Melibea, causadores de tantas muertes! ¡Mal fin hayan vuestros amores, en mal sabor se conviertan vuestros dulces placeres! Tórnese lloro vuestra gloria, trabajo vuestro descanso. Las hierbas deleitosas, donde tomáis los hurtados solaces, se conviertan en culebras, los cantares se os tornen lloro, los sombrosos árboles del huerto se sequen con vuestra vista, sus flores olorosas se tornen de negra color.

AREÚ.—Calla, por Dios, hermana, pon silencio a tus quejas, ataja tus lágrimas, limpia tus ojos, torna sobre tu vida. Que cuando una puerta se cierra, otra suele abrir la fortuna, y este mal, aunque duro, se soldará. Y muchas cosas se pueden vengar que es imposible remediar y ésta tiene el remedio dudoso y la venganza en la mano.

ELIC.—¿De quién se ha de haber enmienda, que la muerta y los matadores me han acarreado esta cuita?

No menos me fatiga la punición[8] de los delincuentes que el yerro cometido. ¿Qué mandas que haga, que todo carga sobre mí? Pluguiera a Dios que fuera yo con ellos y no quedara para llorar a todos. Y de lo que más dolor siento es ver que por eso no deja aquel vil de poco sentimiento de ver y visitar festejando cada noche a su estiércol de Melibea, y ella muy ufana en ver sangre vertida por su servicio.

AREÚ.—Si eso es verdad, ¿de quién mejor se puede tomar venganza? De manera que quien lo comió, aquél lo escote. Déjame tú, que si yo les caigo en el rastro, cuándo se ven y cómo, por dónde, y a qué hora, no me hayas tú por hija de la pastelera vieja, que bien conociste, si no hago que les amarguen los amores. Y si pongo en ello a aquel con quien me viste que reñía cuando entrabas, si no sea él peor verdugo para Calisto que Sempronio de Celestina. ¡Pues, qué gozo habría agora él en que le pusiese yo en algo por mi servicio, que se fue muy triste de verme que le traté mal; y vería él los cielos abiertos en tornalle yo a hablar y mandar! Por ende, hermana, dime tú de quién pueda yo saber el negocio cómo pasa, que yo le haré armar un lazo con que Melibea llore cuanto agora goza.

ELIC.—Yo conozco, amiga, otro compañero de Pármeno, mozo de caballos, que se llama Sosia, que le acompaña cada noche. Quiero trabajar de se lo sacar todo el secreto y éste será buen camino para lo que dices.

AREÚ.—Mas hazme este placer, que me envíes acá ese Sosia. Yo le halagaré y diré mil lisonjas y ofrecimientos hasta que no le deje en el cuerpo cosa de lo hecho

---

[8] *punición:* castigo.

y por hacer. Despues a él y a su amo haré revesar[9] el placer comido. Y tú, Elicia, alma mía, no recibas pena. Pasa a mi casa tu ropa y alhajas y vente a mi compañía, que estarás muy sola y la tristeza es amiga de la soledad. Con nuevo amor olvidarás los viejos. Un hijo que nace restaura la falta de tres finados; con nuevo sucesor se pierde la alegre memoria y placeres perdidos del pasado. De un pan que yo tenga, ternás tú la meitad. Más lástima tengo de tu fatiga que de los que te la ponen. Verdad sea, que cierto duele más la pérdida de lo que hombre tiene que da placer la esperanza de otro tal, aunque sea cierta. Pero ya lo hecho es sin remedio y los muertos irrecuperables. Y como dicen, mueran y vivamos. A los vivos me deja a cargo[10], que yo te les daré tan amargo jarope[11] a beber cual ellos a ti han dado. ¡Ay prima, prima, cómo sé yo, cuando me ensaño, revolver estas trampas, aunque soy moza! Y de ál[12] me vengue Dios, que de Calisto, Centurio me vengará.

ELIC.—Cata que creo que, aunque llame el que mandas, no habrá efecto lo que quieres, porque la pena de los que murieron por descubrir el secreto porná silencio al vivo para guardarle. Lo que me dices de mi venida a tu casa te agradezco mucho. Y Dios te ampare y alegre en tus necesidades, que bien muestras el parentesco y hermandad no servir de viento, antes en las adversidades aprovechar. Pero, aunque lo quiera hacer, por gozar de tu dulce compañía, no podrá ser por el daño que me vernía. La causa no es necesario decir, pues hablo con quien me entiende. Que allí, herma-

---

[9] *revesar:* vomitar.
[10] *A los vivos me deja a cargo:* déjame hacerme cargo de los vivos.
[11] *jarope:* jarabe.
[12] *ál:* el resto.

na, soy conocida, allí estoy aparrochada[13]. Jamás perderá aquella casa el nombre de Celestina, que Dios haya. Siempre acuden allí mozas conocidas y allegadas, medio parientas de las que ella crió. Allí hacen sus conciertos, de donde se me seguirá algún provecho. Y también esos pocos amigos que me quedan no me saben otra morada. Pues ya sabes cuán duro es dejar lo usado y que mudar costumbre es a par de muerte y piedra movediza que nunca moho la cobija[14]. Allí quiero estar, siquiera porque el alquiler de la casa, que está pagado por ogaño, no se vaya en balde. Así que, aunque cada cosa no abastase por sí, juntas aprovechan y ayudan. Ya me parece que es hora de irme. De lo dicho me llevo el cargo. Dios quede contigo, que me voy.

---

[13] *aparrochada:* establecida en una parroquia.

[14] Son dos refranes seguidos: *mudar costumbre es a par de* (parecido a) *muerte y piedra movediza que nunca moho la cobija.* Los dos son expresiones contra los cambios de costumbres.

AUTO XVI

*Y*A vimos en los preliminares que a Rojas le hacían muy poca gracia los argumentos que habían puesto a cada auto de su obra. Viendo el de éste no es de extrañar (aunque este argumento es posterior a la queja de Rojas, pues es uno de los autos añadidos en la Tragicomedia; aun así es muy probable que tampoco saliera de su pluma). En este auto encontrarás una curiosa conversación entre los padres de Melibea. Podrás comprobar cómo se concertaban los matrimonios en estos tiempos. Parece que los padres de Melibea no conocen demasiado a su hija. Por cierto, ¿crees que la ingenuidad es una característica exclusiva de los padres del siglo XV?

* * *

ARGUMENTO DEL DECIMOSEXTO AUTO

*P*ENSANDO Pleberio y Alisa tener su hija Melibea el don de la virginidad conservado, lo cual, según ha parecido, está en contrario, y están razonando sobre el casamiento de Melibea; y en tan gran cuantidad le dan pena las palabras que de sus padres oye, que envía a Lucrecia para que sea causa de su silencio en aquel propósito.

PLEBERIO, ALISA, LUCRECIA, MELIBEA

[1]

PLEB.—Alisa, amiga, el tiempo, según me parece, se nos va, como dicen, de entre las manos. Corren los días como agua de río. No hay cosa tan ligera para huir como la vida. La muerte nos sigue y rodea, de la cual somos vecinos y hacia su bandera nos acostamos, según natura. Esto vemos muy claro, si miramos nuestros iguales, nuestros hermanos y parientes en derredor. Todos los come ya la tierra, todos están en sus perpetuas moradas. Y pues somos inciertos cuándo habemos de ser llamados, viendo tan ciertas señales, debemos echar nuestras barbas en remojo y aparejar nuestros fardeles[1] para andar este forzoso camino; no nos tome improvisos ni de salto aquella cruel voz de la muerte. Ordenemos nuestras ánimas con tiempo, que más vale prevenir que ser prevenidos. Demos nuestra hacienda a dulce sucesor, acompañemos nuestra única hija con marido, cual nuestro estado requiere, porque vamos descansados y sin dolor de este mundo. Lo cual con mucha diligencia debemos poner desde agora por obra, y lo que otras veces habemos principiado en este caso, agora haya ejecución. No quede por nuestra negligencia nuestra hija en manos de tutores[2], pues parecerá ya mejor en su propia casa que en la nuestra. Quitarla hemos de lenguas del vulgo, porque ninguna virtud hay tan perfecta que no tenga vituperadores y maldicientes. No hay cosa con que mejor se conserve la limpia fama en las vírgenes,

---

[1] *fardeles:* talegos, sacos de los caminantes.
[2] El tutor es el protector legal de menores de edad y, en esta época, el administrador de mujeres solteras con bienes.

que con temprano casamiento. ¿Quién rehuirá nuestro parentesco en toda la ciudad? ¿Quién no se hallará gozoso de tomar tal joya en su compañía? En quien caben las cuatro principales cosas que en los casamientos se demandan, conviene a saber: lo primero discreción, honestidad y virginidad; segundo, hermosura; lo tercero, el alto origen y parientes; lo final, riqueza. De todo esto la dotó natura. Cualquiera cosa que nos pidan hallarán bien cumplida.

ALI.—Dios la conserve, mi señor Pleberio, porque nuestros deseos veamos cumplidos en nuestra vida. Que antes pienso que faltará igual a nuestra hija, según tu virtud y tu noble sangre, que no sobrarán muchos que la merezcan. Pero como esto sea oficio de los padres y muy ajeno a las mujeres, como tú lo ordenares, seré yo alegre, y nuestra hija obedecerá, según su casto vivir y honesta vida y humildad.

LUCR.—(¡Aun si bien lo supieses, reventarías! ¡Ya, ya, perdido es lo mejor! ¡Mal año se os apareja a la vejez! Lo mejor, Calisto lo lleva. No hay quien ponga virgos, que ya es muerta Celestina. Tarde acordáis y más habíades de madrugar.)

[2]

LUCR.—¡Escucha, escucha, señora Melibea!

MELIB.—¿Qué haces ahí escondida, loca?

LUCR.—Llégate aquí, señora, oirás a tus padres la priesa que traen por te casar.

MELIB.—Calla, por Dios, que te oirán. Déjalos parlar, déjalos devaneen. Un mes ha que otra cosa no hacen ni en otra cosa entienden. No parece sino que les dice el corazón el gran amor que a Calisto tengo, y todo lo que con él, un mes ha, he pasado. No sé si me han sentido, no sé qué se sea aquejarles más agora este cuidado que nunca. Pues mándoles yo trabajar en vano, que por demás es la cítola en el molino[3]. ¿Quién es el que me ha de quitar mi gloria? ¿Quién apartarme mis placeres? Calisto es mi ánima, mi vida, mi señor, en quien yo tengo toda mi esperanza. Conozco de él que no vivo engañada. Pues él me ama, ¿con qué otra cosa le puedo pagar? Todas las deudas del mundo reciben compensación en diverso género; el amor no admite sino sólo amor por paga. En pensar en él me alegro, en verlo me gozo, en oírlo me glorifico. Haga y ordene de mí a su voluntad. Si pasar quisiere la mar, con él iré; si rodear el mundo, lléveme consigo; si venderme en tierra de enemigos, no rehuiré su querer. Déjenme mis padres gozar de él, si ellos quieren gozar de mí. No piensen en estas vanidades ni en estos casamientos; que más vale ser buena amiga que mala casada. Déjenme gozar mi mocedad alegre, si quieren gozar su vejez cansada; si no, presto podrán aparejar mi perdición y su sepultura. No tengo otra lástima sino por el tiempo que perdí de no gozarlo, de no conocerlo, después que a mí me sé conocer[4]. No quiero marido, no quiero ensuciar los ñudos del matrimonio, ni las maritales pisadas de ajeno hombre repisar, como muchas hallo en los antiguos libros que leí o que hicieron más discretas que yo, más subidas en estado y linaje. Las cuales algunas eran de la gentilidad tenidas por diosas, así como Venus, madre de

---

[3] *es la cítola en el molino:* «cuando el molino es sordo», sigue el refrán. La *cítola* es una tablilla cuyo ruido avisa al molinero cuando el molino se para. Señala lo inútil de ciertos signos cuando no se saben ver.

[4] *después que a mí me sé conocer:* después de haber aprendido a conocerme a mí misma.

Eneas y de Cupido, el dios de amor, que siendo casada corrompió la prometida fe marital. Y aun otras, de mayores fuegos encendidas, cometieron nefarios e incestuosos yerros, como Mirra con su padre, Semíramis con su hijo, Cánasce con su hermano y aun aquella forzada Tamar, hija del rey David. Otras aun más cruelmente traspasaron las leyes de natura, como Pásife, mujer del rey Minos, con el toro[5]. Pues reinas eran y grandes señoras, debajo de cuyas culpas la razonable mía podrá pasar sin denuesto. Mi amor fue con justa causa. Requerida y rogada, cativada de su merecimiento, aquejada por tan astuta maestra como Celestina, servida de muy peligrosas visitaciones, antes que concediese por entero en su amor. Y después un mes ha, como has visto, que jamás noche ha faltado sin ser nuestro huerto escalado como fortaleza, y muchas haber venido en balde, y por eso no me mostrar más pena ni trabajo. Muertos por mí sus servidores, perdiéndose su hacienda, fingiendo ausencia con todos los de la ciudad, todos los días encerrado en casa con esperanza de verme a la noche. ¡Afuera, afuera la ingratitud, afuera las lisonjas y el engaño con tan verdadero amador, que ni quiero marido ni quiero padre ni parientes! Faltándome Calisto, me falte la vida, la cual, porque él de mí goce, me aplace.

---

[5] Son ejemplos de mitología clásica y leyendas orientales. Venus, diosa del amor y la belleza, casada con Vulcano, cometió adulterio con Marte, el dios de la guerra. Mirra fue incestuosa con su padre, Cinras; los dioses la convirtieron en el árbol que lleva su nombre después de haber dado a luz a Adonis. Semíramis, reina de Asiria, se unió sexualmente a su hijo. Cánasce, hija del rey de los vientos, Eolo, tuvo un hijo de su hermano Macareo; Eolo echó la criatura a las bestias. Tamar fue violada por su hermano Amón. Por último, hay una nueva referencia a Pásife, de quien ya hablamos en la nota 31 del auto I.

LUCR.—Calla, señora, escucha, que todavía perseveran.

PLEB.—Pues, ¿qué te parece, señora mujer? ¿Debemos hablarlo a nuestra hija, debemos darle parte de tantos como me la piden, para que de su voluntad venga, para que diga cuál le agrada? Pues en esto las leyes dan libertad a los hombres y mujeres, aunque estén so el paterno poder, para elegir.

ALI.—¿Qué dices? ¿En qué gastas tiempo? ¿Quién ha de irle con tan grande novedad a nuestra Melibea, que no la espante? ¡Cómo! ¿Y piensas que sabe ella qué cosa sean hombres? ¿Si se casan o qué es casar? ¿O que del ayuntamiento de marido y mujer se procreen los hijos? ¿Piensas que su virginidad simple le acarrea torpe deseo de lo que no conoce ni ha entendido jamás? ¿Piensas que sabe errar aun con el pensamiento? No lo creas, señor Pleberio, que si alto o bajo de sangre o feo o gentil de gesto le mandaremos tomar, aquello será su placer, aquello habrá por bueno. Que yo sé bien lo que tengo criado en mi guardada hija.

MELIB.—Lucrecia, Lucrecia, corre presto, entra por el postigo en la sala y estórbales su hablar, interrúmpeles sus alabanzas con algún fingido mensaje, si no quieres que vaya yo dando voces como loca, según estoy enojada del concepto engañoso que tienen de mi ignorancia.

LUCR.—Ya voy, señora.

AUTO XVII

*E*LICIA determina quitarse el luto, una costumbre
que afectaba (y en algunos sitios, todavía afecta)
durante largo tiempo a los parientes próximos de
una persona fallecida, y especialmente a las mujeres de la
familia. Seguimos con más ambiente de bajos fondos y
más lecciones de cómo engañar. Areúsa ha aprendido
bastante bien las artes de Celestina en el trato con los
demás. Fíjate en las zalamerías fingidas que Areúsa
prodiga al pobre Sosia, antiguo mozo de mulas, que ha
ido a verla vestido ya como un criado, y el trato brutal
que Elicia le da en los apartes.

* * *

ARGUMENTO DEL DECIMOSÉPTIMO AUTO

*E*LICIA, careciendo de la castimonia de Penélope, determina de despedir el pesar y luto que por causa de los
muertos trae, alabando el consejo de Areúsa en este propósito; la cual va a casa de Areúsa, adonde viene Sosia; al cual
Areúsa con palabras fictas[1] saca todo el secreto que está entre
Calisto y Melibea.

---

[1] *fictas:* fingidas.

ELICIA, AREÚSA, SOSIA

[1]

ELIC.—Mal me va con este luto. Poco se visita mi casa, poco se pasea mi calle. Ya no veo las músicas de la alborada, ya no las canciones de mis amigos, ya no las cuchilladas ni ruidos de noche por mi causa, y lo que peor siento, que ni blanca ni presente veo entrar por mi puerta. De todo esto me tengo yo la culpa, que si tomara el consejo de aquella que bien me quiere, de aquella verdadera hermana, cuando el otro día le llevé las nuevas de este triste negocio, que esta mi mengua ha acarreado, no me viera agora entre dos paredes sola, que de asco ya no hay quien me vea. El diablo me da tener dolor por quien no sé si, yo muerta, lo tuviera. Aosadas, que me dijo ella a mí lo cierto: nunca, hermana, traigas ni muestres más pena por el mal ni muerte de otro que él hiciera por ti. Sempronio holgara, yo muerta; pues, ¿por qué, loca, me peno yo por él degollado? ¿Y qué sé si me matara a mí, como era acelerado y loco, como hizo a aquella vieja que tenía yo por madre? Quiero en todo seguir su consejo de Areúsa, que sabe más del mundo que yo y verla muchas veces y traer materia cómo viva². ¡Oh, qué participación tan suave, qué conversación tan gozosa y dulce! No en balde se dice: que vale más un día del hombre discreto que toda la vida del necio y simple. Quiero, pues, deponer el luto, dejar tristeza, despedir las lágrimas, que tan aparejadas han estado a salir. Pero como sea el primer oficio que en naciendo hacemos, llorar, no me maravilla ser más ligero de comen-

---

² *traer materia cómo viva:* hablar de cómo debo vivir.

zar y de dejar más duro. Mas para esto es el buen seso, viendo la pérdida al ojo, viendo que los atavíos hacen la mujer hermosa, aunque no lo sea, tornan de vieja moza y a la moza más. No es otra cosa la color y albayalde[3], sino pegajosa liga[4] en que se traban los hombres. Ande, pues, mi espejo y alcohol, que tengo dañados estos ojos; anden mis tocas blancas, mis gorgueras labradas, mis ropas de placer. Quiero aderezar lejía para estos cabellos, que perdían ya la rubia color y, esto hecho, contaré mis gallinas, haré mi cama, porque la limpieza alegra el corazón, barreré mi puerta y regaré la calle, porque los que pasaren vean que es ya desterrado el dolor. Mas primero quiero ir a visitar mi prima, por preguntarle si ha ido allá Sosia y lo que con él ha pasado, que no le he visto después que le dije como le quería hablar Areúsa. Quiera Dios que la halle sola, que jamás está desacompañada de galanes, como buena taberna de borrachos. Cerrada está la puerta. No debe estar allá hombre. Quiero llamar. Tha, tha.

[2]

AREÚ.—¿Quién es?
ELIC.—Ábreme, amiga; Elicia soy.
AREÚ.—Entra, hermana mía. Véate Dios, que tanto placer me haces en venir como vienes, mudado el hábito de tristeza. Agora nos gozaremos juntas, agora te visitaré, vernos hemos en mi casa y en la tuya. Quizá por bien fue para entrambas la muerte de Celestina, que yo ya siento la mejoría más que antes. Por esto se dice

---

[3] *albayalde:* cosmético de color blanco.
[4] *liga:* es una especie de pegamento que se unta en las ramas para cazar pájaros.

que los muertos abren los ojos de los que viven, a unos con haciendas, a otros con libertad, como a ti.

ELIC.—A tu puerta llaman. Poco espacio nos dan para hablar, que te querría preguntar si había venido acá Sosia.

AREÚ.—No ha venido; después hablaremos. ¡Qué porradas que dan! Quiero ir abrir, que o es loco o privado[5]. ¿Quién llama?

SOS.—Ábreme, señora. Sosia soy, criado de Calisto.

AREÚ.—(Por los santos de Dios, el lobo es en la conseja[6]. Escóndete hermana, tras ese paramento, y verás cuál te lo paro, lleno de viento de lisonjas, que piense, cuando se parta de mí, que es él y otro no. Y sacarle he lo suyo y lo ajeno del buche con halagos, como él saca el polvo con la almohaza[7] a los caballos.)

[3]

AREÚ.—¿Es mi Sosia, mi secreto amigo? ¿El que yo me quiero bien sin que él lo sepa? ¿El que deseo conocer por su buena fama? ¿El fiel a su amo? ¿El buen amigo de sus compañeros? Abrazarte quiero, amor, que agora que te veo creo que hay más virtudes en ti que todos me decían. Andacá, entremos a asentarnos, que me gozo en mirarte, que me representas la figura del desdichado de Pármeno. Con esto hace hoy tan claro día, que habías tú de venir a verme. Dime, señor, ¿conocíasme antes de agora?

SOS.—Señora, la fama de tu gentileza, de tus gracias y saber, vuela tan alto por esta ciudad que no debes

---

[5] *es loco o privado:* «quien llama apresurado», continuaba el refrán.
[6] *el lobo es en la conseja:* expresión coloquial para avisar de que llega la persona de quien se está hablando.
[7] *almohaza:* instrumento para limpiar el pelo a los caballos.

tener en mucho ser de más conocida que conociente, porque ninguno habla de loor de hermosas que primero no se acuerde de ti que de cuantas son.

ELIC.—(¡Oh hideputa el pelón, y cómo se desasna! ¡Quién le ve ir al agua con sus caballos en cerro[8] y sus piernas de fuera, en sayo, y agora en verse medrado con calzas y capa[9], sálenle alas y lengua!)

AREÚ.—Ya me correría[10] con tu razón, si alguno estuviese delante, en oírte tanta burla como de mí haces; pero, como todos los hombres traigáis proveídas esas razones, esas engañosas alabanzas, tan comunes para todas, hechas de molde, no me quiero de ti espantar. Pero hágote cierto, Sosia, que no tienes de ellas necesidad; sin que me alabes te amo y sin que me ganes de nuevo me tienes ganada. Para lo que te envié a rogar que me vieses, son dos cosas, las cuales, sin más lisonja o engaño en ti conozco, te dejaré de decir, aunque sean de tu provecho.

SOS.—Señora mía, no quiera Dios que yo te haga cautela[11]. Muy seguro venía de la gran merced que me piensas hacer y haces. No me sentía digno para descalzarte. Guía tú mi lengua, responde por mí a tus razones, que todo lo habré por rato[12] y firme.

AREÚ.—Amor mío, ya sabes cuánto quise a Pármeno, y como dicen, quien bien quiere a Beltrán a todas sus cosas ama[13]. Todos sus amigos me agradaban; el buen servicio de su amo, como a él mismo, me placía.

---

[8] *en cerro:* sin montura.

[9] *con calzas y capa:* son las señales de que ha ascendido en casa de Calisto y ha dejado de ser mozo de cuadra para convertirse en criado.

[10] *correría:* avergonzaría.

[11] *que yo te haga cautela:* que yo te engañe.

[12] *rato:* ratificado.

[13] Alusión a un refrán: «Quien quiere a Beltrán, quiere a su can».

Donde veía su daño de Calisto, le apartaba. Pues como esto así sea, acordé decirte, lo uno, que conozcas el amor que te tengo y cuánto contigo y con tu visitación siempre me alegrarás y que en esto no perderás nada, si yo pudiere, antes te verná provecho. Lo otro y segundo, que pues yo pongo mis ojos en ti, y mi amor y querer, avisarte que te guardes de peligros y más de descubrir tu secreto a ninguno, pues ves cuánto daño vino a Pármeno y a Sempronio de lo que supo Celestina, porque no querría verte morir mal logrado como a tu compañero. Harto me basta haber llorado al uno. Porque has de saber que vino a mí una persona y me dijo que le habías tú descubierto los amores de Calisto y Melibea y cómo la había alcanzado y cómo ibas cada noche a le acompañar y otras muchas cosas, que no sabría relatar. Cata, amigo, que no guardar secreto es propio de las mujeres. No de todas, sino de las bajas y de los niños. Cata que te puede venir gran daño. Que para esto te dio Dios dos oídos y dos ojos y no más de una lengua, porque sea doblado lo que vieres y oyeres que no el hablar. Cata no confíes que tu amigo te ha de tener secreto de lo que le dijeres, pues tú no le sabes a ti mismo tener. Cuanto hobieres de ir con tu amo Calisto a casa de aquella señora, no hagas bullicio, no te sienta la tierra, que otros me dijeron que ibas cada noche dando voces, como loco de placer.

SOS.—¡Oh, cómo son sin tiento y personas desacordadas las que tales nuevas, señora, te acarrean! Quien te dijo que de mi boca lo había oído, no dice verdad. Los otros de verme ir con la luna de noche a dar agua a mis caballos, holgando y habiendo placer, diciendo cantares por olvidar el trabajo y desechar enojo, y esto antes de las diez, sospechan mal y de la sospecha hacen certidumbre, afirman lo que barruntan. Sí, que no estaba Calisto loco, que a tal hora había de ir a negocio de tanta afrenta sin esperar que repose la gente, que descansen todos en el dulzor del primer sueño. Ni menos había de ir cada noche, que aquel oficio no sufre cotidiana visitación. Y si más clara quieres, señora, ver su falsedad, como dicen, que toman antes al mentiroso que al que coxquea, en un mes no habemos ido ocho veces[14], y dicen los falsarios revolvedores que cada noche.

ARÉU.—Pues por mi vida, amor mío, porque yo los acuse y tome en el lazo del falso testimonio, me dejes en la memoria los días que habéis concertado de salir y, si yerran, estaré segura de tu secreto y cierta de su levantar[15]. Porque no siendo su mensaje verdadero, será tu persona segura de peligro y yo sin sobresalto de tu vida. Pues tengo esperanza de gozarme contigo largo tiempo.

SOS.—Señora, no alarguemos los testigos. Para esta noche en dando el reloj las doce está hecho el concierto de su visitación por el huerto. Mañana preguntarás lo que han sabido, de lo cual si alguno te diere señas, que me tresquilen a mí a cruces[16].

ARÉU.—¿Y por qué parte, alma mía, porque mejor los pueda contradecir, si anduvieren errados vacilando?

SOS.—Por la calle del vicario gordo, a las espaldas de su casa.

---

[14] Sosia dice que Calisto y Melibea se han visto sólo ocho veces. Sin embargo, Melibea había declarado en el auto anterior que llevaban un mes viéndose. ¿Miente Sosia para contradecir a Areúsa? ¿Exageraba Melibea (lo dirá otra vez, en una situación que no admite bromas)? ¿O es un descuido del autor?

[15] *levantar:* se refiere a levantar falso testimonio (calumniar).

[16] *me tresquilen a mí a cruces:* me corten el pelo a grandes trasquilones.

ELIC.—(¡Tiénente, don andrajoso! ¡No es más menester! ¡Maldito sea el que en manos de tal acemilero se confía! ¡Qué desgoznarse hace el badajo![17])

AREÚ.—Hermano Sosia, esto hablado, basta para que tome cargo de saber tu inocencia y la maldad de tus adversarios. Vete con Dios, que estoy ocupada en otro negocio y me he detenido mucho contigo.

ELIC.—(¡Oh sabia mujer! ¡Oh despidiente propio[18], cual le merece el asno que ha vaciado su secreto tan de ligero!)

SOS.—Graciosa y suave señora, perdóname si te he enojado con mi tardanza. Mientras holgares con mi servicio, jamás hallarás quien tan de grado aventure en él su vida. Y queden los ángeles contigo.

AREÚ.—Dios te guíe.

¡Allá irás, acemilero! ¡Muy ufano vas por tu vida! Pues toma para tu ojo, bellaco, y perdona, que te la doy de espaldas[19]. ¿A quién digo? Hermana, sal acá. ¿Qué te parece cuál le envío? Así sé yo tratar los tales, así salen de mis manos los asnos, apaleados como éste y los locos corridos y los discretos espantados y los devotos alterados y los castos encendidos. Pues, prima, aprende, que otra arte es ésta que la de Celestina; aunque ella me tenía por boba, porque me quería yo serlo. Y pues ya tenemos de este hecho sabido cuanto deseábamos, debemos ir a casa de aquel otro cara de ahorcado que el jueves eché delante de ti baldonado de mi casa, y haz tú como que nos quieres hacer amigos y que me rogaste que fuese a verlo.

---

[17] *¡Qué desgoznarse hace el badajo!:* el badajo, literalmente, es de la campana, pero tiene el sentido de «tonto»; *desgoznarse* es «desquiciarse», salir de sentido. O sea: ¡Qué tonterías dice este bobo!

[18] *despidiente propio:* despedida merecida.

[19] *Pues toma para tu ojo:* Se deduce que Areúsa hace algún gesto obsceno a Sosia en cuanto éste se da la vuelta.

AUTO XVIII

*H*A llegado el momento de Centurio. Fíjate en sus fanfarronadas. ¿Crees que tendría algo que ver con personajes que existieron verdaderamente en esta época en España? Que no se te pase por alto la decisión final que, pese a sus anteriores palabras, toma en su última intervención.

* * *

ARGUMENTO DEL DECIMOCTAVO AUTO

*E*LICIA determina hacer las amistades entre Areúsa y Centurio por precepto de Areúsa y vanse a casa de Centurio, onde ellas le ruegan que haya de vengar las muertes en Calisto y Melibea; el cual lo prometió delante de ellas. Y como sea natural a éstos no hacer lo que prometen, excúsase como en el proceso parece.

CENTURIO, ELICIA, AREÚSA

[1]

ELIC.—¿Quién está en su casa?

CENT.—Mochacho, corre, verás quién osa entrar sin llamar a la puerta. Torna, torna acá, que ya he visto quién es. No te cubras con el manto, señora; ya no te puedes esconder, que, cuando vi adelante entrar a Elicia, vi que no podía traer consigo mala compañía ni nuevas que me pesasen, sino que me habían de dar placer.

AREÚ.—No entremos, por mi vida, más adentro, que se extiende ya el bellaco, pensando que le vengo a rogar. Que más holgara con la vista de otras como él, que con la nuestra. Volvamos, por Dios, que me fino en ver tan mal gesto. ¿Parécete, hermana, que me traes por buenas estaciones y que es cosa justa venir de vísperas y entrarnos a ver un desuellacaras que ahí está?

ELIC.—Torna por mi amor, no te vayas; si no, en mis manos dejarás el medio manto[1].

CENT.—Tenla, por Dios, señora, tenla; no se te suelte.

ELIC.—Maravillada estoy, prima, de tu buen seso. ¿Cuál hombre hay tan loco y fuera de razón que no huelgue de ser visitado, mayormente de mujeres? Llégate acá, señor Centurio, que en cargo de mi alma por fuerza haga que te abrace, que yo pagaré la fruta[2].

AREÚ.—Mejor lo vea yo en poder de justicia y morir a manos de sus enemigos, que yo tal gozo le dé. ¡Ya, ya hecho ha conmigo para cuanto viva! ¿Y por cuál carga de agua[3] le tengo de abrazar ni ver a ese enemigo? Porque le rogué estotro día que fuese una jornada de aquí, en que me iba la vida, y dijo de no.

CENT.—Mándame tú, señora, cosa que yo sepa hacer, cosa que sea de mi oficio. Un desafío con tres juntos y si más vinieren, que no huya por tu amor. Matar un hombre, cortar una pierna o brazo, arpar el gesto[4] de alguna que se haya igualado contigo; éstas tales cosas, antes serán hechas que encomendadas. No me pidas que ande camino ni que te dé dinero, que bien sabes que no dura conmigo, que tres saltos daré sin que me caiga blanca. Ninguno da lo que no tiene. En una

---

[1] Elicia está sujetando a Areúsa del manto y teme romperlo.
[2] *que yo pagaré la fruta:* que yo me hago responsable.
[3] *¿Y por cuál carga de agua...?:* ¿Y por qué motivo...?
[4] *arpar el gesto:* cortar la cara.

casa vivo cual ves, que rodará el majadero[5] por toda
ella sin que tropiece. Las alhajas que tengo es el ajuar
de la frontera[6], un jarro desbocado, un asador sin
punta. La cama en que me acuesto está armada sobre
aros de broqueles[7], un rimero[8] de malla rota por
colchones, una talega de dados por almohada. Que,
aunque quiero dar colación, no tengo qué empeñar,
sino esta capa arpada[9], que traigo a cuestas.

ELIC.—Así goce, que tus razones me contentan a maravilla. Como un santo está obediente, como ángel te
habla, a toda razón se allega; ¿qué más le pides? Por
mi vida que le hables y pierdas enojo, pues tan de
grado se te ofrece con su persona.

CENT.—¿Ofrecer dices, señora? Yo te juro por el santo
martilogio[10] de pe a pa, el brazo me tiembla de lo
que por ella entiendo hacer, que continuo pienso
cómo la tenga contenta y jamás acierto. La noche
pasada soñaba que hacía armas en un desafío por su
servicio con cuatro hombres que ella bien conoce, y
maté al uno. Y de los otros que huyeron, el que más
sano se libró me dejó a los pies un brazo izquierdo.
Pues muy mejor lo haré despierto de día, cuando
alguno tocare en su chapín.

AREÚ.—Pues aquí te tengo, a tiempo somos. Yo te perdono, con condición que me vengues de un caballero,
que se llama Calisto, que nos ha enojado a mí y a mi
prima.

---

[5] *majadero:* mano del mortero.
[6] *el ajuar de la frontera:* «dos estacas y una estera», sigue el refrán; se refiere al
escaso equipaje de los soldados en campaña.
[7] *aros de broqueles:* los aros que arman el escudo llamado broquel (o sea, los
restos de uno de estos escudos).
[8] *rimero:* conjunto.
[9] *arpada:* rota.
[10] *martilogio:* el conjunto de mártires de la Iglesia católica.

CENT.—¡Oh, reniego de la condición! Dime luego si
está confesado.

AREÚ.—No seas tú cura de su ánima.

CENT.—Pues sea así. Enviémosle a comer al infierno sin
confesión.

AREÚ.—Escucha, no atajes mi razón. Esta noche lo tomarás.

CENT.—No me digas más, al cabo estoy. Todo el negocio de sus amores sé y los que por su causa hay muertos y lo que os tocaba a vosotras, por dónde va y a
qué hora y con quién es. Pero dime, ¿cuántos son los
que le acompañan?

AREÚ.—Dos mozos.

CENT.—Pequeña presa es ésa, poco cebo tiene ahí mi
espada. Mejor cebara ella en otra parte esta noche que
estaba concertada.

AREÚ.—Por excusarte lo haces. A otro perro con ese
hueso. No es para mí esa dilación. Aquí quiero ver si
decir y hacer si comen juntos a tu mesa.

CENT.—Si mi espada dijese lo que hace, tiempo le faltaría para hablar. ¿Quién sino ella puebla los más
cimenterios? ¿Quién hace ricos los cirujanos de esta
tierra? ¿Quién da continuo quehacer a los armeros?
¿Quién destroza la malla más fina? ¿Quién hace riza
de los broqueles de Barcelona? ¿Quién rebana los capacetes[11] de Calatayud, sino ella? Que los caxquetes
de Almacén así los corta como si fuesen hechos de
melón. Veinte años ha que me da de comer. Por
ella soy temido de hombres y querido de mujeres;
sino de ti. Por ella le dieron Centurio por nombre
a mi abuelo y Centurio se llamó mi padre y Centurio
me llamo yo.

---

[11] *capacetes:* armaduras para la cabeza.

ELIC.—Pues, ¿qué hizo el espada porque ganó tu abuelo ese nombre? Dime, ¿por ventura fue por ella capitán de cient hombres?

CENT.—No; pero fue rufián de cient mujeres.

AREÚ.—No curemos de linaje ni hazañas viejas. Si has de hacer lo que te digo, sin dilación determina, porque nos queremos ir.

CENT.—Más deseo ya la noche por tenerte contenta, que tú por verte vengada. Y porque más se haga todo a tu voluntad, escoge qué muerte quieres que le dé. Allí te mostraré un reportorio en que hay sietecientas y setenta especies de muertes; verás cuál más te agradare.

ELIC.—Areúsa, por mi amor, que no se ponga este hecho en manos de tan fiero hombre. Más vale que se quede por hacer que no escandalizar la ciudad, por donde nos venga más daño de lo pasado

AREÚ.—Calla, hermana; díganos alguna, que no sea de mucho bullicio.

CENT.—Las que agora estos días yo uso y más traigo entre manos son espaldarazos sin sangre o porradas de pomo de espada a revés mañoso; a otros, agujereo como harnero[12] a puñaladas, tajo largo, estocada temerosa, tiro mortal[13]. Algún día doy palos por dejar holgar mi espada.

ELIC.—No pase, por Dios, adelante; déle palos, porque quede castigado y no muerto.

CENT.—Juro por el cuerpo santo de la letanía, no es más en mi brazo derecho dar palos sin matar que en el sol dejar de dar vueltas al cielo.

AREÚ.—Hermana, no seamos nosotras lastimeras; haga lo que quisiere, mátele como se le antojare. Llore

---

[12] *harnero:* criba.
[13] *tiro mortal:* estocada.

Melibea como tú has hecho. Dejémosle. Centurio, da buena cuenta de lo encomendado. De cualquier muerte holgaremos. Mira que no se escape sin alguna paga de su yerro.

CENT.—Perdónele Dios, si por pies no se me va. Muy alegre quedo, señora mía, que se ha ofrecido caso, aunque pequeño, en que conozcas lo que yo sé hacer por tu amor.

AREÚ.—Pues Dios te dé buena manderecha y a él te encomiendo, que nos vamos.

CENT.—Él te guíe y te dé más paciencia con los tuyos.

[2]

CENT.—¡Allá irán estas putas atestadas de razones! Agora, quiero pensar cómo me excusaré de lo prometido, de manera que piensen que puse diligencia con ánimo de ejecutar lo dicho y no negligencia, por no me poner en peligro. Quiérome hacer doliente; pero, ¿qué aprovecha? Que no se apartarán de la demanda cuando sane. Pues si digo que fui allá y que les hice huir, pedirme han señas de quién eran y cuántos iban y en qué lugar los tomé y qué vestidos llevaban; yo no las sabré dar. ¡Helo todo perdido! Pues ¿qué consejo tomaré que cumpla con mi seguridad y su demanda? Quiero enviar a llamar a Traso, el cojo, y a sus dos compañeros y decirles que, porque yo estoy ocupado esta noche en otro negocio, vaya a dar un repiquete de broquel[14] a manera de levada[15], para ojear unos garzones[16], que me fue encomendado, que todo esto es pasos seguros y donde no conseguirán ningún daño, mas de hacerlos huir y volverse a dormir.

---

[14] *repiquete de broquel:* ruido que se hacía golpeando el broquel con la espada.
[15] *levada:* intención agresiva, actitud ofensiva para meter miedo.
[16] *ojear unos garzones:* ahuyentar unos muchachos.

AUTO XIX

*E*N algún momento del desarrollo de las relaciones entre Melibea y Calisto has podido pensar: ¿y por qué no se casan? ¿Qué te parece la actitud de Calisto en este auto? ¿Estaba pensando Rojas, cuando escribía, en una relación convencional de las que conducían al matrimonio? No te pierdas cómo a Lucrecia se le van las manos cuando va a quitar la armadura a Calisto, cosa que no pasa desapercibida a Melibea. Si te fijas bien, verás que el auto entero tiene un enorme dinamismo.

* * *

ARGUMENTO DEL DECIMONONO AUTO

*Y*ENDO Calisto con Sosia y Tristán al huerto de Pleberio a visitar a Melibea, que lo estaba esperando y con ella Lucrecia, cuenta Sosia lo que le aconteció con Areúsa. Estando Calisto dentro del huerto con Melibea, viene Traso y otros por mandado de Centurio a cumplir lo que había prometido a Areúsa y a Elicia. A los cuales sale Sosia; y oyendo Calisto desde el huerto, donde estaba con Melibea, el ruido que traían, quiso salir fuera; la cual salida fue causa que sus días pereciesen, porque los tales este don reciben por galardón y por esto han de saber desamar los amadores.

SOSIA, TRISTÁN, CALISTO, MELIBEA, LUCRECIA

[1]

SOS.—Muy quedo, para que no seamos sentidos, desde aquí al huerto de Pleberio te contaré, hermano Tristán, lo que con Areúsa me ha pasado hoy, que estoy el más alegre hombre del mundo. Sabrás que ella, por las buenas nuevas que de mí había oído, estaba presa de mi amor y envióme a Elicia, rogándome que la visitase. Y dejando aparte otras razones de buen consejo que pasamos, mostró al presente ser tanto mía cuanto algún tiempo fue de Pármeno. Rogóme que la visitase siempre, que ella pensaba gozar de mi amor por tiempo. Pero yo te juro por el peligroso camino en que vamos, hermano, y así goce de mí, que estuve dos o tres veces por me arremeter a ella, sino que me empachaba la vergüenza de verla tan hermosa y arreada y a mí con una capa vieja ratonada. Echaba de sí en bullendo un olor de almizque; yo hedía al estiércol que llevaba dentro de los zapatos. Tenía unas manos como la nieve, que cuando las sacaba de rato en rato de un guante parecía que se derramaba azahar por casa. Así por esto, como porque tenía un poco ella de hacer, se quedó mi atrever para otro día. Y aun porque a la primera vista todas las cosas no son bien tratables, y cuanto más se comunican, mejor se entienden en su participación.

TRIST.—Sosia, amigo, otro seso más maduro y experimentado, que no el mío, era necesario para darte consejo en este negocio; pero lo que con mi tierna edad y mediano natural alcanzo al presente te diré. Esta mujer es marcada ramera, según tú me dijiste; cuanto con ella te pasó has de creer que no carece de engaño.

Sus ofrecimientos fueron falsos y no sé yo a qué fin. Porque amarte por gentilhombre, ¿cuántos más terná ella desechados? Si por rico, bien sabe que no tienes más del polvo que se te pega del almohaza. Si por hombre de linaje, ya sabrá que te llaman Sosia, y a tu padre llamaron Sosia, nacido y criado en una aldea, quebrando terrones con un arado, para lo cual eres tú más dispuesto que para enamorado. Mira, Sosia, y acuérdate bien si te quería sacar algún punto del secreto de este camino que agora vamos, para con que lo supiese revolver a Calisto y Pleberio, de envidia del placer de Melibea. Cata que la envidia es una incurable enfermedad donde asienta, huésped que fatiga la posada; en lugar de galardón, siempre goza de mal ajeno. Pues si esto es así, ¡oh, cómo te quiere aquella malvada hembra engañar con su alto nombre, del cual todas se arrean![1] Con su vicio ponzoñoso quería condenar el ánima por cumplir su apetito, revolver tales casas para contentar su dañada voluntad. ¡Oh arrufianada mujer, y con qué blanco pan te daba zarazas! Quería vender su cuerpo a trueco de contienda. Óyeme, y si así presumes que sea, ármale trato doble[2], cual yo te diré; que quien engaña al engañador... ya me entiendes. Y si sabe mucho la raposa, más el que la toma. Contramínale[3] sus malos pensamientos, escala sus ruindades cuando más segura la tengas, y cantarás después en tu establo; uno piensa el bayo y otro el que lo ensilla[4].

---

[1] *su alto nombre, del cual todas se arrean:* pasaje poco claro; *se arrean:* se jactan, presumen; *¿su alto nombre* es su nombre de mujer?

[2] *trato doble:* engaño.

[3] *Contramínale:* ponle minas (armas explosivas); continúa la metáfora militar en la misma oración cuando dice *escala sus ruindades*.

[4] *uno piensa el bayo y otro el que lo ensilla:* refrán antiguo, muy conocido; *bayo* es «caballo».

SOS.—¡Oh Tristán, discreto mancebo! Mucho más me has dicho que tu edad demanda. Astuta sospecha has remontado y creo que verdadera. Pero, porque ya llegamos al huerto y nuestro amo se nos acerca, dejemos este cuento, que es muy largo, para otro día.

[2]

CAL.—Poned, mozos, la escala y callad, que me parece que está hablando mi señora de dentro. Subiré encima de la pared y en ella estaré escuchando, por ver si oiré buena señal de mi amor en ausencia.

MELIB.—Canta más, por mi vida, Lucrecia, que me huelgo en oírte, mientra viene aquel señor, y muy paso entre estas verduricas, que no nos oirán los que pasaren.

LUCR.—¡Oh, quién fuese la hortelana
de aquestas viciosas⁵ flores,
por prender cada mañana
al partir de tus amores!

Vístanse nuevas colores
los lirios y el azucena;
derramen frescos olores,
cuando entre por estrena⁶.

MELIB.—¡Oh, cuán dulce me es oírte! De gozo me deshago. No ceses, por mi amor.

LUCR.—Alegre es la fuente clara
a quien con gran sed la vea;
mas muy más dulce es la cara
de Calisto a Melibea.

---

⁵ *viciosas:* abundantes, deleitosas.
⁶ *estrena:* regalo.

Pues, aunque más noche sea,
con su vista gozará.
¡Oh, cuando saltar le vea,
qué de abrazos le dará!

Saltos de gozo infinitos
da el lobo viendo ganado;
con las tetas, los cabritos;
Melibea con su amado.

Nunca fue más deseado
amador de su amiga,
ni huerto más visitado,
ni noche más sin fatiga.

MELIB.—Cuanto dices, amiga Lucrecia, se me representa
delante; todo me parece que lo veo con mis ojos. Procede, que a muy buen son lo dices, y ayudarte he yo.

LUCR. Y MELIB.—Dulces árboles sombrosos,
humillaos cuando veáis
aquellos ojos graciosos
del que tanto deseáis.

Estrellas que relumbráis,
norte y lucero del día,
¿por qué no le despertáis,
si duerme mi alegría?

MELIB.—Óyeme tú, por mi vida, que yo quiero cantar
sola.

Papagayos, ruiseñores,
que cantáis al alborada,
llevad nueva a mis amores,
cómo espero aquí asentada.

La media noche es pasada,
y no viene.

Sabedme si hay otra amada
que lo detiene.

[3]

CAL.—Vencido me tiene el dulzor de tu suave canto; no
puedo más sufrir tu penado esperar. ¡Oh mi señora y
mi bien todo! ¿Cuál mujer podía haber nacida, que
desprivase[7] tu gran merecimiento? ¡Oh salteada[8] me-
lodía! ¡Oh gozoso rato! ¡Oh corazón mío! ¿Y cómo no
pudiste más tiempo sufrir sin interrumper tu gozo y
cumplir el deseo de entrambos?

MELIB.—¡Oh sabrosa traición, oh dulce sobresalto! ¿Es
mi señor de mi alma? ¿Es él? No lo puedo creer.
¿Dónde estabas, luciente sol? ¿Dónde me tenías tu
claridad escondida? ¿Había rato que escuchabas? ¿Por
qué me dejabas echar palabras sin seso al aire, con mi
ronca voz de cisne? Todo se goza este huerto con tu
venida. Mira la luna cuán clara se nos muestra, mira
las nubes cómo huyen. ¡Oye la corriente agua de esta
fontecica, cuánto más suave murmurio lleva por entre
las frescas hierbas! Escucha los altos cipreses, cómo se
dan paz[9] unos ramos con otros por intercesión de un
templadico viento que los menea. Mira sus quietas
sombras, cuán escuras están y aparejadas para encubrir nuestro deleite. Lucrecia, ¿qué sientes, amiga?
¿Tórnaste loca de placer? Déjamele, no me le despe-
daces, no le trabajes sus miembros con tus pesados
abrazos. Déjame gozar lo que es mío, no me ocupes
mi placer.

---

[7] *desprivase:* oscureciese.
[8] *salteada:* notable.
[9] *se dan paz:* se besan.

CAL.—Pues, señora y gloria mía, si mi vida quieres, no cese tu suave canto. No sea de peor condición mi presencia, con que te alegras, que mi ausencia, que te fatiga.

MELIB.—¿Qué quieres que cante, amor mío? ¿Cómo cantaré, que tu deseo era el que regía mi son y hacía sonar mi canto? Pues conseguida tu venida, desaparecióse el deseo, destemplóse el tono de mi voz. Y pues tú, señor, eres el dechado de cortesía y buena crianza, ¿cómo mandas a mi lengua hablar y no a tus manos que estén quedas? ¿Por qué no olvidas estas mañas? Mándalas estar sosegadas y dejar su enojoso uso y conversación incomportable. Cata, ángel mío, que así como me es agradable tu vista sosegada, me es enojoso tu riguroso trato; tus honestas burlas me dan placer, tus deshonestas manos me fatigan cuando pasan de la razón. Deja estar mis ropas en su lugar y, si quieres ver si es el hábito de encima de seda o de paño, ¿para qué me tocas en la camisa? Pues cierto es de lienzo. Holguemos y burlemos de otros mil modos que yo te mostraré; no me destroces ni maltrates como sueles. ¿Qué provecho te trae dañar mis vestiduras?

CAL.—Señora, el que quiere comer el ave, quita primero las plumas.

LUCR.—(Mala landre me mate si más los escucho. ¿Vida es ésta? ¡Que me esté yo deshaciendo de dentera y ella esquivándose porque la rueguen! Ya, ya apaciguado es el ruido; no hobieron menester despartidores[10]. Pero también me lo haría yo, si estos necios de sus criados me hablasen entre día; pero esperan que los tengo de ir a buscar.)

MELIB.—¿Señor mío, quieres que mande a Lucrecia traer alguna colación?

---

[10] *despartidores:* los que ponen paz en las peleas.

CAL.—No hay otra colación para mí sino tener tu cuerpo y belleza en mi poder. Comer y beber, dondequiera se da por dinero, en cada tiempo se puede haber y cualquiera lo puede alcanzar; pero lo no vendible, lo que en toda la tierra no hay igual que en este huerto, ¿cómo mandas que se me pase ningún momento que no goce?

LUCR.—(Ya me duele a mí la cabeza de escuchar y no a ellos de hablar ni los brazos de retozar ni las bocas de besar. ¡Andar! Ya callan; a tres me parece que va la vencida[11].)

CAL.—Jamás querría, señora, que amaneciese, según la gloria y descanso que mi sentido recibe de la noble conversación de tus delicados miembros.

MELIB.—Señor, yo soy la que gozo, yo la que gano; tú, señor, el que me haces con tu visitación incomparable merced.

SOS.—(¿Así, bellacos, rufianes, veníades a asombrar a los que no os temen? Pues yo juro que si esperárades, que yo os hiciera ir como merecíades.)

[4]

CAL.—Señora, Sosia es aquel que da voces. Déjame ir a valerle, no le maten, que no está sino un pajecico con él. Dame presto mi capa, que está debajo de ti.

MELIB.—¡Oh triste de mi ventura! No vayas allá sin tus corazas; tórnate a armar.

CAL.—Señora, lo que no hace espada y capa y corazón, no lo hacen corazas y capacete y cobardía.

---

[11] Pasaje ambiguo. ¿Hacen el amor por tercera vez esa noche? ¿Es que hasta el tercer intento no ha conseguido Calisto vencer la resistencia de Melibea?

Sos.—(¿Aun tornáis? Esperadme. Quizá venís por lana.)

Cal.—Déjame, por Dios, señora, que puesta está el escala.

Melib.—¡Oh desdichada yo, y cómo vas tan recio y con tanta priesa y desarmado a meterte entre quien no conoces! Lucrecia, ven presto acá, que es ido Calisto a un ruido. Echémosle sus corazas por la pared, que se quedan acá.

Trist.—(Tente, señor, no bajes, que idos son; que no era sino Traso el cojo y otros bellacos, que pasaban voceando. Que ya se torna Sosia. Tente, tente, señor, con las manos al escala.)

[5]

Cal.—¡Oh, válame Santa María! ¡Muerto soy! ¡Confesión!

Trist.—Llégate presto, Sosia, que el triste de nuestro amo es caído del escala y no habla ni se bulle.

Sos.—¡Señor, señor! ¡A esotra puerta![12] ¡Tan muerto es como mi abuelo! ¡Oh gran desventura![13]

[6]

Lucr.—¡Escucha, escucha, gran mal es éste!

Melib.—¿Qué es esto que oigo, amarga de mí?

Trist.—¡Oh mi señor y mi bien muerto! ¡Oh señor y nuestra honra, despeñado! ¡Oh triste muerte y sin confesión! Coge, Sosia, esos sesos de esos cantos, júntalos con la cabeza del desdichado amo nuestro. ¡Oh día de aciago! ¡Oh arrebatado fin!

---

[12] *¡A esotra puerta!*: «que ésta no se abre», era la segunda parte de este refrán, que se decía cuando alguien no responde.

[13] Aquí acababa el añadido de la *Tragicomedia*.

MELIB.—¡Oh desconsolada de mí! ¿Qué es esto? ¿Qué puede ser tan áspero acontecimiento como oigo? Ayúdame a subir, Lucrecia, por estas paredes, veré mi dolor; si no, hundiré con alaridos la casa de mi padre. ¡Mi bien y placer, todo es ido en humo! ¡Mi alegría es perdida! ¡Consumióse mi gloria!

LUCR.—Tristán, ¿qué dices, mi amor; qué es eso, que lloras tan sin mesura?

TRIST.—¡Lloro mi gran mal; lloro mis muchos dolores! Cayó mi señor Calisto del escala y es muerto. Su cabeza está en tres partes. Sin confesión pereció. Díselo a la triste y nueva amiga, que no espere más su penado amador. Toma tú, Sosia, de esos pies. Llevemos el cuerpo de nuestro querido amo donde no padezca su honra detrimento[14], aunque sea muerto en este lugar. Vaya con nosotros llanto, acompáñenos soledad, síganos desconsuelo, vístanos tristeza, cúbranos luto y dolorosa jerga[15].

MELIB.—¡Oh la más de las tristes, triste! ¡Tan poco tiempo poseído el placer, tan presto venido el dolor!

LUCR.—Señora, no rasgues tu cara ni meses tus cabellos. ¡Agora en placer, agora en tristeza! ¿Qué planeta hobo, que tan presto contrarió su operación?[16] ¿Qué poco corazón es éste? Levanta, por Dios, no seas hallada de tu padre en tan sospechoso lugar, que serás sentida. Señora, señora, ¿no me oyes? No te amortezcas, por Dios. Ten esfuerzo para sufrir la pena, pues tuviste osadía para el placer.

---

[14] Los criados quieren llevar el cadáver inmediatamente a casa, porque una muerte en la calle como la de Calisto resultaba deshonrosa.

[15] *jerga:* tela gruesa que se ponía en los lutos.

[16] *¿Qué planeta... su operación?:* se pregunta qué planeta ha obrado contra los amantes (entonces era común la creencia en la astrología).

MELIB.—¿Oyes lo que aquellos mozos van hablando? ¿Oyes sus tristes cantares? ¡Rezando llevan con responso mi bien todo! ¡Muerta llevan mi alegría! ¡No es tiempo de yo vivir! ¿Cómo no gocé más del gozo? ¿Cómo tuve en tan poco la gloria que entre mis manos tuve? ¡Oh ingratos mortales! ¡Jamás conocéis vuestros bienes, sino cuando de ellos carecéis!

LUCR.—Avívate, aviva, que mayor mengua será hallarte en el huerto que placer sentiste con la venida, ni pena con ver que es muerto. Entremos en la cámara, acostarte has. Llamaré a tu padre y fingiremos otro mal, pues éste no es para se poder encubrir.

Barcelona, Ed. Tomás Gorchs, 1841.

AUTO XX

*H*ASTA *esta obra, las mujeres en la literatura eran poco más que el objeto amatorio de los prota-gonistas, y raras veces, y menos en una obra de amor, tenían un papel estelar. Fíjate ahora en la ac-titud de Melibea, dueña de su destino. Lee con especial atención las palabras que dice al final de su monólogo, justo antes de explicar a su padre su sufrimiento.*

* * *

ARGUMENTO DEL VEINTENO AUTO

*L*UCRECIA llama a la puerta de la cámara de Pleberio. Pregúntale Pleberio lo que quiere. Lucrecia le da priesa que vaya a ver a su hija Melibea. Levantado Pleberio, va a la cámara de Melibea. Consuélala, preguntándole qué mal tie-ne. Finge Melibea dolor del corazón. Envía Melibea a su padre por algunos instrumentos músicos. Sube ella y Lucrecia en una torre. Envía de sí a Lucrecia. Cierra tras ella la puerta. Llégase su padre al pie de la torre. Descúbrele Melibea todo el negocio que había pasado. En fin, déjase caer de la torre abajo.

PLEBERIO, LUCRECIA, MELIBEA

[1]

PLEB.—¿Qué quieres, Lucrecia? ¿Qué quieres tan presu-rosa y qué pides con tanta importunidad y poco sosiego? ¿Qué es lo que mi hija ha sentido? ¿Qué mal tan arrebatado puede ser, que no haya yo tiempo de me vestir ni me des aun espacio a me levantar?

LUCR.—Señor, apresúrate mucho, si la quieres ver viva, que ni su mal conozco de fuerte ni a ella ya de desfigurada.

PLEB.—Vamos presto, anda allá, entra adelante, alza esa antepuerta y abre bien esa ventana, porque le pueda ver el gesto con claridad. ¿Qué es esto, hija mía? ¿Qué dolor y sentimiento es el tuyo? ¿Qué novedad es ésta? ¿Qué poco esfuerzo es éste? Mírame, que soy tu padre. Habla conmigo, cuéntame la causa de tu arrebatada pena. ¿Qué has? ¿Qué sientes? ¿Qué quieres? Háblame, mírame, dime la razón de tu dolor, porque presto sea remediado. No quieras enviarme con triste postrimería[1] al sepulcro. Ya sabes que no tengo otro bien sino a ti. Abre esos alegres ojos y mírame.

MELIB.—¡Ay, dolor!

PLEB.—¿Qué dolor puede ser que iguale con ver yo el tuyo? Tu madre está sin seso en oír tu mal. No pudo venir a verte de turbada. Esfuerza tu fuerza, aviva tu corazón, arréciate de manera que puedas tú conmigo ir a visitar a ella. Dime, ánima mía, la causa de tu sentimiento.

MELIB.—¡Pereció mi remedio!

PLEB.—Hija, mi bien amada y querida del viejo padre, por Dios, no te ponga desesperación el cruel tormento de esta tu enfermedad y pasión, que a los flacos corazones el dolor los arguye[2]. Si tú me cuentas tu mal, luego será remediado. Que ni faltarán medicinas

---

[1] *postrimería:* vejez.
[2] *los arguye:* los conoce.

ni médicos ni sirvientes para buscar tu salud, agora consista en hierbas o en piedras o en palabras o esté secreta en cuerpos de animales. Pues no me fatigues más, no me atormentes, no me hagas salir de mi seso y dime ¿qué sientes?

MELIB.—Una mortal llaga en medio del corazón, que no me consiente hablar. No es igual a los otros males; menester es sacarle para ser curada, que está en lo más secreto de él.

PLEB.—Temprano cobraste los sentimientos de la vejez. La mocedad toda suele ser placer y alegría, enemiga de enojo. Levántate de ahí. Vamos a ver los frescos aires de la ribera; alegrarte has con tu madre; descansará tu pena. Cata, si huyes de placer no hay cosa más contraria a tu mal.

MELIB.—Vamos donde mandares. Subamos, señor, al azotea alta, porque desde allí goce de la deleitosa vista de los navíos: por ventura aflojará algo mi congoja.

PLEB.—Subamos y Lucrecia con nosotros.

MELIB.—Mas, si a ti placerá, padre mío, mandar traer algún instrumento de cuerdas con que se sufra mi dolor o tañendo o cantando, de manera que, aunque aqueje por una parte la fuerza de su accidente, mitigarlo han por otra los dulces sones y alegre armonía.

PLEB.—Eso, hija mía, luego es hecho. Yo lo voy a mandar aparejar.

MELIB.—Lucrecia, amiga, muy alto es esto. Ya me pesa por dejar la compañía de mi padre. Baja a él y dile que se pare al pie de esta torre, que le quiero decir una palabra que se me olvidó que hablase a mi madre.

LUCR.—Ya voy, señora.

[2]

MELIB.—De todos soy dejada. Bien se ha aderezado la manera de mi morir. Algún alivio siento en ver que tan presto seremos juntos yo y aquel mi querido y amado Calisto. Quiero cerrar la puerta, porque ninguno suba a me estorbar mi muerte. No me impidan la partida, no me atajen el camino, por el cual en breve tiempo podré visitar en este día al que me visitó la pasada noche. Todo se ha hecho a mi voluntad. Buen tiempo terné para contar a Pleberio mi señor la causa de mi ya acordado fin. Gran sinrazón hago a sus canas, gran ofensa a su vejez. Gran fatiga le acarreo con mi falta, en gran soledad le dejo. Y caso que por mi morir a mis queridos padres sus días se diminuyesen, ¿quién duda que no haya habido otros más crueles contra sus padres? Bursia, rey de Bitinia, sin ninguna razón, no aquejándole pena como a mí, mató su propio padre. Tolomeo, rey de Egipto, a su padre y madre y hermanos y mujer, por gozar de una manceba; Orestes a su madre Clitenestra. El cruel emperador Nero a su madre Agripina por sólo su placer hizo matar[3]. Éstos son dignos de culpa, éstos son verdaderos parricidas, que no yo; que con mi pena, con mi muerte purgo la culpa que de su dolor se me puede poner. Otros muchos crueles hobo, que mataron hijos y hermanos, debajo de cuyos yerros el

---

[3] Bursia, rey asiático del siglo II a.C., murió asesinado por su hijo Nicomedes (por cierto, Rojas se confunde y presenta al revés al asesino y al asesinado); Tolomeo IV, rey de Egipto en el siglo II a.C., envenenó a su mujer Arsinoe; Orestes, personaje mitológico griego, mató a su madre Clitemnestra porque instigó la muerte de su marido; Agripina, que tanto había ayudado con sus intrigas a su hijo Nerón para llegar a ser emperador, fue asesinada cuando perdió su favor.

mío no parecerá grande. Filipo, rey de Macedonia; Herodes, rey de Judea; Constantino, emperador de Roma; Laódice, reina de Capadocia, y Medea, la nigromantesa[4]. Todos éstos mataron hijos queridos y amados, sin ninguna razón, quedando sus personas a salvo. Finalmente, me ocurre aquella gran crueldad de Frates, rey de los Partos, que, porque no quedase sucesor después de él, mató a Orode, su viejo padre, y a su único hijo y treinta hermanos suyos. Éstos fueron delitos dignos de culpable culpa, que, guardando sus personas de peligro, mataban sus mayores y descendientes y hermanos. Verdad es que, aunque todo esto así sea, no había de remedarlos en lo que mal hicieron; pero no es más en mi mano. Tú, Señor, que de mi habla eres testigo, ves mi poco poder, ves cuán cativa tengo mi libertad, cuán presos mis sentidos de tan poderoso amor del muerto caballero, que priva al que tengo con los vivos padres.

[3]

PLEB.—Hija mía Melibea, ¿qué haces sola? ¿Qué es tu voluntad decirme? ¿Quieres que suba allá?

MELIB.—Padre mío, no pugnes ni trabajes por venir adonde yo estoy, que estorbarás la presente habla que te quiero hacer. Lastimado serás brevemente con la muerte de tu única hija. Mi fin es llegado, llegado es

---

[4] Filipo, rey de Macedonia (siglo II a.C.) ejecutó a su hijo por alta traición; a Herodes seguro que lo conoces más: fue quien ordenó la matanza de niños cuando nació Cristo; Constantino I mató a su hijo Crispo; Laódice hizo envenenar a su marido Antíoco por haberla abandonado; Medea, hechicera de la mitología, mató a sus hijos por vengarse de su amante Jasón.

mi descanso y tu pasión, llegado es mi alivio y tu pena, llegada es mi acompañada hora y tu tiempo de soledad. No habrás, honrado padre, menester instrumentos para aplacar mi dolor, sino campanas para sepultar mi cuerpo. Si me escuchas sin lágrimas, oirás la causa desesperada de mi forzada y alegre partida. No la interrumpas con lloro ni palabras; si no, quedarás más quejoso en no saber por qué me mato, que doloroso por verme muerta. Ninguna cosa me preguntes ni respondas, más de lo que de mi grado decirte quisiere. Porque, cuando el corazón está embargado de pasión, están cerrados los oídos al consejo y en tal tiempo las fructuosas palabras, en lugar de amansar, acrecientan la saña. Oye, padre viejo, mis últimas palabras y, si como yo espero, las recibes, no culparás mi yerro. Bien ves y oyes este triste y doloroso sentimiento que toda la ciudad hace. Bien oyes este clamor de campanas, este alarido de gentes, este aullido de canes, este grande estrépito de armas. De todo esto fui yo la causa. Yo cubrí de luto y jergas en este día casi la mayor parte de la ciudadana caballería, yo dejé hoy muchos sirvientes descubiertos de señor, yo quité muchas raciones y limosnas a pobres y envergonzantes[5], yo fui ocasión que los muertos tuviesen compañía del más acabado hombre que en gracias nació, yo quité a los vivos el dechado de gentileza, de invenciones galanas, de atavíos y bordaduras, de habla, de andar, de cortesía, de virtud; yo fui causa que la tierra goce sin tiempo el más noble cuerpo y más fresca juventud que al mundo era en nuestra edad criada. Y porque estarás espantado con el son de mis no acostumbrados delitos, te quiero más aclarar el hecho. Muchos días

---

[5] *envergonzantes:* pobres que piden, por vergüenza, con disimulo.

son pasados, padre mío, que penaba por mi amor un caballero, que se llamaba Calisto, el cual tú bien conociste. Conociste, asimismo sus padres y claro linaje; sus virtudes y bondad a todos eran manifiestas. Era tanta su pena de amor y tan poco el lugar para hablarme, que descubrió su pasión a una astuta y sagaz mujer, que llamaban Celestina. La cual, de su parte venida a mí, sacó mi secreto amor de mi pecho. Descubrí a ella lo que a mi querida madre encubría. Tuvo manera cómo ganó mi querer, ordenó cómo su deseo y el mío hobiesen efecto. Si él mucho me amaba, no vivía engañado. Concertó el triste concierto de la dulce y desdichada ejecución de su voluntad. Vencida de su amor, dile entrada en tu casa. Quebrantó con escalas las paredes de tu huerto, quebrantó mi propósito. Perdí mi virginidad. Del cual deleitoso yerro de amor gozamos casi un mes. Y como esta pasada noche viniese, según era acostumbrado, a la vuelta de su venida, como de la fortuna mudable estuviese dispuesto y ordenado, según su desordenada costumbre, como las paredes eran altas, la noche escura, la escala delgada, los sirvientes que traía no diestros en aquel género de servicio y él bajaba presuroso a ver un ruido que con sus criados sonaba en la calle, con el gran ímpetu que llevaba, no vido bien los pasos, puso el pié en vacío y cayó. De la triste caída sus más escondidos sesos quedaron repartidos por las piedras y paredes. Cortaron las hadas sus hilos, cortáronle sin confesión su vida, cortaron mi esperanza, cortaron mi gloria, cortaron mi compañía. Pues, ¿qué crueldad sería, padre mío, muriendo él despeñado, que viviese yo penada? Su muerte convida a la mía, convídame y fuerza que sea presto, sin dilación; muéstrame que ha de ser despeñada por seguille en todo. No digan por mí: «a muertos y a idos...»[6]. Y así contentarle he en la muerte, pues no tuve tiempo en la vida. ¡Oh mi amor y señor Calisto! Espérame, ya voy; detente, si me esperas; no me incuses[7] la tardanza que hago, dando esta última cuenta a mi viejo padre, pues le debo mucho más. ¡Oh padre mío muy amado! Ruégote, si amor en esta pasada y penosa vida me has tenido, que sean juntas nuestras sepulturas; juntas nos hagan nuestras obsequias[8]. Algunas consolatorias palabras te diría antes de mi agradable fin, colegidas y sacadas de aquellos antiguos libros que tú, por más aclarar mi ingenio, me mandabas leer[9]; sino que ya la dañada memoria con la gran turbación me las ha perdido y aun porque veo tus lágrimas mal sufridas descender por tu arrugada faz. Salúdame a mi cara y amada madre; sepa de ti largamente la triste razón porque muero. ¡Gran placer llevo de no la ver presente! Toma, padre viejo, los dones de tu vejez, que en largos días largas se sufren tristezas. Recibe las arras[10] de tu senectud antigua, recibe allá tu amada hija. Gran dolor llevo de mí, mayor de ti, muy mayor de mi vieja madre. Dios quede contigo y con ella. A él ofrezco mi alma. Pon tú en cobro este cuerpo que allá baja.

---

[6] *a muertos y a idos:* «no hay amigos», terminaba el refrán.

[7] *no me incuses:* no me reproches.

[8] *obsequias:* exequias; Melibea pide un imposible, ya que en este tiempo la Iglesia negaba los oficios religiosos a los suicidas.

[9] Pon atención a este dato: Melibea lee, como comenzaban a hacer algunas, muy pocas, mujeres de esta época. Puede haber aquí un reproche implícito del autor hacia Pleberio, que hacía leer a su hija, con lo que llenó su cabeza de las fantasías amorosas que provocan su muerte.

[10] *arras:* recompensa.

AUTO XXI

*E*N la Edad Media es bastante frecuente el género de los plantos (*llantos*), lamentaciones que se hacen por la muerte de algún ser querido. Aquí tienes uno de los más célebres, el planto de Pleberio, un padre extraño en la literatura de la época por su humanidad (los padres que aparecen en los libros, probablemente no muy alejados de los que se daban en la vida real, son siempre severos e intransigentes). Pleberio se queja amargamente de la vida ingrata, de la Fortuna adversa y del cruel Amor, del que creía haberse librado después de haberlo sufrido en su juventud. En sus palabras, ciertos críticos han advertido una visión del mundo desengañada, escéptica, la que podría ser propia de un judío converso como Rojas. También han sido objeto de numerosos comentarios las frases en las que habla sobre la inutilidad de todas sus riquezas.

* * *

ARGUMENTO DEL VEINTE Y UN AUTO

*P*LEBERIO, tornado a su cámara con grandísimo llanto, pregúntale Alisa, su mujer, la causa de tan súpito mal. Cuéntale la muerte de su hija Melibea, mostrándole el cuerpo de ella todo hecho pedazos; y haciendo su planto[1] concluye.

---

[1] *planto:* llanto, lamentación.

PLEBERIO, ALISA

ALI.—¿Qué es esto, señor Pleberio? ¿Por qué son tus fuertes alaridos? Sin seso estaba adormida del pesar que hobe cuando oí decir que sentía dolor nuestra hija; agora oyendo tus gemidos, tus voces tan altas, tus quejas no acostumbradas, tu llanto y congoja de tanto sentimiento, en tal manera penetraron mis entrañas, en tal manera traspasaron mi corazón, así avivaron mis turbados sentidos, que el ya recibido pesar alancé de mí. Un dolor sacó otro, un sentimiento otro. Dime la causa de tus quejas. ¿Por qué maldices tu honrada vejez? ¿Por qué pides la muerte? ¿Por qué arrancas tus blancos cabellos? ¿Por qué hieres tu honrada cara? ¿Es algún mal de Melibea? Por Dios, que me lo digas, porque si ella pena, no quiero yo vivir.

PLEB.—¡Ay, ay, noble mujer! Nuestro gozo en el pozo. Nuestro bien todo es perdido. ¡No queramos más vivir! Y porque el incogitado dolor te dé más pena, todo junto sin pensarlo, porque más presto vayas al sepulcro, porque no llore yo solo la pérdida dolorida de entrambos, ves allí a la que tú pariste y yo engendré, hecha pedazos. La causa supe de ella; más la he sabido por extenso de esta su triste sirvienta. Ayúdame a llorar nuestra llagada postrimería.

¡Oh gentes que venís a mi dolor! ¡Oh amigos y señores, ayudadme a sentir mi pena! ¡Oh mi hija y mi bien todo! Crueldad sería que viva yo sobre ti[2]. Más dignos eran mis sesenta años de la sepultura, que tus veinte[3]. Turbóse la orden del morir con la tristeza

---

[2] *viva yo sobre ti:* que yo te sobreviva.

[3] Es un dato que puede ser importante: Melibea tenía ya 20 años, edad elevada para una soltera de la época (recuerda las prostitutas de los buenos tiempos de Celestina: tenían entre 14 y 18 años). Los pa-

que te aquejaba. ¡Oh mis canas, salidas para haber pesar! Mejor gozara de vosotras la tierra que de aquellos rubios cabellos que presentes veo. Fuertes[4] días me sobran para vivir; quejarme he de la muerte, incusarle he su dilación, cuanto tiempo me dejare solo después de ti. Fálteme la vida, pues me faltó su agradable compañía. ¡Oh mujer mía! Levántate de sobre ella y, si alguna vida te queda, gástala conmigo en tristes gemidos, en quebrantamiento y sospirar. Y si por caso tu espíritu reposa con el suyo, si ya has dejado esta vida de dolor, ¿por qué quisiste que lo pase yo todo?[5] En esto tenéis ventaja las hembras a los varones, que puede un gran dolor sacaros del mundo sin lo sentir o a lo menos perdéis el sentido, que es parte de descanso.

Oh duro corazón de padre, ¿cómo no te quiebras de dolor, que ya quedas sin tu amada heredera? ¿Para quién edifiqué torres; para quién adquirí honras; para quién planté árboles; para quién fabriqué navíos? ¡Oh tierra dura!, ¿cómo me sostienes? ¿Adónde hallará abrigo mi desconsolada vejez?

Oh fortuna variable, ministra y mayordoma de los temporales bienes, ¿por qué no ejecutaste tu cruel ira, tus mudables ondas, en aquello que a ti es sujeto? ¿Por qué no destruiste mi patrimonio; por qué no quemaste mi morada; por qué no asolaste mis grandes heredamientos? Dejárasme aquella florida planta, en quien tú poder no tenías; diérasme, fortuna fluctuosa[6], triste la mocedad con vejez alegre; no pervertieras

---

dres podrían haberse descuidado al no haber casado a su hija a tiempo.
[4] *Fuertes:* ásperos.
[5] Parece deducirse que Alisa se ha desmayado y Pleberio piensa por un momento que ha podido morir también.
[6] *fluctuosa:* tempestuosa.

la orden. Mejor sufriera persecuciones de tus engaños en la recia y robusta edad, que no en la flaca postrimería.

¡Oh vida de congojas llena, de miserias acompañada; oh mundo, mundo! Muchos mucho de ti dijeron, muchos en tus cualidades metieron la mano, a diversas cosas por oídas te compararon; yo por triste experiencia lo contaré como a quien las ventas y compras de tu engañosa feria no prósperamente sucedieron, como aquel que mucho ha hasta agora callado tus falsas propiedades, por no encender con odio tu ira, porque no me secases sin tiempo esta flor que este día echaste de tu poder[7]. Pues agora andaré sin temor, como quien no tiene qué perder, como aquel a quien tu compañía es ya enojosa, como caminante pobre, que sin temor de los crueles salteadores va cantando en alta voz. Yo pensaba en mi más tierna edad que eras y eran tus hechos regidos por alguna orden; agora, visto el pro y la contra de tus bienandanzas, me pareces un laberinto de errores, un desierto espantable, una morada de fieras, juego de hombres que andan en corro, laguna llena de cieno, región llena de espinas, monte alto, campo pedregoso, prado lleno de serpientes, huerto florido y sin fruto, fuente de cuidados, río de lágrimas, mar de miserias, trabajo sin provecho, dulce ponzoña, vana esperanza, falsa alegría, verdadero dolor. Cébasnos, mundo falso, con el manjar de tus deleites; al mejor sabor nos descubres el anzuelo: no lo podemos huir, que nos tiene ya cazadas las voluntades. Prometes mucho, nada no cumples; échasnos de ti, porque no te podamos pedir que

---

[7] *echaste de tu poder:* la Fortuna dejaba de tener poder sobre Melibea al morir ésta.

mantengas tus vanos prometimientos. Corremos por
los prados de tus viciosos vicios, muy descuidados, a
rienda suelta; descúbresnos la celada cuando ya no
hay lugar de volver. Muchos te dejaron con temor de
tu arrebato dejar; bienaventurados se llamarán, cuando vean el galardón que a este triste viejo has dado en
pago de tan largo servicio. Quiébrasnos el ojo y
úntasnos con consuelos el caxco[8]. Haces mal a todos,
porque ningún triste se halle solo en ninguna adversidad, diciendo que es alivio a los míseros, como yo,
tener compañeros en la pena. Pues desconsolado viejo, ¡qué solo estoy!

Yo fui lastimado sin haber igual compañero de semejante dolor; aunque más en mi fatigada memoria
revuelvo presentes y pasados. Que si aquella severidad
y paciencia de Paulo Emilio[9] me viniere a consolar
con pérdida de dos hijos muertos en siete días, diciendo que su animosidad[10] obró que consolase él al pueblo romano y no el pueblo a él, no me satisface, que
otros dos le quedaban dados en adopción. ¿Qué compañía me ternán en mi dolor aquel Pericles, capitán
ateniense, ni el fuerte Xenofón[11], pues sus pérdidas
fueron de hijos ausentes de sus tierras? Ni fue mucho
el uno no mudar su frente y tenerla serena y el otro
responder al mensajero, que las tristes albricias de la
muerte de su hijo le venía a pedir, que no recibiese él
pena, que él no sentía pesar. Que todo esto bien dife-
rente es a mi mal. Pues menos podrás decir, mundo

---

[8] *Quiébrasnos el ojo y úntasnos con consuelos el caxco:* refrán; se decía
cuando alguien te hacía daño y luego trataba de repararlo con halagos.
[9] Paulo Emilio, cónsul de Roma del siglo III a.C.
[10] *animosidad:* valor.
[11] Pericles, estadista de la Atenas del siglo V a.C.; Xenofón (Jenofon-
te), discípulo de Sócrates del siglo IV a.C.

lleno de males, que fuimos semejantes en pérdida aquel Anaxágoras[12] e yo, que seamos iguales en sentir y que responda yo, muerta mi amada hija, lo que él su único hijo, que dijo: «Como yo fuese mortal sabía que había de morir el que yo engendraba». Porque mi Melibea mató a sí misma de su voluntad a mis ojos, con la gran fatiga de amor que le aquejaba; el otro matáronle en muy lícita batalla. ¡Oh incomparable pérdida; oh lastimado viejo! Que cuanto más busco consuelos, menos razón hallo para me consolar. Que, si el profeta y rey David al hijo que enfermo lloraba, muerto no quiso llorar, diciendo que era casi locura llorar lo irrecuperable, quedábanle otros muchos con que soldase su llaga; y yo no lloro triste a ella muerta, pero la causa desastrada de su morir. Agora perderé contigo, mi desdichada hija, los miedos y temores que cada día me espavorecían: sola tu muerte es la que a mí me hace seguro de sospecha.

¿Qué haré, cuando entre en tu cámara y retraimiento y la halle sola? ¿Qué haré de que no me respondas, si te llamo? ¿Quién me podrá cubrir la gran falta que tú me haces? Ninguno perdió lo que yo el día de hoy, aunque algo conforme parecía a fuerte animosidad de Lambas de Auria[13], duque de los genoveses, que a su hijo herido con sus brazos desde la nao echó en la mar. Porque todas éstas son muertes que, si roban la vida, es forzado cumplir con la fama. Pero ¿quién forzó a mi hija a morir, sino la fuerte fuerza de amor? Pues, mundo halaguero, ¿qué remedio das a mi fatigada vejez? ¿Cómo me mandas quedar en ti, conociendo

---

[12] Anaxágoras, filósofo griego del siglo V a.C.
[13] Lambas de Auria echó a su hijo herido al mar en una batalla con los venecianos.

tus falacias, tus lazos, tus cadenas y redes, con que pescas nuestras flacas voluntades? ¿A do me pones mi hija? ¿Quién acompañará mi desacompañada morada? ¿Quién terná en regalos[14] mis años, que caducan?

¡Oh amor, amor, que no pensé que tenías fuerza ni poder de matar a tus sujetos! Herida fue de ti mi juventud, por medio de tus brasas pasé. ¿Cómo me soltaste, para me dar la paga de la huida[15] en mi vejez? Bien pensé que de tus lazos me había librado, cuando los cuarenta años toqué, cuando fui contento con mi conyugal compañera, cuando me vi con el fruto que me cortaste el día de hoy. No pensé que tomabas en los hijos la venganza de los padres. Ni sé si hieres con hierro, ni si quemas con fuego. Sana dejas la ropa; lastimas el corazón. Haces que feo amen y hermoso les parezca. ¿Quién te dio tanto poder? ¿Quién te puso nombre que no te conviene? Si amor fueses, amarías a tus sirvientes. Si los amases, no les darías pena. Si alegres viviesen, no se matarían, como agora mi amada hija. ¿En qué pararon tus sirvientes y sus ministros? La falsa alcahueta Celestina murió a manos de los más fieles compañeros que ella para tu servicio emponzoñado jamás halló. Ellos murieron degollados, Calisto, despeñado. Mi triste hija quiso tomar la misma muerte por seguirle. Esto todo causas. Dulce nombre te dieron; amargos hechos haces. No das iguales galardones. Inicua es la ley que a todos igual no es. Alegra tu sonido; entristece tu trato. Bienaventurados los que no conociste o de los que no te curaste[16]. Dios te llamaron otros, no sé con qué error de

---

[14] *en regalos:* con caricias.
[15] *la paga de la huida:* el desquite de la huida.
[16] *de los que no te curaste:* de los que no te encargaste.

su sentido traídos. Cata que Dios mata los que crió;
tú matas los que te siguen. Enemigo de toda razón, a
los que menos te sirven das mayores dones, hasta
tenerlos metidos en tu congojosa danza. Enemigo de
amigos, amigo de enemigos, ¿por qué te riges sin orden ni concierto? Ciego te pintan, pobre y mozo.
Pónente un arco en la mano, con que tires a tiento;
más ciegos son tus ministros, que jamás sienten ni ven
el desabrido galardón que sacan de tu servicio. Tu
fuego es de ardiente rayo, que jamás hace señal do
llega. La leña que gasta tu llama, son almas y vidas de
humanas criaturas, las cuales son tantas, que de quien
comenzar pueda, apenas me ocurre. No sólo de cristianos, mas de gentiles y judíos y todo en pago de buenos servicios. ¿Qué me dirás de aquel Macías de nuestro tiempo, cómo acabó amando, cuyo triste fin tú
fuiste la causa? ¿Qué hizo por ti Paris? ¿Qué Elena?
¿Qué hizo Hipermestra? ¿Qué Egisto? Todo el mundo lo sabe. Pues a Safo, Ariadna, Leandro, ¿qué pago
les diste? Hasta David y Salomón no quisiste dejar sin
pena. Por tu amistad Sansón pagó lo que mereció,
por creerse de quien tú le forzaste a darle fe[17]. Y otros

---

[17] Pleberio alude a una serie de personajes históricos y mitológicos.
Para Macías, puedes ver la nota 5 del auto II. Hipermestra era hija de
Dánao, que ordenó a sus 50 hijas matar a su marido la noche de bodas;
sólo Hipermestra se negó, poniendo en peligro su propia vida. Paris
raptó a Helena, mujer del rey de Esparta, lo que provocó la guerra de
Troya. Egisto fue el amante de Clitemnestra, que mató a su marido
Agamenón y fue luego muerta por su propio hijo Orestes. La poetisa
griega Safo se suicidó, según la leyenda, por amor de Faón, un banquero
de Lesbos. Ariadna fue abandonada por su amante, pese a haberle ayudado a matar a su enemigo el Minotauro. Leandro cruzaba a nado el
Helesponto para encontrarse con Hero, que ponía un farol en su ventana para que se guiase en la noche, hasta que un día la tormenta apagó el
farol y Leandro se ahogó; Hero se echó al mar para acompañar a su

muchos, que callo, porque tengo harto que contar en mi mal.

Del mundo me quejo, porque en sí me crió, porque no me dando vida, no engendrara en él a Melibea; no nacida, no amara; no amando, cesara mi quejosa y desconsolada postrimería. ¡Oh mi compañera buena! ¡Oh mi hija despedazada! ¿Por qué no quisiste que estorbase tu muerte? ¿Por qué no hobiste lástima de tu querida y amada madre? ¿Por qué te mostraste tan cruel con tu viejo padre? ¿Por qué me dejaste, cuando yo te había de dejar? ¿Por qué me dejaste penado? ¿Por qué me dejaste triste y solo *in hac lachrymarum valle*?[18]

---

amado en la muerte. David tuvo amores adúlteros con Batsheba. Salomón anduvo enamorado de centenares de princesas y concubinas.

[18] *in hac lachrymarum valle:* en este valle de lágrimas, procede de uno de los himnos católicos más conocidos, la *Salve;* como se recitaba en latín, todo el mundo conocía esta expresión.

VERSOS FINALES

L *AS tres primeras estrofas son del propio Rojas, aparecen por primera vez en la edición de la* Tragicomedia *e insisten, una vez más, en el carácter moral de su obra. ¿Qué te parece tanta insistencia?*

Las otras estrofas son de Alonso de Proaza, un catedrático de Retórica en la Universidad de Valencia. La figura del corrector era común en la época. En una de las estrofas Proaza revela los acrósticos de los preliminares por los que se puede saber el autor de la obra. Por cierto, que no tiene en cuenta a ningún otro autor que no sea Rojas (aqueste gran hombre).

* * *

Concluye el autor aplicando la obra al propósito por que la acabó

Pues aquí vemos cuán mal fenecieron
Aquestos amantes, huigamos su danza,
Amemos a aquel que espinas y lanza,
Azotes y clavos su sangre vertieron.
Los falsos judíos su haz[1] escupieron,
Vinagre con hiel fue su potación[2],
Porque[3] nos lleve con el buen ladrón,
De dos que a sus santos lados pusieron.

---

[1] *haz*: faz, rostro.

[2] Este verso ya estaba en el poema de los preliminares; *potación*: bebida. La estrofa entera recuerda a la penúltima de los acrósticos del comienzo.

[3] *porque*: para que.

No dudes ni hayas vergüenza, lector.
Narrar lo lascivo, que aquí se te muestra;
Que siendo discreto verás que es la muestra
Por donde se vende la honesta labor.
De nuestra vil masa[4] con tal lamedor[5]
Consiente coxquillas de alto consejo;
Con motes y trufas[6] del tiempo más viejo
Escritas a vueltas le ponen sabor.

Y así no me juzgues por eso liviano,
Mas antes celoso de limpio vivir;
Celoso de amar, temer y servir
Al alto Señor y Dios soberano.
Por ende, si vieres turbada mi mano[7],
Turbias con claras mezclando razones,
Deja las burlas, que es paja y granzones[8];
Sacando muy limpio de entre ellas el grano.

Alonso de Proaza, corrector
de la impresión, al lector

La arpa de Orfeo y dulce armonía
Forzaba las piedras venir a su son;
Abríe los palacios del triste Plutón,
Las rápidas aguas parar las hacía[9].
Ni ave volaba ni bruto pacía,

---

[4] *vil masa:* se refiere a su obra.
[5] *lamedor:* jarabe dulce; vuelve el tópico de la medicina endulzada que trató en los preliminares.
[6] *motes y trufas:* sentencias y burlas.
[7] *turbada mi mano:* desordenada mi pluma, mi escritura.
[8] *granzones:* residuos de paja.
[9] Narra la historia mitológica de Orfeo, que con su música movía las piedras y abría las salas del infierno (el lugar del demonio, Plutón).

Ella asentaba en los muros troyanos;
Las piedras y froga[10] sin fuerza de manos,
Según la dulzura con que se tañía.

Prosigue y aplica

Pues mucho más puede tu lengua hacer,
Lector, con la obra que aquí te refiero;
Que a un corazón más duro que acero
Bien la leyendo harás liquecer[11].
Harás al que ama amar no querer,
Harás no ser triste al triste penado,
Al que es sin aviso, harás avisado;
Así que no es tanto las piedras mover.

Prosigue

No dibujó la cómica mano
De Nevio ni Plauto, varones prudentes,
Tan bien los engaños de falsos sirvientes
Y malas mujeres en metro romano.
Cratino y Menandro y Magnes anciano[12]
Esta materia supieron apenas
Pintar en estilo primero de Atenas[13]
Como este poeta en su castellano.

---

[10] *froga:* muro de albañilería; dice Proaza que Orfeo era capaz de mover las piedras para hacer con su música los muros de Troya.

[11] *liquecer:* fundirse.

[12] Nevio, Plauto, Cratino, Menandro y Magnes son dramaturgos griegos y romanos.

[13] Se refiere al estilo de la comedia griega.

Dice el modo que se ha de tener
leyendo esta tragicomedia[14]

Si amas y quieres a mucha atención
Leyendo a Calisto mover los oyentes,
Cumple que sepas hablar entre dientes,
A veces con gozo, esperanza y pasión,
A veces airado con gran turbación.
Finge leyendo mil artes y modos,
Pregunta y responde por boca de todos,
Llorando y riendo en tiempo y sazón.

Declara un secreto que el autor
encubrió en los metros que puso
al principio del libro

Ni quiere mi pluma ni manda razón
Que quede la fama de aqueste gran hombre
Ni su digna gloria ni su claro nombre
Cubierto de olvido por nuestra ocasión.
Por ende juntemos de cada renglón
De sus once coplas la letra primera,
Las cuales descubren por sabia manera
Su nombre, su tierra, su clara nación.

Toca cómo se debía la obra llamar
tragicomedia y no comedia

Penados amantes jamás conseguieron
De empresa tan alta tan prompta victoria,

---

[14] Esta estrofa revela cuál era el destino de la obra. Era teatro para leer *(leyendo a Calisto)* declamando *(finge leyendo mil artes y modos)* para conseguir *mover los oyentes.*

Como éstos de quien recuenta la historia,
Ni sus grandes penas tan bien sucedieron.
Mas, como firmeza nunca tuvieron
Los gozos de aqueste mundo traidor,
Suplico que llores, discreto lector,
El trágico fin que todos hobieron.

Describe el tiempo y lugar en que la obra primeramente se imprimió acabada[15]

El carro Febeo después de haber dado
Mil y quinientas vueltas en rueda
Ambos entonces los hijos de Leda
A Febo en su casa teníen posentado[16],
Cuando este muy dulce y breve tratado
Después de revisto y bien corregido,
Con gran vigilancia puntado y leído,
Fue en Salamanca impreso acabado.

---

[15] Esta última estrofa es lo que se llama en los textos antiguos el «colofón», esto es, un pequeño texto final donde se dan los datos de la edición.

[16] Para decir que esta edición es del 1500 (recuerda que a la primera que tenemos, de 1499, le faltan las hojas iniciales y finales) alude a la vuelta anual que da el carro de Febo (el sol, en la mitología). Los hijos de Leda (y de Júpiter) son Cástor y Pólux, que al morir fueron convertidos por su padre en la constelación de Géminis, que señala el mes de mayo o junio. O sea, que esta edición salió en mayo o junio de 1500.

APÉNDICE

TEXTO COMENTADO

Celestina sobre el amor, auto I, escena 10, desde «Pláceme, Pármeno...», hasta «... por nueve meses.»

Encontramos este fragmento al final del auto I, cuando Pármeno ha dado repetidas muestras de no querer colaborar con Sempronio y Celestina para conseguir los amores de Calisto y sacar con ello provecho de su mediación. Celestina todavía no sabe quién es Pármeno —lo sabrá unas páginas más adelante, cuando éste le revele de quién es hijo— y trata de atraerlo a su bando con su habilidad característica para manejar a todos los que tiene a su alrededor.

En concreto, el tema de este texto es el intento por parte de Celestina de convencer a Pármeno para que se sume a la empresa de explotar los amores de Calisto, para lo cual usa tanto argumentos como bromas y expresiones afectuosas.

Celestina organiza su intervención en varias fases. Comienza su labor de seducción con unas líneas de halago para Pármeno combinadas con expresiones de superioridad, en las que se jacta de su experiencia. Sigue el texto con la presentación del asunto que ocupa a Celestina: el amor de Calisto, algo que permite a la alcahueta hacer alarde de sentencias y ejemplos que tratan de demostrar la naturalidad del sentimiento amoroso. Se muestra como una perfecta

339

profesora: después de la teoría amorosa, refiere ejemplos, animales y vegetales, que acreditan su doctrina. Al final, sin embargo, Celestina se olvida de razonamientos y trata de ganarse a Pármeno por vía afectiva, hablándole como a un menor, primero, y sugiriéndole algún favor sexual, después.

Para conseguir el convencimiento de Pármeno, Celestina utiliza un instrumento que domina a la perfección: el lenguaje. Ese dominio se manifiesta tanto en el lenguaje culto como en el coloquial. Mientras pretende convencer a Calisto con argumentos, Celestina no escatima términos cultos como *inmérito, instrutos, intrínseco,* o coloca el verbo al final, con el hipérbaton latino tan común en el habla culta de esta época: *lo intrínseco con los intelectuales ojos penetro.*

Celestina habla de manera especialmente sentenciosa, adoptando un aire de gravedad que haga que Pármeno reconozca la superioridad de su pensamiento (por eso exhibe sentencias como *virtud nos amonesta sufrir...; es forzoso el hombre amar...; el que verdaderamente ama...).* Para conseguir esa sensación de autoridad también sabe colocar estratégicamente los adjetivos, como cuando procura minar la resistencia de Calisto llamando *necia* a su lealtad, o cuando se pone a sí misma como ejemplo de agudeza al hablar de sus *intelectuales* ojos.

Pero luego cambia el registro, y cuando ya abandona los argumentos y trata de ganarse a Pármeno engatusándolo con expresiones cariñosas, aparece el lenguaje popular, como en el uso de diminutivos *(angelico, perlica),* algunos de ellos aplicados a insultos o palabras ofensivas *(neciuelo, simplecico, putico)* que, una vez puestos en diminutivo, adquieren un matiz cariñoso (de falso cariño en este caso, pues Celestina no busca más que su propia ganancia). No faltan tampoco expresiones coloquiales de cierta rudeza como *mala rabia me mate,* cuando se refiere a la posibilidad de que sea la propia Celestina quien pueda calmar el deseo sexual de Calisto.

Porque esa afectividad es más explícita al final, cuando comienzan las alusiones sexuales. Las señales de la insatisfacción de Pármeno que ve Celestina *(la voz ronca, la barba crecida)* y la referencia a la excitación *(mal sosegadilla)* de su órgano sexual, al que se refiere con un eufemismo *(la punta de la barriga)* termina con un chiste obsceno, en el que colabora Pármeno con un símil *(como cola de alacrán)* y con el que Celestina pretende precisamente provocar la sonrisa y el buen humor de aquel a quien pretende embaucar.

Celestina habla del amor, pero no por amor al arte, como nunca da un paso por amor a nada salvo a su propia codicia, sino para conseguir a Pármeno en su propio provecho. En su estrategia utiliza con virtuosismo su arma habitual, un lenguaje que igual exhibe cultura que muestra los resortes de la lengua popular.

PROPUESTAS DE COMENTARIO

A partir del modelo propuesto, escribe ahora tú un comentario sobre los textos a los que se hace referencia a continuación, después de reflexionar sobre las cuestiones que te proponemos sobre ellos.

A Retrato de Celestina, vista por Pármeno. Auto I, escena 7, desde «CAL.—¿De qué la servías?» hasta «... sus aleluyas y conciertos.»

1. Localización

— Lee la escena a la que pertenece el texto y aclara quiénes son Calisto y Pármeno y en qué circunstancias se desarrolla la conversación.

— ¿Por qué conoce Pármeno a Celestina? ¿Cuánto hacía que no la veía?

2. Referencias culturales

— Aclara cada uno de los oficios de Celestina.

— ¿Qué visión del clero español del siglo XV se deduce del texto? Señala todas las referencias anticlericales.

— Aparte de clérigos, ¿qué otros sectores sociales trataba Celestina?

3. Comprensión

— Lee de nuevo los términos explicados en nota a pie de página.

— ¿Qué son las tenerías? ¿Conoces alguna ciudad con un barrio como éste?

— Explica el significado de los siguientes arcaísmos: *afeites, virgos, gorgueras, asaz, cuitadillas, acullá, cata.*

— Precisa qué actividades honestas le servían a Celestina para sus negocios.

— ¿A qué se refiere Pármeno con «la sangre inocente de las cuitadillas»? ¿Y con «la restitución que ella les prometía»?

4. Organización

— Señala en la respuesta de Sempronio cuándo habla de él mismo.

— De Celestina, observa cuándo se habla de sus posesiones.

— Mira ahora los distintos oficios de Celestina y con quiénes trataba.

5. Técnica y estilo

— ¿Son las oraciones de Pármeno largas o cortas (si son compuestas, observa si son coordinadas o subordinadas)?

— Subraya todos los adjetivos que aparecen.

— Fíjate en las enumeraciones.

— ¿Son frecuentes las expresiones en estilo directo?

— ¿Hay en algún caso polisíndeton?

6. Conclusión y valoración personal

— ¿Qué clase de persona era Celestina? ¿Te la imaginas en la sociedad española actual?

— Teniendo en cuenta que más adelante acepta-
rá los servicios de Celestina, ¿qué tipo de sentimientos crees que albergaba Calisto con respecto a Melibea?

— ¿Qué te parece el lenguaje de Pármeno?
¿Crees que es hábil contando las cosas?

B Sobre amas y criadas. Auto IX, escena 3, desde
«ELIC.—O la voz me engaña...» hasta «... sojuzgada y cativa.».

1. Localización

— Mira en qué lugar de la obra se encuentra el
texto, quiénes son los personajes que hablan
en el fragmento y aquellos a los que se refiere
cuando hablan.

— Explica qué quiere decir Celestina cuando dice
que «ella [Lucrecia] algo se le entiende de esto
que aquí hablamos». ¿Recuerdas algún fragmento de la obra en el que Lucrecia muestre
sus impulsos?

2. Referencias culturales

— ¿Qué tipo de trabajos podían tener las mujeres
españolas del siglo XV cuando carecían de bienes? ¿Qué papel reservaba esta sociedad a las
mujeres (trabajadoras o no)?

— ¿A qué se dedican los personajes que aparecen o de los que se habla en el texto (Elicia,
Areúsa, Celestina y Lucrecia)?

3. Comprensión

— Lee de nuevo los términos explicados en nota
a pie de página.

— ¿A qué se refiere Areúsa cuando habla de *iguales*?

— Explica los arcaísmos (léxicos y sintácticos) *vido, otrie, agora, quien son, gástase.*

— Aclara el significado de las siguientes palabras (no son arcaísmos): *denostada, sojuzgada, baldón.*

— ¿Qué es lo que tienen que sufrir las criadas, según Areúsa? ¿Cómo dice que son las amas?

— Describe cuáles son las labores que, según se deduce del texto, eran habituales en una criada de la época.

4. Organización

— Señala, en primer lugar, una parte dialogada y otra en la que hay una larga intervención que no busca respuesta.

— En esta última parte, busca distintos pasajes del texto, según de quien hable Areúsa: de las criadas, de las amas y de sí misma.

5. Técnica y estilo

— ¿Aparecen muchos adjetivos en el texto? Haz una lista de todos ellos y consulta su significado si no conoces alguno.

— Señala expresiones en estilo directo.

— Subraya antítesis.

— Muestra paralelismos sintácticos.

— ¿Abundan las enumeraciones?

— Busca vulgarismos y palabras ofensivas.

6. Conclusión y valoración personal

— ¿Qué visión ofrece Areúsa de las señoras de su tiempo?

— ¿Crees que un discurso como éste revela algún tipo de conflicto social?

— ¿Qué expresiones te han resultado más sorprendentes?

— ¿Se trata así a los empleados domésticos hoy en día?

C Celestina y el vino. Auto IX, escena 2, desde «Después que me fui haciendo vieja...» hasta «... por trece, tres.»

1. Localización

— ¿En qué momento de la obra aparece este texto? ¿Por qué parece Celestina tan contenta?

— ¿Quién es Pármeno? ¿Es normal que contradiga a Celestina?

2. Referencias culturales

— Repasa la obra y recuerda qué edad tiene Celestina.

— ¿Qué bebidas eran habituales en esta época?

3. Comprensión

— Repasa las notas que aparecen en el texto.

— Consulta el diccionario si te hace falta para precisar el significado de las siguientes palabras: *escanciar, hedor, mentar.*

— Observa las variaciones que han sufrido los siguientes términos: *aforro, celebro, anélito, agora*.

— Explica la intervención de Pármeno y la réplica de Celestina.

4. Organización

— Señala cuándo Celestina habla de sí misma, cuándo de las cualidades del vino y cuándo de sus inconvenientes.

5. Técnica y estilo

— Señala enumeraciones.

— Busca personificaciones.

— Subraya antítesis y contraposiciones.

6. Conclusión y valoración personal

— En el comentario A ya hacíamos un retrato de Celestina. Si no lo has redactado, hazlo ahora.

— ¿Celestina se toma en serio sus propias palabras? ¿Resultan convincentes sus argumentos? ¿Es hábil presentándolos? ¿Qué es lo que no dice del vino Celestina?

TEMAS PARA EL DEBATE

Como ya sabes por la introducción, Fernando de Rojas pertenecía a una familia de judíos conversos, y aunque parece que él mismo no tuvo problemas, sí los tuvieron varios miembros de la familia de su mujer.

- Después de haber leído la obra, ¿crees que Rojas revela algún tipo de malestar contra la sociedad cristiana que sojuzgaba a los miembros de su etnia? ¿Cuál es, a tu juicio, la ideología del autor? ¿Qué es lo que verdaderamente critica? (No te extrañe si no llegas a conclusiones, la crítica tampoco lo hace.)

- ¿Conoces conflictos del mundo actual que recuerden la segregación racial que sufrió España desde la expulsión de los judíos en 1492? ¿Puede compararse la situación española de entonces con esos conflictos actuales?

En La Celestina *aparece un buen muestrario de personajes femeninos, con un protagonismo además inusual en la literatura anterior de su época.*

- Recuerda las tareas a las que se dedicaban las mujeres trabajadoras. Explica qué podían esperar de la vida las mujeres de entonces según su estamento (nobleza, burguesía, clero, pueblo cristiano, judío o morisco).

- ¿En qué difería el comportamiento amoroso que se consideraba correcto en una mujer del que se pensaba apropiado en un hombre? ¿Subsisten en la sociedad española actual diferencias de ese cariz?

La Celestina *es una obra muy explícita en cuanto a las relaciones sexuales, lo cual causaba no pocos recelos entre algunos lectores de la época, a quienes parecía una obra inmoral.*

- Uno de los que revelan su sexualidad de modo más claro en la obra es Calisto. ¿Crees que su relación con Melibea sólo busca satisfacer un deseo sexual o pretende algo más? ¿Y en el caso de Melibea? Recuerda, sobre todo, las escenas de los encuentros amorosos (autos XIV y XIX).

- Las prostitutas Elicia y Areúsa traman la venganza por la muerte de sus amantes, a quienes han cogido cariño. ¿Te parece verosímil ese sentimiento?

- *La Celestina* refiere varias veces impulsos o hechos sexuales que posiblemente te hayan llamado la atención. Nos referimos a los casos de bestialismo, a ciertas aficiones de Celestina (recuerda en el texto lo que sugiere sobre su relación con Pármeno cuando era niño), al modo de vida de Elicia y Areúsa (y anteriormente de Celestina), a algunos comentarios de los criados o a los indisimulados impulsos de Lucrecia. ¿Qué opinión te merecen?

El personaje de Celestina tiene algunos (o muchos) rasgos poco recomendables: su codicia, su infidelidad, ciertos hábitos sexuales, o su desmedida afición a la bebida. Explica cuáles de estos rasgos te parecen más repulsivos y por qué.

En La Celestina *has podido asistir a un conjuro diabólico, siguiendo las creencias hechiceriles comunes en la época.*

- ¿En qué medida crees que permanecen ese tipo de creencias diabólicas en la sociedad actual?

- ¿Es muy supersticiosa la sociedad española de hoy?

LECTURAS COMPLEMENTARIAS

I

El personaje de Celestina tiene algunos antecedentes en la literatura española. El más conocido es el de la vieja Trotaconventos, del *Libro de Buen Amor* (primera mitad del siglo XIV), la célebre obra de Juan Ruiz, Arcipreste de Hita. En concreto, el Arcipreste, después de varios fracasos amorosos, recrimina a don Amor (el amor personificado) que sea tan cruel. Don Amor le da varios consejos para tener éxito con las mujeres, entre los cuales está el siguiente (los números se refieren al orden de las estrofas en la obra):

438 Si parienta no tienes, usa de algunas viejas
que andan por las iglesias y saben las callejas:
grandes cuentas al cuello, saben muchas
[consejas;
y de Moisés con lágrimas encantan las orejas;

439 excelentes maestras son las viejas aquestas;
andan por todo el mundo, por las plazas
[y cuestas,
alzando a Dios las cuentas y rezando muy prestas.
¡Ay, cuánto mal que saben las vagabundas éstas!

440 Usa también de viejas en hierbas muy arteras:
andan de casa en casa —y llámanse parteras—
con polvos, con afeites, y con alcoholeras;
aojan a la moza y la ciegan, de veras.

441 Y busca mensajera de esas negras pacatas
que usan mucho los frailes, las monjas y beatas:
son grandes andariegas y merecen zapatas;
estas trotaconventos hacen muchas baratas.

442 Donde andan estas viejas mucho es el alegrar,
pocas mujeres saben de ellas se despegar;
para que no te mientan sábelas halagar,
pues tal encanto usan que saben bien cegar.

443 De todas estas viejas, es ésta la mejor;
dile que no te mienta, muéstrale buen amor,
pues mucha mala bestia vende buen corredor,
y mucha mala ropa cubre buen cobertor.

[...]

1317 Llamé a Trotaconventos, mi vieja apercibida;
muy presta, placentera, pronta fue su venida;
roguéle me buscase una dueña garrida,
porque encontrarme solo era apenada vida.

1318 Dijo que conocía una viuda lozana,
muy rica y buena moza, que siempre
[andaba ufana:
«Arcipreste, amad ésta; allá iré yo mañana
y, si la conseguimos, no haremos obra vana.»

1319 Con la mi vejezuela regalos le envié,
también estas cantigas que aquí yo rubriqué.
No la ofendió la vieja, ni con ella pequé;
muy poco conseguí, pues poco trabajé.

1320 Hizo en esto mi vieja todo lo que hacer pudo,
mas no pudo trabar ni atar el fuerte nudo;
volvió muy triste a mí y con pesar agudo.
Dijo: «Donde no te aman no vayas a menudo.»

[...]

1332 Ella me dijo: «Amigo, oídme un poquillejo:
amad a alguna monja y creed mi consejo,
pues no se casará ni se sabrá en concejo:
al amor de una monja no hay ninguno parejo.

1333 Yo las serví hace tiempo, allí pasé diez años,
tienen a sus amigos regalados, sin daños;
¡quién dirá los manjares, los presentes tamaños,
los muchos electuarios exquisitos y extraños!

[...]

1340 Además de estas cosas tienen buenas maneras,
porque son muy discretas, donosas,
[placenteras;
más saben y más valen sus mozas cocineras
para el amor del mundo que las dueñas
[de sueras;

1341 son bonitas imágenes y de toda hermosura,
nobles, muy generosas y francas de natura,
grandes doñeadoras: siempre el amor les dura;
discretas, prevenidas y de mucha mesura;

1342 todo el placer del mundo y todo cortejar,
solaz de mucho gusto y amoroso jugar
en las monjas se encuentra más que
[en otro lugar:
probadlo aquesta vez, quered ya sosegar.

1343 Dije: «Trotaconventos, escúchame un poquillo:
¿Cómo podré entrar yo sin saber el portillo?»
Respondió: «Yo lo arreglo en pequeño ratillo:
quien hace la canasta puede hacer canastillo.»

1344 Fuese, pues, a una monja en esto ya entendida,
la cual le preguntó: «¿Por qué fue tu venida?
¿Cómo te va mi vieja, cómo pasas tu vida?»
Dijo: «Señora, así, en mediana medida;

1345   Desde que os dejé a vos a un arcipreste sirvo
      muy próspero y muy joven, de cuya
                                [ayuda vivo;
      para que os sirva a vos cada día lo avivo:
      que el convento, señora, nunca le sea esquivo.»

1346   Dijo doña Garoza: «¿Envióte él a mí?»
      Díjole: «No, señora, mas yo se lo ofrecí;
      por el bien que me hicisteis en cuanto
                                [yo os serví,
      para vos lo querría, pues mejor no lo vi.»

RUIZ, Juan: *Libro de Buen Amor,* edición moderni-
zada de Nicasio Salvador Miguel, Magisterio Español,
Madrid, 1979.

II

Como ya te hemos señalado en la Introducción, *La Celestina* aparece en plena fiebre de las novelas sentimentales, apenas siete años después de la primera aparición de la obra maestra del género, *Cárcel de amor.* En esta obra, en la que el protagonista, Leriano, muere de amor, encontramos también al final un *planto* como el de Pleberio, esta vez en boca de la madre y en los últimos momentos de la agonía de su hijo. La madre, que ha llegado al lecho de muerte por pura intuición, sin saber la gravedad del estado de su hijo, hace un lamento en el que no falta tampoco la queja contra la muerte. Después del planto encontrarás el fragmento en el que se narra la muerte por amor del protagonista, después de comerse un par de cartas que tiene de su amada. En esta ocasión, y para que tengas una muestra del lenguaje tal y como era a finales del siglo XV, dejamos el texto sin modernizar.

Llanto de su madre de Leriano

¡O alegre descanso de mi vegez, o dulce hartura de mi voluntad! Hoy dexas de dezirte hijo y yo de más llamarme madre, de lo qual tenía temerosa sospecha por las nuevas señales que en mí vi de pocos días a esta parte; acaescíame muchas vezes, quando más la fuerça del sueño me vencía recordar [1] con un tenblor súbito que hasta la mañana me durava; otras vezes,

---

[1] *recordar:* despertar.

quando en mi oratorio me hallava rezando por tu salud, desfallecido el coraçón, me cobría de un sudor frío en manera que dende a gran pieça tornava en acuerdo[2]; hasta los animales me certificavan tu mal; saliendo un día de mi cámara vínose un can para mí y dio tan grandes aullidos que assí me corté el cuerpo y la habla, que de aquel lugar no podía moverme; y con estas cosas dava más crédito a mi sospecha que a tus mensajeros, y por satisfazerme acordé de venir a veerte, donde hallo cierta la fe que di a los agüeros.

¡O lunbre de mi vista, o ceguedad della misma, que te veo morir y no veo la razón de tu muerte; tú, en edad para bevir; tú, temeroso de Dios; tú, amador de la virtud; tú, enemigo del vicio; tú, amigo de amigos; tú, amado de los tuyos! Por cierto oy quita la fuerça de tu fortuna los derechos a la razón, pues mueres sin tienpo y sin dolencia; bienaventurados los baxos de condición y rudos de engenio, que no pueden sentir las cosas sino en el grado que las entienden; y malaventurados los que con sotil juizio las trascenden, los quales con el entendimiento agudo tienen el sentimiento delgado; pluguiera a Dios que fueras tú de los torpes en el sentir, que mejor me estuviera ser llamada con tu vida, madre del rudo, que no a ti, por tu fin, hijo que fue de la sola. ¡O muerte, cruel enemiga, que ni perdonas los culpados ni asuelves los inocentes! Tan traidora eres, que nadie para contigo tiene defensa; amenazas para la vejez y lievas en la mocedad; a unos matas por malicia y a otros por enbidia; aunque tardas, nunca olvidas; sin ley y sin orden te riges. Más razón havía para que conservases los veinte años del hijo moço que para que dexases los sesenta de la vieja madre. ¿Por qué bolviste el derecho al revés? Yo estava harta de ser biva y él en edad de bevir. Perdóname porque assí te trato, que no eres

---

[2] *tornava en acuerdo:* recobraba el sentido.

mala del todo, porque si con tus obras causas los dolores, con ellas mismas los consuelas levando a quien dexas con quien levas; lo que si comigo hazes, mucho te seré obligada; en la muerte de Leriano no hay esperança, y mi tormento con la mía recebirá consuelo. ¡O hijo mío!, ¿qué será de mi vejez contenplando en el fin de tu joventud? Si yo bivo mucho, será porque podrán más mis pecados que la razón que tengo para no bivir. ¿Con qué puedo recebir pena más cruel que con larga vida? Tan poderoso fue tu mal que no tuviste para con él ningund remedio; ni te valió la fuerça del cuerpo, ni la virtud del coraçón, ni el esfuerço del ánimo; todas las cosas de que te podías valer te fallecieron; si por precio de amor tu vida se pudiera conprar, más poder tuviera mi deseo que fuerça la muerte; mas para librarte della, ni tu fortuna quiso, ni yo, triste, pude; con dolor será mi bevir y mi comer y mi pensar y mi dormir, hasta que su fuerça y mi deseo me lieven a tu sepoltura.

El auctor

El lloro que hazía su madre de Leriano crecía la pena a todos los que en ella participavan, y como él sienpre se acordase de Laureola, de lo que allí pasava tenía poca memoria[3], y viendo que le quedava poco espacio para gozar de ver las dos cartas que della tenía, no sabía qué forma se diese con ellas. Quando pensava rasgallas, parecíale que ofendería a Laureola en dexar perder razones de tanto precio; quando pensava ponerlas en poder de algún suyo, temía que serían vistas, de donde para quien las enbió se esperava peligro. Pues tomando de sus dudas lo más seguro, hizo traer una copa de agua, y hechas

---

[3] *tenía poca memoria:* no se daba cuenta de lo que pasaba a su alrededor.

las cartas pedaços écholas en ella, y acabado esto, mandó que le sentasen en la cama, y sentado, bevióselas en el agua y assí quedó contenta su voluntad; y llegada ya la hora de su fin, puestos en mí los ojos, dixo: «Acabados son mis males», y assí quedó su muerte en testimonio de su fe.

San Pedro, Diego: *Cárcel de amor,* edición de Carmen Parrilla, estudio preliminar de Alan Deyermond, ed. Crítica, Barcelona, 1995.

III

La obra de Rojas gozó de un enorme éxito, y como pasa ahora con algunas películas, tuvo sus continuadores. Una de esas derivaciones fue *Segunda Comedia de Celestina,* de Feliciano de Silva, un escritor del siglo XVI conocido sobre todo por sus rocambolescas y exitosas novelas de caballerías. Igual que pasa en algunas series de televisión, en estas segundas andanzas de Celestina, Silva cuenta que, después de las heridas recibidas a manos de Sempronio, la vieja alcahueta no murió, sino que se refugió en la casa de un clérigo que le debía favores y allí consiguió recuperarse. En la obra, Celestina continúa con sus negocios, ayudando ahora a la pareja formada por Felides y Polandria, relación que en esta ocasión tiene un final feliz. Te ofrecemos a continuación el comienzo del acto IX (aquí llamado *cena,* «escena»), cuando Celestina acaba de regresar a su casa y la gente (personificada como *Pueblo*) acude a verla como si se tratase de una aparición.

Argumento de la IX Cena

ELICIA *dize a* CELESTINA *que viene mucha gente a vella, y passa con ella y con* AREÚSA *grandes cosas; y llega el pueblo a la hablar y después muchas dueñas. Introdúcense:*

ELICIA. CELESTINA, AREÚSA, EL PUEBLO, LAS DUEÑAS

ELICIA. ¡Oh, váleme Dios con tanta gente como aquí viene, madre!

CELESTINA. Déxalos hija, que ya sabes que cuanto más moros, más ganancia. Todo esto es autorizar más mi persona, estimar más mi fama, dar más crédito a mi poder; porque, habiéndome visto muerta y viéndome agora viva, ¿quién dudará de mis artes?, ¿quién no temerá mis conjuros?, ¿a quién faltará esperança en mi saber?, ¿quién podrá pensar cosa que piense que le podrá faltar? A todos habla bien, pues sabes cuán poco cuesta el bien hablar; a todos recibe con muy buen amor, para que con él te paguen; a todos sabe bien hablar al sabor de su paladar; porque no hay, hija mía, mejor librea, ni puedes a ninguno dar mejor vestido que de lisonjas; todos los resciben, todos los aman, ninguno las desecha; créeme, hija, que no hay moneda que más corra y que mejor se resciba. ¿Qué te paresce loquilla?, que estás desbarbada. ¿Paréscete que todo es hazer entradas en la toca, pelar las cejas, acecalar el rostrillo para parescer bien? ¿Paréscete si vengo menos avisada del otro mundo que cuando caminé para allá? Sábete que más mercaduría traigo que llevé, que más letras aprendí que tenía, más criados tengo a mi mandar que hombres ves venir, espíritus infernales, digo, con quien en esta jornada he tomado conoscimiento y amistad. Mas quédesse agora esto para después, que es razón de complir con los que vienen.

AREÚSA. ¡Ay, tía señora!, espantadas nos tienes en ver cuanto dices, sino que paresce que vienes más vieja y más cana que cuando fuiste.

CELESTINA. A la fe, hija, sabe que desso rescibe mi persona más autoridad; que a mi oficio más autoridad sale de la edad y canas que no de hermosura y mocedad, más se aprovechan mis artes de la sabiduría que no de la tez, más de la ciencia que no del vestido. Mas ya es tiempo que callemos, que el pueblo llega acá.

PUEBLO. ¡Oh, madre Celestina!, ¿qué maravilla tan grande ha sido ésta de tu resurrección?

CELESTINA. Hijos, los secretos de Dios no es lícito sabellos todos, sino a quien Él los quiere revelar, porque ya sabéis que lo que encubre a los sabios descubre a los pequeñuelos como yo. Sabed, hijos míos, que no vengo a descubrir los secretos de allá, sino a enmendar la vida de acá, para con las obras dar el enxemplo con aviso de lo que allá passa, pues la misericordia de Dios fue de volverme al siglo a hazer penitencia. Y esto baste, hijos, para que todos os enmendéis, como en la predicación de Jonás, porque no perescáis; que las cosas de la otra vida no baste lengua a decillas, y por tanto todos vivamos bien, para que no acabemos mal.

PUEBLO. Madre, espantados nos tienes de lo que dices, mucha honra nos harías en dezirnos algo de lo que allá viste.

CELESTINA. Hijos, ni me cumple ni os cumple, y por tanto no me preguntéis más, que el silencio será mi respuesta. Y id con Dios, que quiero reposar; que vengo de muy largo camino y quiero descansar con mis hijas y entender en mi casa, que la hallo mal reparada; que, mal pecado, ya sabéis el proverbio, que a muertos y a idos no hay amigos; y con esto, por una parte me fui al otro mundo, y por otra se començó a desbaratar lo que con tanto trabajo yo había ganado para sostener mi honra; porque como dice, ganástelo o heredástelo, que assí me ha acaescido a mí con Elicia; que, mal pecado, hijos, las moças no curan de lo que habrán menester, sino de lo con que podrán mejor parescer, y no curando mirar adelante cayen muchas veces atrás; mas la vieja como yo, escarmentada, arregaçada passa el vado de los peligros desta vida. Y esto baste por agora, hijos, y andad con la gracia de Dios; básteos saber

que habéis de vivir bien y enmendar todos la vida. Y
con esto me entro en mi casa, y vosotros os id a las
vuestras a reposar.

SILVA, Feliciano de: *Comedia de Segunda Celestina,* ed. de Consolación Baranda, Cátedra, Madrid,
1994.

IV

La Celestina es una de las obras literarias españolas que más estudios ha recibido. De toda
esa inmensa bibliografía sólo te vamos a presentar una serie de pequeños fragmentos de
uno de los estudios más conocidos. Se trata
de *El mundo social de «La Celestina»,* un breve
pero enormemente valioso trabajo de José Antonio Maravall, quien con un enfoque sociológi-
co enriquece nuestra visión de los conflictos de
fondo que laten en la obra de Rojas.

A través de un problema elegido con gran acierto,
La Celestina nos presenta el drama de la crisis y
transmutación de los valores sociales y morales que
se desarrolla en la fase de crecimiento de la economía, de la cultura y de la vida entera, en la sociedad
del siglo XV.

[...]

La antigua distinción entre nobles, dedicados a las
armas, y plebeyos, empleados en trabajos mecáni-
cos, se transforma —aparte de otros aspectos— en el
sentido de que el primer grupo, esto es, el de los

distinguidos, no estará ya constituido por aquellos que ejercitan positivamente una función aristocrática muy determinada, como es la de guerrear, título en que se basaba su derecho a verse libres de función servil, sino que ahora entrarán en el grupo superior aquellos que poseen medios de fortuna en grado tal que ello les permita vivir exentos de todo trabajo mecánico y productivo.

[...]

En la medida en que el esfuerzo violento y peligroso, que revela una gran capacidad depredatoria en el sujeto —eminentemente, la guerra—, no es ya siempre posible y a causa de que pueden, además, emplearse en la misma guerra otros medios que no son los del puro valor del caballero, se produce, en una fase así, el desplazamiento de las actividades del señor hacia nuevas formas subsidiarias de ocio —el torneo, la caza, y hasta veremos que el amor y aun la cultura—, todos los cuales son, en principio, quehaceres sin contrapartida económica.

[...]

¿Cuál es la razón histórico-social de esta actitud? Observemos que los criados que acompañan a Calisto no son ya sus «naturales». Desde la baja Edad Media se llamaban «naturales» de un señor aquellos que dependían de él en virtud de una vinculación heredada, según un nexo que se presentaba con un carácter familiar, doméstico, cuya transmisión se suponía, con mayor o menor exactitud, que había tenido lugar de generación en generación, y que se mantenía, en principio, de modo permanente. Por estas causas, la dependencia «natural» o de «naturaleza» engendraba, junto a unos derechos y deberes recíprocos, de condición jurídica, otras obligaciones de tipo moral, difícilmente definibles y mensurables, sobre cuya determinación no cabían más que criterios consuetudinarios —adhesión, fidelidad, ayuda, etc.—. A diferencia de los que poseían este «status» familiar, los criados de Calisto son mercenarios, gentes alquiladas, cuyos derechos y obligaciones derivan de una relación económica y terminan con ésta. Por lo menos, aunque por tradición se finja que permanecen y aunque aparezcan bajo formas cuasifamiliares, no es así en la conciencia de esos nuevos servidores, como tampoco en la de sus amos, atendiendo a cómo unos y otros se comportan de hecho.

[...]

Los servicios personales a que el criado está obligado, según esa nueva relación, se pagan con un sueldo o salario, como antes dijimos —así llaman, con ajustado neologismo, a la remuneración que esperan, los personajes de La Celestina. La obtención de éste —y, a ser posible, la del mayor provecho económico que encuentren a su alcance— es el móvil del servicio. Prima en ello la finalidad económica, y, por tanto, es siempre un servicio calculado, medido. Sempronio, ante el temor de que los amores de Calisto le ocasionen perjuicios —en lugar del provecho que espera de acuerdo con sus cómplices—, declara: «al primer desconcierto que vea en este negocio no como más su pan. Más vale perder lo servido que la vida por cobrallo», declaración bien explícita acerca de lo que para él es el contenido de su relación de servicio.

[...]

En La Celestina la huida de los criados cuando hay que luchar, su deliberada abstención del peligro, no es manifestación de una psicología de cobardes, sino resultado de una situación social. Quien moralmente ha reducido su relación con el amo a cobrar un salario, no se siente obligado a más, y un nexo tan externo y circunstancial puede romperse cuando así convenga, ya que, efectivamente, la conveniencia es su única razón de ser.

[...]

Si Calixto alaba ocasionalmente a sus servidores en forma que no corresponde demasiado al trato que le vemos tener con ellos, es para responder a esa ley de la «ostentación» que rige en su posición social, para mostrar que, de acuerdo con ella, tiene a su servicio buenos servidores, tal como cumple a su reputación. No hay, en cambio, relación efectiva y personal de los criados al amo, ni tampoco de éste a aquéllos, como se revela al conocer Calisto la desgracia que sus acompañantes han sufrido. Si hay una primera reacción de «caballero» al modo antiguo, su pronto y fácil acomodo para librarse de obligaciones de señor respecto a sus servidores y la apelación, con tal objeto, a la conveniencia del negocio en que está, confirman la falta en él de auténtico espíritu caballeresco.

MARAVALL, José Antonio: *El mundo social de «La Celestina»*, Gredos, Madrid, 1986.

acuerdo: estar despierto.
ahíto: hartazgo.
aína: pronto.
ál: otra cosa.
alahé: a la fe, verdaderamente.
albañares: conductos que llevan las aguas fecales.
albricias: regalo que se da o se pide por una buena
  noticia, y expresión de júbilo ante un buen suceso;
  ganar albricias es ser el primero en dar una noticia.
aljófar: perlas.
ánima: alma
aojar: echar el ojo.
aosadas: ciertamente.
asaz: bastante.
auto: acto.
avezar: enseñar.
broquel: escudo.
ccna: escena, cada una dc las partcs cn quc sc divide
  cada acto.
certenidad: certeza.
chapín: chanclo de corcho que llevan las mujeres
  para evitar el barro de las calles.
cogitaciones: pensamientos.
congrua: congruente.
contingibles: contingentes, posibles.
copia: abundancia.
correrse: avergonzarse.
coxquear: cojear.
cuitado: desgraciado.
curarse: preocuparse.
embaimientos: engaños.

embargarse: detenerse.

empecer: hacer daño.

emplumada: castigo para alcahuetas: se las rociaba con miel y se les pegaban plumas.

entrevenir: intervenir.

espacioso: lento.

estada: estancia.

ge la: se la.

gorgueras: los cuellos de los vestidos hechos de lienzo plegado.

haldas: faldas; también aparece **haldear:** andar deprisa con faldas.

haz: faz, rostro.

incogitada: impensada.

insipiente: ignorante.

instrutos: instruidos.

laceria: miseria.

landre: tumor.

luego: ahora mismo.

maguera: aunque.

mancilla: vergüenza.

manderecha: acierto.

menguas: faltas.

ogaño: este año, últimamente.

otrie: otro.

para la mi santiguada: por mi fe.

planto: llanto, lamentación.

por maravilla: rara vez.

postemas: tumor, bulto infectado.

premia: fuerza.

punción: castigo.

rueca: instrumento para hilar; se usa para referirse a la mujer.

sciente: sabio.

seso: sentido.

so color: bajo el pretexto.

tableros: juegos de azar.

tenerías: barrio donde se curtían las pieles.

tremer: temblar.
viciosos: abundantes, deleitosos.
vido: vio, del verbo ver.
viso: visión.
yerro: error.